本书受
教育部人文社科青年基金项目（17YJC880106）
天津市高等学校人文社会科学研究项目（20142118）
天津工业大学第二期校级重点学科规划建设项目
天津工业大学科研启动基金
中国发展研究基金会"通用汽车·博士论文奖学金"
资助

高等教育财政研究系列丛书
Higher Education Finance Series

沈 红/主编　Hong Shen Chief Editor

合约与激励：
中国大学生基层服务研究

魏 黎 著

中国社会科学出版社

图书在版编目（CIP）数据

合约与激励：中国大学生基层服务研究/魏黎著.—北京：中国社会科学出版社，2018.4

（高等教育财政研究系列丛书）

ISBN 978-7-5203-1760-3

Ⅰ.①合… Ⅱ.①魏… Ⅲ.①大学生—社会服务—教育财政—政策支持—研究—中国 Ⅳ.①D432.6②G526.7

中国版本图书馆CIP数据核字（2017）第309469号

出 版 人	赵剑英
责任编辑	赵　丽
责任校对	郝阳洋
责任印制	王　超

出　　版	中国社会科学出版社
社　　址	北京鼓楼西大街甲158号
邮　　编	100720
网　　址	http://www.csspw.cn
发 行 部	010-84083685
门 市 部	010-84029450
经　　销	新华书店及其他书店
印　　刷	北京明恒达印务有限公司
装　　订	廊坊市广阳区广增装订厂
版　　次	2018年4月第1版
印　　次	2018年4月第1次印刷
开　　本	710×1000　1/16
印　　张	14.5
插　　页	2
字　　数	231千字
定　　价	59.00元

凡购买中国社会科学出版社图书，如有质量问题请与本社营销中心联系调换
电话：010-84083683
版权所有　侵权必究

总　序

几年前，华中科技大学出版社出版了一套我主编的《21世纪教育经济研究丛书·学生贷款专题》，包含六本书，都是关于高等教育学生财政的（学生资助与学生贷款），其中的五本为我指导的已经答辩通过的博士学位论文。现在呈现在读者面前的是由中国社会科学出版社出版的《高等教育财政研究系列丛书》，其中的三本也是由我指导的已经答辩通过的博士学位论文，主题已经超出了学生财政的范围，可扩展为高等教育财政。实际上这两套丛书是有密切关联的，也是我自1997年涉足高等教育财政研究的一个小结。

我2000年开始以博士生导师的身份独立招收博士生，至2013年已14年，共培养出了45名博士，其中专题研究高等教育财政问题的人和专题研究高等教育管理的人各占一半，分属于教育经济与管理专业和高等教育学专业，毕业时分别获得管理学博士学位和教育学博士学位。管理学博士学位获得者大多在高等学校的公共管理学院工作，也有少量的在教育学院工作。他（她）们毕业后的教学、研究重点与我的研究重点相近的管理学博士们的主要研究领域为高等教育经济与财政；与我的研究重点不相近的管理学博士们的教学与研究任务则呈多样化，如有人承担企事业会计课程的教学但研究课题主要是教育经济问题，有人承担社会福利与保障方面的教学但仍以教育财政为主要研究重点，还有人承担的是基础教育管理的教学但研究高等教育财政。作为他们读博时的导师，在毕业一段时间后再来回顾学生们的职业发展经历很有意思，有的"段子"可以称得上是朗朗上口的故事。

我本人具有跨学科的求学经历。本科专业是"77级"的机械制造与工程，获得工学学士；后获得教育学硕士、管理学博士（1997年的管理学尚没有从工学中分离出来）。我在华中科技大学两个二级学科博士点（管理学的教育经济与管理，教育学的高等教育学）招收博士生，多年承担的教学课程也跨两个专业："高等教育财政研究"和"国际高等教育发展"博士生课程，"高等教育财政专题"和"比较高等教育"硕士生课程，还参与了"高等教育管理"和"教育研究方法高级讲座"博士生课程的部分教学工作。当我指导的博士生毕业后到其他高校任教时，不少学校的学院领导都强调，"你的导师教什么课，你就应该能教什么课"。一个典型的例子是一个高等教育学专业的毕业生被她新任职的教育学院院长要求讲授《教育经济学》和《比较高等教育》两门课程，说实话，她教授《教育经济学》是有难度的。这是上面提及的"段子"之一。学术社会（指高校）对博士毕业生在"起跳平台"上的综合性乃至苛刻的跨学科性的要求，提醒了我在指导博士生的过程中既要注重其在某一领域的学问的深度，也要注意拓展他们的知识面使其求职及职业发展具有一定的广度。比如，有博士生将学生贷款研究作为博士学位论文的题目，那么我就要求他/她：学生指的是大学生，因此在研究学生贷款之前要研究大学生，也就需要研究大学生成长、成才的环境，如学生的消费习惯、家庭的经济条件、大学的财政能力等；想要研究学生贷款，就要首先知道与学生贷款相关的其他学生资助手段，如奖学金、助学金、学费减免、勤工助学的本身意义和政策含义，还要知道各种学生资助手段相互之间的关系，得到财政资助对学生当前的求学和将来的工作各有什么意义；若想深入研究学生贷款，那么政府财政、商业金融、担保保险等行业都是学生贷款研究者要"打交道"的地方，谁来提供本金？怎样确定利率标准？如何融资？如何担保？如何惩罚？还有，对学生贷款进行研究的角度也很多，可从主体与客体的角度：谁放贷、谁获贷、谁还贷？可从资金流动的角度：贷多少（涉及需求确定）？还多少（涉及收入能力）？如何还（涉及人性观照与技术服务）？还可从参与方的角度：学生贷款是学校的事务？还是银行的产品？还是政府的民生责任？还是家长和学生的个人行为？最后可从时间的角度：贷前如何申请？贷中如何管理？贷后如何催债？等等。可以说，就学生贷款这一貌似简单的事物就有如此多的、如此复杂的研究角度。正是这样的多样性与复杂性，催生了我们团队的以学生贷款为中心的一系列的学术研究、政策分析、实践讨论。

由本人定义的包含学费、学生财政资助、学生贷款还款在内的学生财政只是高等教育财政中的一个部分,尽管这个部分很重要。高等教育财政投入无非是两个重要部分的投入:公共投入和私人投入。我们团队进行了大量研究的是高等教育的私人投入。然而,全面意义上的高等教育财政必须研究公共投入,在中国,主要是各级政府的投入。

本团队从2007年开始逐步将集中于学生财政的研究扩展到高等教育财政的研究范畴。钟云华从资本转化(经济资本、社会资本、文化资本、人力资本本身及其相互关系)的角度来研究学生贷款带来的社会流动效应;王宁从教育政策主体性价值分析的角度来研究中国的学生贷款;赵永辉从高等教育支出责任与财力保障的匹配关系来分析政府特别是地方政府的高等教育投入(该论文获得中国高等教育学会第九届"高等教育学"优秀博士学位论文【2013年】)。本套丛书将在2013—2015年三年内出齐。

我们的某些"小"的高等教育财政研究还涉及大学评价的成本、政府生/年均拨款额度、大学教师工资,等等。当然,这些议题还处在博士学位论文的研究阶段,有的甚至处在"开题"阶段,还远没有到可以出版专著的时候。

本套由中国社会科学出版社出版的《高等教育财政研究系列丛书》是经我挑选的、作者们在其博士学位论文基础上精心改写并再次获得提高和更新的专著。作为这些作者的博士生指导教授,我对入选本套丛书的博士学位论文都十分熟悉,每篇论文都曾融进我的心血、智慧和劳作。今天,能将这些博士学位论文修改、深化、提升为学术专著,并由我作为丛书主编来结集出版,是我专心从事高等教育财政研究16年来的一大幸事,用心用情来撰写总序是幸福的。我想借此机会,列举一下我心爱的、得意的在高等教育财政研究领域作出成绩和贡献的已毕业的所有博士研究生,尽管他们中的大部分博士学位论文另行出版,没有收入到本套丛书之中。他们的名字和入学年级是:2000级的李红桃,2002级的沈华、黄维,2003级的李庆豪,2004级的刘丽芳,2005级的宋飞琼、梁爱华、廖茂忠,2006级的季俊杰、彭安臣、毕鹤霞、胡茂波,2007级的孙涛、钟云华、王宁,2008级的臧兴兵,2009级的赵永辉,2010级的王鹏、熊俊峰。还有在职攻读教育经济与管理专业获得管理学博士学位的李慧勤、肖华茵、夏中雷、江应中。作为导师,我感谢你们,正是你们的优秀和勤奋给了我学术研究的压力和动力,促使我永不停步!作为朋友,我感谢你们,正是你们时常的问候和关注、你们把"过去的"导师时时挂在心中的情感,给我的生活以丰富的意义!我虽然达不到"桃李满天下"的程度,但你们这些"桃子""李子"天天芬芳,时时在我心中!我真真切切地为你们的每一点进步而自豪、而骄傲!

我衷心感谢本丛书中每本著作的作者!感谢为我们的研究提供良好学术环境和工作条件的华中科技大学和本校教育科学研究院!感谢中国社会科学出版社给予的大力支持!最后要感谢阅读我们成果、理解我们追求的每一位读者!

2013 年 12 月 26 日

目　　录

第一章　绪论 ……………………………………………………（1）
　　第一节　研究背景和意义 ………………………………（2）
　　第二节　概念界定 ………………………………………（8）
　　第三节　文献综述 ………………………………………（11）
　　第四节　研究思路和方法 ………………………………（26）

第二章　相关理论及其在大学生基层服务中的应用 …………（32）
　　第一节　基层服务的劳动力市场失灵与政府责任 ……（32）
　　第二节　基层服务补偿中的成本与收益 ………………（36）
　　第三节　合约理论与大学生基层服务合约 ……………（41）
　　本章小结 …………………………………………………（57）

第三章　大学生基层服务补偿的国际经验 ……………………（59）
　　第一节　发达国家：教育成本补偿 ……………………（59）
　　第二节　发展中国家：义务服务补助 …………………（73）
　　第三节　国际经验启示：合约目标与补偿方式匹配 …（75）
　　第四节　基层服务合约的国际模式 ……………………（78）
　　本章小结 …………………………………………………（84）

第四章　中国大学生的基层服务意愿与就业选择：调查与测量 ……（85）
　　第一节　学费、负债及其对就业选择的影响 …………（85）
　　第二节　基层服务意愿及其影响因素 …………………（89）
　　第三节　基层服务动机的类型 …………………………（93）

第四节　最低工资与受助偏好 …………………………………（101）
　　第五节　大学生基层服务个体决策的形成 ……………………（104）

第五章　大学生基层服务合约的激励机制 ……………………………（106）
　　第一节　合约模型 ………………………………………………（106）
　　第二节　补偿金定价机制 ………………………………………（111）
　　第三节　入口激励机制 …………………………………………（123）
　　第四节　过程激励机制 …………………………………………（131）
　　第五节　激励机制与合约目标的关系 …………………………（136）

第六章　中国大学生基层服务合约激励机制的运行 …………………（138）
　　第一节　大学生参与基层服务的政策演变 ……………………（138）
　　第二节　政策的实施现状与激励偏差 …………………………（157）
　　第三节　制定以激励为核心的合约方案 ………………………（185）
　　第四节　践行大学生基层服务合约的相关配套 ………………（194）
　　本章小结 …………………………………………………………（200）

第七章　结论 ……………………………………………………………（201）
　　第一节　主要结论 ………………………………………………（201）
　　第二节　新时期大学生资助政策的顶层设计框架 ……………（203）
　　第三节　创新与不足 ……………………………………………（207）

参考文献 …………………………………………………………………（209）

附录　调查问卷 …………………………………………………………（220）

第 一 章

绪 论

自从世界上第一所学生贷款管理机构在丹麦诞生,[①] 学生贷款计划在全球的实施已有近百年。全球有 70 多个国家实施了学生贷款计划,[②] 其中的一些发达国家已经收到良好的实施效果,这为中国国家助学贷款政策的完善提供了经验。但是必须注意到,发达国家以其雄厚的财力、完备的信用体系、税收系统以及成熟的市场环境,为学生贷款的顺利实施提供了保障,而这些条件是发展中国家,特别是处在转型时期的中国所不具备的。

针对发展中国家回收学生贷款的困难,乔治·萨卡罗普洛斯(George Phacharopolous)曾建议采用"为国家服务"的偿还方式,使得贷款债务可以不直接从学生手上回收上来。[③] 阿德里安·齐德曼(Adrian Ziderman)也提出,在学生贷款框架中引入参与国家公共服务的手段,可以看作是独立于普通偿还方式的另一种偿还思路,甚至可以扩展为独立的高等教育成本补偿模式。然而这种高等教育财政框架的设想,未曾得到持续深入的研究。

实践中,一系列由政府资助的大学生参与基层服务的政策实践伴随学生贷款和其他学生资助方式在世界上不同国家存在和发展。众多围绕学生贷款债务的国外研究证据表明,过高的债务负担影响了毕业生的就

[①] 张民选:《理想与抉择——大学生资助政策的国际比较》,人民教育出版社 1997 年版,第 143 页。

[②] 来源:华中科技大学学生资助研究中心统计数据。

[③] George Psacharopoulos et al., *Financing Education in Developing Countries: An Exploration of Policy Options*, Washington D. C.: The World Bank, 1986, p. 15.

业、生活、家庭乃至养老计划，加剧了基层服务岗位人才短缺。因而理论上，大学生基层服务合约有可能发挥偿还债务和促进就业的双向功能。那么，它是否可以达到理想的激励效果？如何才能让它激励更多人参与、提供更好的服务？等等，都有待探讨。而合约理论与激励理论有可能为这种特殊的合约的研究及其方案的优化提供新的思路。

第一节 研究背景和意义

一 研究背景

21世纪的高等教育正在面临挑战和变革。首先，高等教育规模扩张带来了高等教育财政格局的变化，也产生了入学和就业等一系列问题。其次，规模扩张必须与劳动力市场相对接，否则将对就业格局产生长期而深远的影响并对高等教育入学产生负面影响。最后，鼓励和引导大学生参与基层服务政策试图缓解上述问题，但效果欠佳。

（一）高等教育规模扩张及其伴生问题

高等教育大众化进程中两个突出的问题是家庭经济困难学生"入学难"和大学毕业生"就业难"。

自1999年"扩招"以来，中国高等教育毛入学率从1997年的9.07%增加到2002年的15%，提前实现了高等教育从"精英"阶段到"大众化"阶段的转变。2013年高等教育毛入学率已攀升至34.5%，在校生总规模达到3460万人[①]。

同时，中国"收费+资助"的高等教育财政政策的实施使得更多家庭经济困难学生获得入学机会。据统计，中国高校家庭经济困难学生约占在校生总数的23.06%[②]。学生贷款作为一种有效的学生资助政策，已成为当代全球高等教育财政体系中的重要组成部分，在高等教育规模扩张与财政紧缩并存的格局中显得格外重要，也是中国在转型时期的重大

[①] 《2013年全国教育事业发展统计公报》，2014年7月，教育部网站（http://www.moe.edu.cn/publicfiles/business/htmlfiles/moe/moe_633/201407/171144.html）。

[②] 吴晶：《我国采取多项措施帮助家庭经济困难学生上大学》，2010年8月12日，新华网（http://news.xinhuanet.com/2010—08/12/c_12440201.htm）。

决策。自 1999 年国家助学贷款工作开展以来，全国累计资助学生 998.90 万人，累计审批金额 1032.08 亿元。其中，2013 年，贷款审批人数 109.10 万人，审批金额 148.46 亿元，负债学生占在校生总数的 13.23%。[①]

作为主要的资助方式，在中国未来的高等教育财政体系中，学生贷款将继续发挥重要作用，学生贷款覆盖面也将继续扩大。据笔者所在华中科技大学学生资助研究中心预测，学生贷款需求将持续增加，并于 2020 年达到年贷款金额 343 亿[②]。尽管中国对学费价格实行管制政策，但随着入学机会的增加，将有更多负债学生出现。然而，负债学生对四年后的债务负担缺乏预期，在回收机制不健全的条件下，未来的回收工作将更加艰巨。据笔者与贵州省学生贷款办公室工作人员的访谈，贵州省靠着努力催收来维持"零拖欠率"[③] 的可能性将越来越小，因为更多的学生进入这一系统，而他们未来的信息也将更加分散。

与"扩招"几乎同时实施的收费和以学生贷款为主的学生资助政策，大大改变了之前的"免费+助学金"的高等教育财政格局。对于家庭经济困难学生，"入学难"问题得到很大程度的解决。而负债学生毕业后的就业和生活可能受到限制，比如：就业选择范围窄、弹性小，特别是流入次级劳动力市场的学生收入低、负担重、容易拖欠或重新陷入由家庭分担债务的困难境地，生活质量较低，这影响了学生贷款的回收。

高等教育规模扩张是全球趋势，它大大提高了中国的毛入学率，社会和个人都从中受益，然而家庭经济困难学生资助、大学生就业以及学生贷款回收等问题随之产生，亟须解决。

（二）大学生"就业难"对贷款回收及高等教育入学的挑战

大学向广大群体敞开大门，同时也意味着更多的大学毕业生涌入劳动力市场。扩招以来，中国大学毕业生规模持续增加（图 1—1）。2015 年大学毕业生达到 749 万人，加上 2014 年未就业大学生，2015 年实际需

[①] 《国家助学贷款发展报告》，2014 年 8 月，教育部网站（http://www.moe.edu.cn/publicfiles/business/htmlfiles/moe/s8280/201408/174179.html）。

[②] 华中科技大学学生资助研究中心：《助学贷款业务发展规划》，内部资料，2007 年 10 月。

[③] 《贵州："银校合作"新机制破解国家助学贷款困局》，2006 年 9 月 28 日，新华网（http://news.xinhuanet.com/edu/2006—09/28/content_5149525.htm）。

要就业的大学生超过 850 万人。考虑到人口发展的惯性，这种高就业压力的状况很可能延续数年。另外，中国高校毕业生就业总量大，结构性矛盾突出，人才的区域供需矛盾十分突出。大学生"就业难"一方面冲击着普遍的高等教育入学的个人需求，另一方面也影响到负债学生的债务负担以及家庭经济困难学生的入学需求。

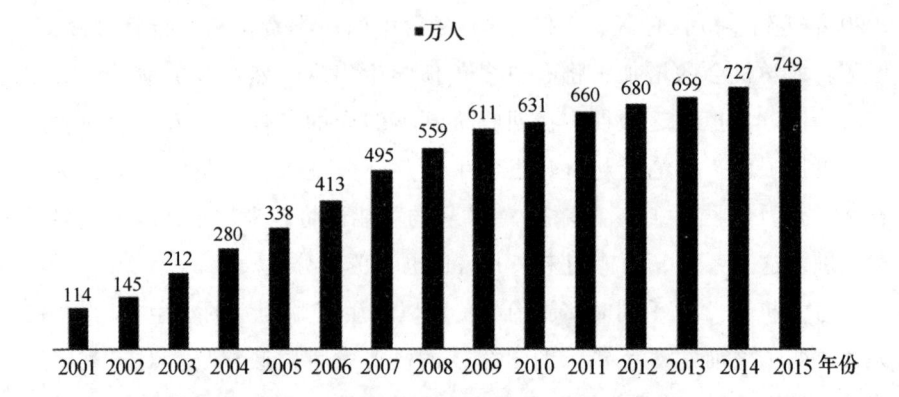

图1—1　2001—2015 年全国高校毕业生人数①

学生贷款的产生背景趋同，但造成回收困难的原因各异。研究表明，发展中国家回收低效的主要原因之一是"就业难"带来的负担重、偿还困难。

关于中国存在的劳动力市场分割及其形成的原因、影响因素等问题，国内外学者的实证调查和理论讨论可谓汗牛充栋，主要的共识是：中国劳动力市场存在体制性分割②（区域、职业内、职业间），收入差距大，且职业代际流动性差。就业的制度环境会导致大学生就业面临困境，且对学生毕业后的债务负担，对学生贷款的偿还和回收带来负面影响。

中国的国家助学贷款实施 15 年，其间问题层出不穷，政策调整有 20

---

① 《2015 大学生就业形势分析》，2015 年 3 月，中国教育在线（http://www.eol.cn/html/c/2015gxbys/index.shtml）。

② 这里"体制"有别于"制度"（institution），指的是更为刚性的现行政策构成的一系列规则。

次之多。如果说由于学生贷款的政策性与商业性的"价值冲突",导致1999年试点之后的5年间出现了"放贷难"问题,并一度成为全国瞩目焦点①,那么国家开发银行积极介入,引入"开行模式"可谓水到渠成。但问题是,从一开始就出现的"回收难"问题却并没有因为国家开发银行的介入和一系列改革措施而得到彻底解决。受到2008年金融危机和国家宏观经济环境持续低迷的影响,大学毕业生就业形势严峻,助学贷款不良还款率上升,2010年至2013年逾期贷款达到1.02亿元②。

高等教育入学和学生贷款回收与就业的关系密切。促进大学生就业,是取得人力资本投资个人收益的唯一途径,是学生贷款高效回收的保证,也是保障大众化进程中高等教育持续健康发展的根本手段。

(三) 政府鼓励大学生参与基层服务但呼声不高

大学生"就业难"的表征不是整体的供给过剩,而是劳动力市场的结构性失衡。一方面是"无业可就";另一方面是基层劳动力匮乏。作为"调结构、促增长"的手段之一,十年来鼓励大学生参与基层服务的政策层出不穷。基层服务人员匮乏是劳动力市场分割的必然结果,而短期的大学生志愿活动难以满足基层持续发展的人才需求。那么,什么样的措施可以有效吸引大学生到基层服务?现行的学生贷款债务减免或学费补偿是否可以起到这样的效果?

解决问题的思路,有些来自理论推演,大部分则来自实践经验,政府鼓励大学生参与基层服务就属于后者。类似政策在全球许多国家实行,特别在美国实施的历史最长——20世纪60年代沿用至今。中国的大学生基层服务政策首先出现在2004年在湖北省实施的"农村教师资助行动计划"③(简称"资教"计划)中,其次是2006年正式出台的国家助学贷款代偿资助政策(简称"代偿"政策),以及改革后重新出台的2009年

---

① 2003年8月,《中国人民银行关于下达2003年度国家助学贷款指导性贷款计划的通知》(银发[2003]153号)第二条规定:对违约率达到20%且违约人数达到20人的高校,经办银行可以停发贷款。该政策的出台导致全国大面积"停贷"。

② 《国开行:助学贷款本息回收率96.5% 逾期贷款超1亿》,2013年9月1日,每日经济新闻网站(http://finance.stockstar.com/SN2013090100000768.shtml)。

③ 《省教育厅关于印发〈湖北省"农村教师资助行动计划"实施方案〉的通知》,2008年11月27日,湖北省教育厅网站(http://www.hbe.gov.cn/content.php?id=5316)。

国家助学贷款代偿和学费补偿政策（简称"代偿和补偿"政策）等。

"代偿"政策旨在对到规定艰苦地区、艰苦行业工作的负债学生，由中央财政代偿其本金和服务结束前的全部利息。尽管政府愿意拿出资金投入这一项目，但政策落实情况却差强人意。2006年关于"代偿"政策的第一次全国工作会议上，教育部下达了2007年中央部属高校代偿生4726人的任务，占当年毕业的中央部属高校负债学生的4.95%。[1] 从2007年12月的两次上报数据汇总情况看，代偿生只达到原定任务的1/3（1500人左右）；而最后的审批结果则更令人失望，只有700余人获得代偿。[2]

为什么一项理论上对降低债务负担和促进基层就业都有利的政策却吸引不到学生呢？据初步了解，中国的代偿政策存在几方面问题：激励不足；公平隐患；机制"可溶性"差；与其他机制不对接。对于即将毕业的学生，他们对这一政策的参与意愿如何？影响因素有哪些？什么样的条件是愿意接受的？这些都是有待调查的问题。另外，对于中国这样一个人力资源大国，要想充分发挥这项政策的作用，必须扩大覆盖面，向其他地方院校辐射，而是否具备这样的必要性和可能性？如何增加政策的吸引力？此外，一旦推广，代偿政策涉及的财政补贴数额巨大，使得我们也必须考虑财政支出效率的问题。

上述现实问题和政策缺陷，并非中国专有。国际上许多高等教育财政专家曾就学生贷款回收问题做了专门研究，特别对发展中国家实施学生贷款提出过不少建议，大学生基层服务合约就是其中之一。由于发展中国家的实践经验有限，该研究并没有继续深入下去，但至少为我们提供了宝贵的研究线索，揭示其在发展中国家是有记录可寻并且可以实施的。

综上，本书拟解决的核心问题：如何激励大学生参与基层服务？合约与激励理论为本项研究提供了新颖的研究视角和重要的理论基础。大学生基层服务政策实质上是政府和大学生之间签订的基层服务合约。因而，提高政策吸引力的问题就转化为如何设计合约的激励机制，如何激

---

[1] 数据来源：中央部属高校国家助学贷款代偿资助工作会议，2006年12月5日。
[2] 数据来源：与全国学生资助管理中心有关工作人员的访谈，2008年2月25日。

励潜在群体参与基层服务，以及如何激励他们提供令人满意的服务。

本书的核心问题分解：

（1）什么是大学生基层服务合约，其目标是什么？

（2）潜在群体有哪些类型和特征？

（3）如何设计大学生基层服务合约的激励机制？

（4）中国现行大学生基层服务合约方案是否提供了适当的激励？应如何优化？

二 研究意义

（一）理论意义

一方面，本书将合约理论应用于公共政策领域，将丰富和发展合约理论的应用范围。合约理论目前多用于对企业经济活动和经济制度的设计，如保单设计、拍卖活动、电信竞争等，但其设计思想是通过激励相容来实现个人目标和集体目标的一致性。本书试图将合约理论以及非对称信息下激励机制的设计思想，应用于对公共政策领域——大学生基层服务合约的研究，将扩大合约理论的应用范围，并对公共政策领域的合约研究及激励机制设计做出有益探索。

另一方面，把经济学中的合约理论引入分析教育问题，将丰富教育经济学的理论体系和高等教育财政理论。学生贷款是高等教育大众化可持续发展以及社会和谐发展的重要保障，而在中国及其他发展中国家的现实条件下，学生贷款本身的可持续发展有赖于配套机制的联动运转。大学生基层服务合约就是在这一财政背景下诞生的实践产物，并有可能作为独立的财政手段，与学生贷款一起，为中国的高等教育大众化进程保驾护航。本书在归纳国际经验的基础上，着重从中国的国情和实际出发，对大学生基层服务合约进行设计，是对这一财政手段在中国实际应用的大胆探索，将丰富人力资本、成本分担、学生资助、学生贷款等高等教育经济与财政理论体系。

（二）现实意义

第一，本书带有较强的实用性，本着"从实践中来，到实践中去"的思想，特别倡导本土化的理论研究。大学生面临就业难，学生贷款面临回收难，基层服务岗位招募难，贷款代偿、学费补偿、鼓励大学生基层就业等一系列政策在理论上可以达到"一石三鸟"的作用，实际上却缺乏吸引力。从现实中提出问题，用问卷调查结合访谈的方法对潜在群体特征进行分析，在此基础上进行合约的激励机制设计，最终再回到实践中，完成对中国现行合约方案的考察与优化。本书的整套方案既是对合约和激励理论的应用，同时也是对合约方案研究的有益探索。

第二，本书基于国际经验对大学生基层服务合约模式的归纳，对国内现行合约方案缺陷的探索和分析，以及所设计的大学生基层服务合约激励机制及优化方案，将对现实中大学生基层服务政策的制定和调整产生指导意义，并为中国各级教育行政部门、高校、基层用人单位等相关机构的管理实践提供参考。大学生基层服务合约方案的优化对家庭经济困难学生的入学、就业和健康发展具有重要意义，对基层服务体系的建立健全起到促进作用，并且有利于社会公平及和谐发展的目标达成。

第二节 概念界定

本书主要涉及两个概念：合约和激励机制。下面对概念及其在本书中的使用作以界定。

一 合约

合约的英文是"Contract"，对应的相近概念很多，如合同、契约、协议等。下面分别予以解释和区分。

（一）合约

合约作为经济学中的基本概念，一般基于简单抽象的委托—代理模型，来研究双边协商交易情形。"合约是双方可信的允诺，对于所有可能的事件状态，其中各方的责任都有详细的说明。"其中，管理人员具有完全的讨价还价能力，"决定合约关系的条款"[①]。

（二）契约与合同

契约是两人及以上相互间在法律上具有约束力的协议。契约是种双

---

① ［西班牙］马可-斯达德勒、佩雷斯-卡斯特里罗：《信息经济学引论：激励与合约》，管毅平译，上海财经大学出版社2004年版，第3页。

方法律行为，是由当事人互相意思表示一致而成立，这里的当事人可以是多个，但只有两方，即对立双方。

合同是现实生活中使用的由双方或多方签署的具有法律效力的规定。《合同法》第二条规定：合同是平等主体之间设立、变更、终止民事权利义务关系的协议。《中华人民共和国民法通则》第85条：合同是当事人之间设立、变更、终止民事关系的协议。简言之，合同是具有特定内容的协议，属于多方法律行为。

上述定义可以看出，契约与合同差别细微。在国外，自德国学者孔茨（Kun Ze）于1892年提出"合同行为为共同行为"以后，许多国外学者认为合同是共同行为，契约是双方的法律行为。中国的民事立法和司法实践已经淘汰了"契约"的称谓，只是在学术研究中，仍有学者沿用"契约"一词，尤其在中国台湾地区常用。

（三）协议

协议是机关、企事业单位、社会团体或个人，相互之间为了某个经济问题，或者合作办理某项事情，经过共同协商后，订立的共同遵守和执行的条文。协议是最一般和广泛的概念，合同与契约都是协议的一种表现形式。

协议与合同的区别：（1）合同有违约责任的规定，协议书没有。（2）经济合同有"合同法"作为依据，协议书暂时没有具体法规规定。（3）协议书比合同应用范围广，其项目往往比合同项目要大，内容不如合同具体。在协议书签订之后还要根据需要来分项签订专门合同。

综上，"协议"是一般性概念；"合同"是具备特定内容的协议，具有法律效力，与"契约"相近，实践中已取代"契约"；"合约"是经济学名词，特指基于委托—代理关系建立的由管理人员制定的双方可信的条款。本书用"合约"侧重从理论层面探讨基层服务—补偿这一交换关系，主要借助合约理论，研究大学生基层服务合约及其激励机制的设计，对双方规定的其他具体细节并不作过多涉及。

二 激励机制

机制（Mechanism）传统上指一种能够进行运动转换、能量传递或控制活动的机械装置。《辞海》的解释则进了一步：机制不仅是指特定的装置，而且还指内在机理。《大不列颠百科词典》有进一步的说明：作为机制，它的主要特点是其组成部分作有约束的运动，也就是说，这些组成部分只能做限定性的相对运动。按照系统论的观点，机制就是保证系统运动有序的程序和力量的总和。所谓机制是系统内部各子系统、各要素之间相互作用、相互联系、相互制约的形式及其运动原理和内在的、本质的工作方式。①

合约视角下的"机制"指的是为控制参与者之间的博弈而设置的一套规则②。许多研究也称其为"激励机制"。在赫尔维茨的框架中，机制是一个信息系统，行为人相互交换信息，这些信息共同决定了结果，成为资源配置的一种方式；另外，它是一种"特定机制"，意指"机制"是和特定"目标"相对应的。马可-斯达德勒和佩雷斯-卡斯特里罗将其看成是激励机制，或需要被设计的合约③。在拉丰和马赫蒂摩以及韦默的研究中，"机制"等同于制度，其实质也是提供一种激励④⑤。可见，"机制"在这里指的就是激励机制。

机制的形成有两种基本类型：一是行为主体在相互博弈中自发形成的；二是在经济主体相互博弈的基础上由第三者设计的。激励相容原则在第一类机制形成中是自然的贯彻，强调激励相容的关键是对第二类机制的形成而言。因为在这类机制的形成中，第三者设计机制时很可能陷入信息不对称的圈套，而使设计的目的与机制需求者的目的发生偏离。因此，机制设计必须清楚机制需求者的行为基础及其模式。

本书着重从经济学视角，研究大学生基层服务合约的激励机制，其作用是协调潜在群体行为，实现政府（公共）目标。该机制由第三方

---

① 陈欣：《公立医院激励约束机制研究》，博士学位论文，天津大学，2005年，第10—11页。
② 费方域、蒋士成：《合同理论的范式演进》，载[法]贝尔纳·萨拉尼耶《合同经济学》，费方域等译，上海财经大学出版社2008年版，译者序第1—2页。
③ [西班牙]马可-斯达德勒、佩雷斯-卡斯特里罗：《信息经济学引论：激励与合约》，管毅平译，上海财经大学出版社2004年版，第3页。
④ [法]拉丰、马赫蒂摩：《激励理论（第一卷）委托—代理模型》，陈志俊、李艳、单萍萍译，中国人民大学出版社2002年版，第2页。
⑤ [美]韦默：《制度设计》，费方域、朱宝钦译，上海财经大学出版社2004年版，第9页。

(本书)设计,需要同时满足参与约束和激励相容约束。具体地,针对委托—代理关系中可能出现的逆向选择和道德风险问题,该机制将由价格机制、信息甄别机制和道德风险控制机制组成。

最后,机制与方案不同。方案是整体性的,是显性的和外在的,接近最终形式上呈现的政策。机制是微观的,与合约配套使用,是合约的核心,是内在的、系统性的,后台自动执行的。虽然涉及合约签订和执行的完整时序,但只是方案的微观部分。另外,方案可大可小。大到整个政策方案,小到信息甄别机制设计产生的供选择的"菜单",都可以称为方案,没有特指的意味。在经济学的合约研究中,"机制"是专用概念,也是主要研究内容。由于机制对应机理,实际上是一种微观的行为激励的原理设计,或者基于模型的求解和分析,最终需要放在具体的方案中才能得以体现。机制设计最终落脚为方案的优化原理。在合约的研究中,除了机制设计外,还应考虑方案优化时合约模式的选择、具体方案设置和配套措施的问题。

第三节 文献综述

为了进一步界定研究问题,寻求调查的新思路,以及获得有效的研究方法,本书围绕大学生基层服务合约及其激励这两个主要研究问题,对前人的相关研究进行查阅和综述。由于大学生基层服务合约的产生与学生贷款的发展相联系,相关研究文献多集中在国外,归于学生财政与学生贷款研究范畴。国际学者莫林·伍德霍尔(Maureen Woodhall)、D. 布鲁斯·约翰斯通(D. Bruce Johnstone)、乔治·萨卡罗普洛斯、阿德里安·齐德曼、道格拉斯·阿尔布雷克特(Douglas Albrecht)等人以及世界银行(World Bank)较早开始了学生贷款研究,特别关注了发展中国家的情况,至今影响深远。相比之下,国内大学生基层服务合约的实践与研究较之国外要晚将近 50 年。国内学者赵中建、张民选、沈红、马经等人率先向国内引入学生贷款的国际经验与国外的研究成果,沈红及其"学生资助研究团队"较早并持续地开展了国内研究工作,其中涉及学生贷款债务负担及其减免。此外,直接相关的研究始于大学生参与基层服务政策的出台。

围绕本选题的已有研究主要集中在三方面：（1）学生贷款债务与大学生就业；（2）大学生参与基层服务；（3）大学生基层服务合约的政策实践和评价。

一 学生贷款债务与大学生就业

（一）学生贷款债务（负担）

无论采用调查还是比较的方法，众多研究得出几乎一致的结论是，学生贷款债务有上升的趋势。不仅总的贷款规模增加，个人负债上升，负债面（负债学生占全体学生的比例）也在扩大。美国四年制公立大学的人均贷款债务从1990年的9798美元（考虑通胀率）上升到了2004年的15662美元，负债面也相应从46.2%扩大到61.7%,[1]而且来自低收入家庭的学生往往负债更多。

在国外，作为众多债务中的一种，学生贷款债务与偿还经济困难状况并没有必然的因果关系，因为学生的债务可能还产生于信用卡或其他借贷[2]，而且其数额可能远远高于学生贷款。在缺乏完整数据和定义的情况下，测量"偿还经济困难状况"并不是一件容易的事情[3]。但仅就学生贷款而言，其实际债务水平是可以测量的，其对毕业生收入的影响也是可以研究的。

第一，用以测量学生贷款债务负担的指标主要有两种。一种是"债务—收入比"（Debt-to-Income Ratio or Debt-to-Earnings Ratio），衡量总的学生贷款债务占年收入的比例。该指标常用于反映国债和家庭债务负担，特别在加拿大，是一种评判按揭贷款资格的"经验法则"，比如"债务—收入比"超过40%的贷款申请将被拒绝。这种方法对于学生贷款债务负担的测量，可能并不精准，但方便用于不同借贷群体间的比

---

[1] Heather Boushey, "Student Debt: Bigger and Bigger", Centre for Economic and Policy Research, 2005 (http://www.cepr.net/documents/publications/student_debt_2005_09.pdf).

[2] 英国2002—2003学年毕业生的平均债务为8666英镑，其中学生贷款占84%，信用卡债务11%，商业信贷3%。"Student Loans and the Question of Debt", Department for Education and Skills, 2005 (http://www.dfes.gov.uk/hegateway/uploads/Debt%20—%20FINAL.pdf).

[3] Saul Schwartz, "The Dark Side of Student Loans: Debt Burden, Default, and Bankruptcy", *Osgoode Hall Law Journal*, Vol.37, No.1&2, 1999.

较。另一种是"月贡献率"（Debt Service Ratio），或称"负担率"，是学者们最常用到的衡量学生贷款债务负担的指标。芬尼纵向考察了加拿大四届毕业生的"债务—收入比"，由于收入增长相对平稳，该比率也在 13 年后增长了一倍多，且性别差异显著。[1] 来自美国教育统计中心的数字显示，从 2003 年到 2004 年，美国学生贷款规模从 198 亿美元上升到 505 亿美元。[2] 加拿大学生的平均贷款债务在 1982 年到 2000 年间几乎翻了一倍。[3]亚历克斯在其对 8 个国家学生贷款债务负担的比较研究中同时使用了这两个指标。结果表明，大多数国家学生贷款的平均"债务—收入比"都在 30%—40%，德国最低，为 13.6%，而瑞典则高达 70%；平均"负担率"最高的是加拿大，为 6.6%，英国最低，只有 2.9%。[4] 值得注意的是，平均"负担率"水平可能掩盖低收入群体的偿还困难。[5] 美国教育统计中心使用"负担率"比较了 1994 年和 2001 年两届本科及以上毕业生的债务负担，发现平均"负担率"稳定在 7%[6]，但在不同收入组间的差别显著。沈红和沈华用上述方法分别测算了中国学生贷款在不同还款年限的"负担率"，研究表明，中国学生贷款的债务"负担率"高于国际平均水平，平均"负担率"高达 24%。[7] 在引入了贷款新机制后，中国 2010 届毕业生的平均债务负担下降为 10.48%—17.10%，但仍然远

---

[1] Ross Finnie, "Student Loans: Is It Getting Harder? Borrowing, Burdens, and Repayment", Council of Ministers Canadian of Education, Canada 2000 (http://www.cesc.ca/pceradocs/2000/00Finnie_e.pdf).

[2] American Council on Education, "Federal Student Loan Debt: 1993 to 2004", ACE Issues Brief, 2005 (http://www.acenet.edu/programs/policy).

[3] Ross Finnie, "Student Loans, Student Financial Aid and Post-secondary Education in Canada", *Journal of Higher Education Policy and Management*, Vol. 24, No. 2, 2002.

[4] Alex Usher, "Global Debt Patterns: An International Comparison of Student Loan Burdens and Repayment Conditions", Educational Policy Institute, 2005 (http://www.educationalpolicy.org/pdf/Global_Debt_Patterns.pdf).

[5] Sandy Baum and Saul Schwartz, "How Much Debt is Too Much? Defining Benchmarks for Manageable Student Debt", Project on Student Debt and the College Board, 2005 (http://projectonstudentdebt.org/files/pub/Debt_is_Too_Much_November_10.pdf).

[6] American Council on Education, "Debt Burden: Repaying Student Debt", ACE Issues Brief, 2004 (http://www.acenet.edu/programs/policy).

[7] Hong Shen and Wenli Li, *A Review of the Student Loans Scheme in China*, UNESCO-Bangkok, 2003, p.48.

高于美国的 6.16% —6.71%。

第二，关于合理负担界限的划定。伍德霍尔较早地在国际比较研究中发现：许多国家都将 10% 作为大致的合理负担界限，美国的负担率是 10%，中国香港的负担率是 6%—7%，但是她也指出可能并没有一个普遍公认的"可控债务"或者"过度债务"水平；[1] 其援引的汉森与罗德在 1988 年的调查发现，90% 贷款人的还款负担都在 10% 以下，因而 "10% 的负担率并不高"，建议负担水平在 10%—15%，且随收入变化，[2] 给出了一种间接测定"过度债务"的实证思路。8% 的负担率被多数学生认为"可以接受"[3]。此外，芬尼曾用"自我报告"的方法测试不同专业学生对于"还款困难"的感知，结果与调查对象的就业状况显著相关，但与"负担率"关系不大，表明还款初期的"负担率"大小并不能说明其真实的"偿还能力"，因为几乎所有对债务负担的测量都基于学生就业初期收入的调查。[4]

鲍姆和施瓦兹深入研究了学生贷款的"可控债务水平"。研究首先回顾了几种不同的经验值，如 8% 原则，以及经验原则的优缺点；其次考察了用以制定标准的客观指标：过度负债、支出数据、收入—消费差额、按收入比例还款、（资助）需求分析方法的推论等，以及主观指标。最后，基于"生命周期理论"关于"个人消费决策建立在未来收入而非当前收入"的假设，研究指出并没有唯一绝对的"可控债务水平"，而提出三条有利于将债务控制在"合理水平"的原则：（1）对于 25 岁以上收入（税前）低于平均水平（37543 美元，2004 年）一半的人，不要求其还款。（2）还款负担应随收入变化。（3）应用 20% 的"可支配收入"（收入高于平均水平一半的部分）作为还款额，基于 2004 年的工资水平，对不同收入水平的还款额度及还款负担作了测算，为政策制定者进行学生贷款债务的管理提供了有价值的参照。斯沃索特应用上述方法测算了在

---

[1] Maureen Woodhall, *Lending for Learning: Designing a Student Loan Program for Developing Countries*, London: Commonwealth Secretariat, 1987, pp. 55 – 57.

[2] W. Lee Hansendn and Marilyn S. Rhodes, "Student Debt Crisis: Are Students Incurring Excessive Debt?", *Economics of Education*, Vol. 7, No. 1, 1988, pp. 101 – 112.

[3] Patricia M. Scherschel, "Student Indebtedness: Are Borrowers Pushing the Limits?", *New Agenda Series*, Vol. 1, No. 2, India: USA Group Foundation, 1998.

[4] Ross Finnie, "Measuring the Load, Easing the Burden", *C. D. Howe Institute Commentary*, No. 155, 2001 (http://www.cdhowe.org/pdf/Student_ Loans.pdf).

美国各州从事教育和社会工作的毕业生的还款负担率，并计算出可能的"过度债务"。[1]

（二）学生贷款债务对就业的影响

过高的还款负担率，会使借款者难以承受沉重的还款负担，导致较高的还款拖欠率，最终使贷款难以收回，并增加贷款项目的运行成本。加拿大教育协会（Canada Council on Learning）发布的《06论点扫描》综述了134篇关于"债务水平及其对受教育影响程度"的研究成果，发现学者们对于上述论点并没有唯一确定的答案，对具有不同人口学特征的群体而言，由于受教育的价值不同，他们对于债务水平及其影响的反映也不一样。[2] 海明威和麦克马伦的研究发现中、低收入群体间的入学率差距扩大（从1986年的1%到2004年的7%）与学费增长和过多依赖贷款有关。[3] 债务负担会带来经济困难，在失业和低工资的共同作用下，债务负担超过偿还能力，使得拖欠在所难免甚至破产，这成为拖欠的主要原因。但蒙克斯关于贷款债务压力对学生接受教育（包括学位获得与职业规划等）的影响的研究发现，贷款形成的债务压力没有对学生接受教育产生明显影响。[4]

学生贷款债务的影响体现在学生个人就业意愿与行为上。在乔伊的研究中，负债学生的就业意愿与其他学生相似，学生们考虑就业多从个人的专业、兴趣、发展等方面出发。但是债务对于学生毕业后的生涯规划产生了影响，鲍姆和桑德斯发现负债学生的就业行为更容易与就业期望产生差异，债务负担使他们更容易放弃继续求学的机会，并且会推迟

---

[1] Luke Swarthout, "Paying Back, Not Giving Back-Student Debt's Negative Impact on Public Service Career Opportunities", The State PIRGs' Higher Education Project, 2006 (http://www.pirg.org/highered/payingback.pdf).

[2] Canada Council on Learning, "At What Points Do Debt Loads Become a Deterrent to the Pursuit of Post-Secondary Education?", Question Scans 06, 2006 (http://www.ccl-cca.ca/NR/rdonlyres/1C6F3DBD-2034-4B01-B348-398084D6AEB0/0/19DebtLoadDeterrent.pdf).

[3] Fred Hemingway, Kathryn McMullen, "A Family Affair: The Impact of Paying for College or University", Canada Millennium Scholarship Foundation, 2004 (http://www.millenniumscholarships.ca/images/news/june25_family_e_.pdf).

[4] James Monks, "Loan burdens and educational outcomes", *Economics of Education Review*, Vol. 20, No. 6, 2001.

他们毕业后买房、买车、结婚、生子等计划。[1] 其他学者的研究也得出类似的结论[2]。但乔伊认为这方面影响并不十分显著，并将可能的原因归于学生贷款债务规模不够大。

债务对就业的负面影响还体现在削弱了国家公共服务事业的吸引力和保持力。公共服务部门往往工资较低，学生们不愿选择，而即使选择了，也很容易辞职。"债务负担阻碍大学毕业生到公共服务部门就业"这个假设在众多学者的研究中得到证实，但在中国还没有研究验证这一研究结论。美国法律协会（American Bars Association，ABA）对此做了调查，2002年法律专业学生的平均债务超过80000美元，月偿还额高于1000美元，而公共服务部门平均起薪只有36000美元/年,[3] 每月30%的负担率将66%的毕业生"挡在门外"。同时针对法律专业学生，麦吉尔对其债务和公共服务部门就业关系的研究得出了不同的结论，债务并不是影响公共服务部门就业的决定性因素，并由此得出，依靠债务豁免计划来增进公共服务部门就业可能并不能达到效果。该研究还发现，针对从事公共服务事业的职前教育以及安排学生到公共服务部门的实习机会可能会最终吸引更多的毕业生。[4]

上述关于学生贷款回收和债务的研究表明，全球学生贷款债务具有上涨趋势，债务负担是影响学生贷款回收的重要因素；债务影响到大学生就业选择和生涯发展，尤其对公共服务部门就业的影响显著。中国学生贷款债务限额受政策影响在2004年前后从4000元/（人·年）上升到6000元/（人·年），在同一政策下，负担率目前只受大学生就业初期收

---

[1] Sandy Baum, Diane Saunders, "Life after Debt: Summary Results of the National Student Loan Survey", *Student Loan Debt: Problems and Prospects*, Washington, D. C.: Proceedings from a National Symposium, 1997.

[2] Sandy Baum, Saul Schwartz, "The Impact of Student Loans on Borrowers: Consumption Patterns and Attitudes towards Repayment-Evidence from the New England Student Loan Survey", 1988 (http://www.eric.ed.gov/ERICDocs/data/ericdocs2sql/content _ storage _ 01/0000019b/80/1c/96/ba.pdf).

[3] American Bar Association, "Lifting the Burden: Law Student Debt as a Barrier to Public Service- The Final Report of the ABA Commission on Loan Repayment and Forgiveness", 2003 (http://www.abanet.org/legalservices/downloads/lrap/lrapfinalreport.pdf).

[4] Christa McGill, "Educational Debt and Law Student Failure to Enter Public Service Careers: Bringing Empirical Data to Bear", *Law and Social Inquiry*, Vol. 31, No. 3, 2006.

入的影响，但研究表明明显高于世界平均水平。学生贷款债务对中国学生就业选择的影响，特别是对公共服务部门就业的影响还没有得到证实。降低债务负担是学者们的一致建议，然而具体采用何种方式还停留在建议层面，缺乏技术性和操作性。

（三）学生贷款债务减免

鲍姆在其研究一开始就指出，"研究'可控债务水平'的目的有两个，一是为学生借款提供建议，二是为债务减免和债务管理项目的设计做参考"。影响学生贷款债务负担的因素主要有利率、还款期限和财政补贴，也有学者将影响债务负担的因素归结为收入、总债务和偿还方式。针对上述影响因素，学者们提出了建立多元偿还模式、实施按收入比例偿还等设想来减轻当期债务，特别是后者目前已在多个发达国家应用。按收入比例还款型贷款（Income Contingent Loan, ICL）在回收和保护低收入人群方面有着不可比拟的优势[1]，但是约翰斯通建议在发展中国家和转型国家缺乏税收系统的情况下应慎用。在实践中还有服务—资助、利息减免等方式可以减轻负担[2]。

具体地说，亚历克斯曾对4个发达国家的债务减免方式进行分类比较，并按照减免目标分为"免除过度债务""奖励优秀""鼓励提前肄业"和"基层服务—补偿"四类。其中，加拿大以"免除过度债务"为主要方式，德国和荷兰主要对"提前肄业"的学生予以债务减免，美国则以"服务代偿"为主，德国还有"奖优型"的债务减免。此外还有一种方式——美国[3]和荷兰分别对25年和15年之后仍未还清的债务予以免除。张民选将国外学生贷款减免规定分为五类：（1）学生死亡或因伤病丧失劳动能力；（2）失业者、收入和生活水平低于贫困线人士及破产者；（3）从事国家急需工作；（4）鼓励学生按时、高质量完成学业；（5）鼓

---

[1] Bruce Chapman, "Income Contingent Loans for Higher Education: International Reform", Centre of Economic Policy Research & Australian National University, 2005 (http://econrsss.anu.edu.au/pdf/DP491.pdf).

[2] Jerry Situ, "Canada Student Loans Repayment Assistance: Who Does and Does Not Use Interest Relief?", 2006 (http://dsp-psd.pwgsc.gc.ca/Collection/Statcan/81-595-MIE/81-595-MIE2006047.pdf).

[3] 美国这一措施只针对按收入比例还款（Income-Contingent Repayment, ICR）形式。

励学生提前还贷。不同的减免方式的介绍和比较为学生贷款政策的完善提供了参考，但各种方式的适用条件如何并没有得到进一步探讨和归纳，特别是发展中国家的案例尚没有得到很好的挖掘，如张民选曾提到了巴巴多斯使用了上述情况（4），因而其经验借鉴的程度也受到限制，对中国的适用性如何还有待研究。沈华在比较了中美学生贷款债务减免或代偿机制的基础上提出借鉴美国经验，扩宽到更多专业和岗位，完善中国的债务减免或代偿机制。

二　大学生参与基层服务

（一）基层服务的人才缺口

美国劳工统计局在 2013 年公布的《职业概览》[①] 中指出，健康行业中内科医师、牙医和药剂师三类职业都存在人才短缺的问题，2010—2020 年的预测显示，上述三类职业对人才需求的平均增长率分别为 24%、21% 和 25%，远远超过 14% 的平均增长率。凯恩等的调查研究表明，与这三类职业相对应的专业则存在债务高、回报低的风险，阻碍这些了专业人才的培养和就业。

中国农村高层次人才极其匮乏。中国从事农业科研、教育、开发、推广的技术人才约为 31 万人，仅占全国总科技人才的 6.7%。

（二）大学生的基层服务意愿和行为

众多研究结果表明，大学生基层就业的意愿较低，且不明确。张秋山的调查显示，农村籍大学生对到基层就业持积极肯定态度的占 38.5%，持迟疑态度的学生比例为 44.3%。赵翠萍的研究注意到大学生在选择基层就业时所表现出的角色矛盾，即作为旁观者时的理解与作为参与者的淡漠集于一身，体现出大学生就业过程中理想与现实的差距。王红漫在对医学生赴基层医疗机构就业意愿的调查数据表明，仅 16.3% 调查对象愿意去基层医疗机构就业；93.5% 的学生愿意在"一定条件"下去基层工作两年，这些条件包括两年后回原籍工作、当地薪酬不低于东部大城市、获得相应职位等。

[①] United States Department of Labor Bureau of Labor Statistics, "Occupational Outlook Handbook", 2013 (http://www.bls.gov/ooh).

寸晓刚采用公共服务动机（Public Service Motivation，PSM）量表实证研究了中国大学生基层服务动机的影响因素。PSM 与家庭结构、社团管理者经历、成长地、年级、专业及职业意向等因素相关。相比较而言，低 PSM 群体行为的从众程度较高，更为偏好围绕当下工作的短期倾向的激励要素。高 PSM 群体则相反。

三 大学生基层服务合约的政策实践和评价

（一）政策目标、功能和缺陷

多数研究在学生贷款的框架下讨论"基层服务—补偿"，或将它作为学生贷款偿还方式的一种，成为分期偿还和按收入比例偿还的重要补充，或放在债务减免的行列中，考虑对低收入群体的保护。齐德曼提出了学生贷款计划的五个目标，其中"满足特定人力资源需求，为特殊行业和地区提供充足的劳动力"指的就是通过贷款减免的方式来激励大学生参与基层服务。

"教育规模的扩张最终由财政资源决定"[①]。政府开支应重新配置，投向社会收益最高的教育层次，补偿高等教育成本，提供广泛可得的学生贷款和有选择性的奖学金。针对发展中国家学生贷款回收的困难[②]，"基层服务—补偿"可作为一种替代方案，间接从学生回收贷款。如美国1992 年的"克林顿—高尔计划"（Clinton-Gore Plan）提供多种偿还方式的选择，借款人可以通过从事教师、执法官、医疗工作者或行业顾问（peer counselor）等职业来偿还贷款。

另外，"基层服务—补偿"可以使学生贷款项目具有"激励"功能。如美国在 20 世纪 50 年代末随第一个学生贷款项目而设立的"基层服务—补偿"就是为了鼓励大学毕业生到中学任教。

大学生基层服务补偿还是减轻学生贷款债务的三类措施之一。[③] 在美国的年度学生资助指南里，"基层服务—补偿"被归入还款减免部分，是

---

① George Psacharopoulos et al. , *Financing Education in Developing Countries: An Exploration of Policy Options*, Washington D. C. : The World Bank, 1986, p. 15.

② （至少在初期）发展中国家学生贷款回收成本高，违约率高，政府提供本金或担保基金，以及有害于长期的财政有效性的财政补贴。

③ 其他措施包括与需求（收入）相关的减免，以及基于学业优异的减免。

众多减免条件中最主要的一类。这与上面的就业激励的视角是相关联的。

理论上，围绕基层服务—补偿的支持意见集中在三方面：（1）增加学生贷款偿还方式，降低债务负担，是原有学生资助体系的补充；（2）激励大学生从事国家急需领域工作，拓宽就业渠道；（3）可能构成一种独立的高等教育成本补偿形式。

值得一提的是第三种功能——齐德曼提出，在学生贷款框架中引入国家基层服务的方式可以看作一种独立于普通偿还方式的另一种回收思路，甚至可以扩展为一种独立的高等教育成本补偿方式。"基层服务—补偿"的前两种功能在应用中得到体现，也是学者们研究该项政策所普遍关注的目标，但后一种功能作为一种高等教育财政理论上的设想，未曾得到持续深入的研究，特别是它在发展中国家的应用如何？究竟有着怎样的启示？都给本书留下了空间。

麦卡利恩提交给国会的报告阐明，学生贷款"服务—代偿"项目有四个目标：（1）学生资助；（2）吸引特殊行业就业；（3）吸引不发达地区就业；（4）保持高需求地区或行业的人力资源。[①] 此外，设立服务代偿项目还可能有其他意图，比如美国的"医学专业学生资助项目"（Health Profession Student Assistance Program，HPSAP）最初就是为了吸引更多来自低收入家庭的学生就读医学专业而设立的。[②]

针对国内相关政策，柯尊韬和田恩舜简要分析了中国试行的"代偿政策"，认为该项政策的实施有四项功能：（1）减轻债务负担，促进教育公平；（2）鼓励大学生基层服务，改善基层人才队伍结构；（3）完善资助体系，化解贷款风险；（4）培养大学生艰苦奋斗精神。[③] 傅悦对《大学生志愿服务西部计划》（简称"西部计划"）进行经济学解析，从利益角度、博弈角度、成本—收益角度和志愿服务的角度分析了该项计划的

---

① Gail McCallion, "Student Loan Forgiveness Programs-CRS Report for Congress", Congressional Research Service & the Library of Congress, 2005（http://kuhl.house.gov/UploadedFiles/student-loansforgiveness.pdf）.

② 美国国会1963年的听证会发现，由于就读医学和牙医专业成本较高，因此40%的医学生和1/3的牙医生都来自前12%的高收入家庭（年收入高于10000美元），只有15%的医学生来自年收入低于5000美元的低收入家庭。

③ 柯尊韬、田恩舜:《浅析国家助学贷款代偿资助暂行办法》，《文教资料》2007年第4期。

导向意义；① 方增泉和孟大虎对"免费师范生"招生就业体制的研究，② 可作为横向比较，为本书进行学生贷款服务—资助机制的设计提供借鉴。

在肯定的同时，基于经验研究，一些学者也提出了反对意见：（1）其主要缺陷在于受劳动力市场环境的影响较大。当劳动力供给由短缺变为过剩的时候，政策无法及时做出调整，原有"激励"可能会起到相反的作用。（2）如果服务过程中止，原有的基层服务—补偿需要转为正常偿还方式，这无疑增加了管理上的难度。（3）该项目对于学生职业选择的干预效果甚微。结果是那些早已打算从事教师职业的学生才会选择参加，并且会多贷款，因为知道日后可以免除。（4）有批评认为，该项目的设立是对当下过度的高等教育需求和无效的劳动力市场并存状况的一种反映。如埃及 1963 年试行、1973 年固定下来实施的"定向就业"项目。（5）阶级歧视和不公平。埃利斯认为美国近二十年的"服务代偿"政策一直差强人意。为国家服务的项目应惠及所有大学生，而事实上是大部分中产阶级家庭的子女在以基层服务的方式来为大学付费，家境富裕的年轻人可以逃避服务③。（6）财政问题。美国教育协会前会长罗伯特·阿特维尔（Robert Atwell）认为该计划可能带来极高的成本，大约每年 500 亿美元。这些反对意见也为本书分析合约、进行激励机制设计和完善政策提供了重要参考。

（二）国外相关政策的分类和比较

大学生"基层服务—补偿"在美国的应用最广，因而研究也最丰富。在研究文献和政府报告中，服务—资助又被称为"基于服务的贷款减免"（Service-Based Student Loan Cancellation）④，或"与劳动力相关的财政资助"（Workforce-Contingent Financial Aid，WCFA）。与其他债务减免措施相比，如"永久丧失劳动力或死亡""失业者、收入和生活水平低于贫困

---

① 傅悦：《"大学生志愿服务西部计划"的导向意义》，《财经扫描》2007 年第 8 期。

② 方增泉、孟大虎：《免费师范生的招生与就业制度设计》，《北京教育·高教》2007 年第 9 期。

③ 美国当时的"服务代偿"政策只面向大约一半的大学毕业生，因为只有负债（学生贷款）学生才有资格参加。

④ Department of Education, Federal Student Aid, Borrower Services-Collections Group, "Options for Financially-Challenged Borrowers in Default", 2004 (http://www.ed.gov/offices/OSFAP/DCS/forms/2004.Borrower.Options.pdf).

线的人士以及破产者"可以获得债务全免,大学生"基层服务—补偿"的不同点在于:债务的免除建立在"服务"的基础上。

阿芬较早地研究了美国面向医疗、国防、法律、教育等领域的大学生"基层服务—补偿"项目,并按资助形式分为三种:助学金、贷款和勤工助学(Sponsored Employment),其中与贷款相关的资助项目又分为低息贷款、定向减免和定向贷款,并把这些方式对于吸引学生毕业后从事教师工作的作用进行了比较。

马普里索普将州政府设立的用于解决劳动力短缺的财政资助项目分为两类,一类(Loan Forgiveness Program,LFP)在入学时提供定向贷款,学生协议毕业后必须到本州内规定领域服务一定年限作为偿还,另一类(Loan Repayment Program,LRP)针对已在本州内规定领域工作的毕业生,代偿其已有的学生贷款债务。基尔希斯坦等在2001—2002学年对分布在美国43个州的161个WCFA项目进行调查,按照获得贷款的时间,把这些项目分为"在校项目"(In-School WCFA)和"工作项目"(On-the-Job WCFA)两类。实质上它们分别与马普里索普(2001)提到的两类相对应,前者相当于LFP,后者则与LRP类似。[1]

此外,尽管许多项目声称提供"奖学金"或"助学金",但它们实质上都是贷款,学生的偿还方式就是服务,并且都没有跑出"定向减免"和"定向贷款"这两种基本方式。

(三)政策实施效果

实践中,与贷款相关的大学生基层服务政策在国外被普遍接受和实施,主要原因有两个:一是它能够降低债务负担,是一种债务管理方式;二是通过服务—资助,可以吸引学生到特定行业(如教育、医疗、工程等)或地区就业,鼓励为国家(社会)服务。基尔希斯坦等的研究也指出,该项目能够被广泛采用并不断改进的原因在于,"政策制定者可以同时在两方面赢得政治声望:为学生提供资助和为劳动力紧缺行业及地区输送人才"。

---

[1] Rita J. Kirshstain et al., "Workforce Contingent Financial Aid: How States Link Financial Aid to Employment", LUMINA Foundation, 2004 (http://www.luminafoundation.org/research/Workforce.pdf).

大学生参与基层服务政策对于促进基层服务部门就业的作用受到学者们普遍关注。对于政策的潜在效益，里德曾实施一项关于美国宾夕法尼亚州保健专业负债学生参与服务代偿项目情况的调查，通过问卷方式着重调查了学生的参与率和资助条件偏好，以评价即将实施的服务代偿项目的潜在效益。结果显示，有 74.1% 的学生表示愿意参与此项目。影响参与意愿的因素包括学生贷款债务、服务岗位设施和服务对象。此外，参与率受种族的影响显著，黑人学生参与率达到 91.4%。学生所期望的最低豁免额度与债务相关，且呈同向变化。研究最后根据参与率和最低资助额度，估算了该州实施该项目的财政投入。[①]

基于"债务负担会影响毕业生到基层就业"这样的假设，许多服务代偿项目建立起来的初衷是通过降低债务负担来改善这样的局面。服务代偿项目对于满足学生资助需求和劳动力需求都起到了作用，但其有效性尚待考证。另外一些学者实证调查了美国部分州实施的学生贷款服务代偿项目，对其目标、资格、资助办法以及劳动力保持等问题都做了深入研究，然而达到的广泛共识是，这种资助激励方式不足以给借款人的就业意愿带来深远的影响，因而罗马认为其效果并不显著。

美国审计总署（General Accounting Office，GAO）连续两年对美国学生贷款服务代偿项目的有效性进行了调查。第一次对 HPSAP 的调查中，研究发现该项目并没有在很大程度上影响学生的行为，学生和学校行政人员的反馈都印证了这个结论。但值得肯定的是，该项目确实起到了一定的资助作用。英格索尔与史密斯在研究"师资匮乏"时发现这一问题导致师资匮乏另有原因，因而他们推论代偿学生贷款这种方式并非有效地吸引师资的途径。[②] 类似的结论也出现在麦吉尔对法律专业学生到公共服务部门就业的调查中。

（四）*存在的问题及其原因的讨论*

补贴太高不行，太少了又不足以吸引学生到特定行业和地区就业。

---

① Kenneth E. Redd, *What Pennsylvania Health Care Students Would Want for Participating in Loan Forgiveness Programs*, Pennsylvania Higher Education Assistance Agency, 1991.

② Richard M. Ingersoll, Thomas M. Smith, *The Wrong Solution to the Teacher Shortage*, Educational Leadership, 2003.

阿芬认为通过财政资助手段可以吸引学生到教育、医疗、法律等专业的基层服务部门以及军队就业，但在考察了几个典型的用于促进公共服务部门就业的项目之后，发现不同方式各有优缺点，其促进作用也是有差异的。特别是"定向减免"更多地体现为一种对于已经选择从事公共服务事业的补偿，且资助力度太小，这一点在马普里索普对"定向减免"和"定向贷款"的比较研究中也得到证实。阿芬还指出，如果劳动力短缺是由于地域性分配不均或行业特殊性造成，那么"定向减免"要想成为一种可行的选择不妨更"慷慨"一些；同时"定向贷款"之所以"比较成功"还与心理因素有关——上学期间得到资助的学生更倾向于在毕业后履行服务合约。[1]

如何准确界定服务地区和服务行业也是项目实施中存在的另一个问题，有些行业的紧缺性可能存在地域差异，还可能随时间改变，因此对于劳动力供求状况进行定期考察是必要的。2007年底，美国密苏里州的一项名为"自然科学专业贷款减免项目"在实施仅3年之后就走到了尽头。原因是参与率不足，资助条件界定不清导致"滥用"等，结果只批准了35人最高10000美元（每年2500美元，分4年）的减免申请。负责此项目的密苏里高等教育贷款局坦言当初并没有认识到资格判定和服务目标确定中的困难。[2]

此外，政策宣传不到位也是一个方面，学生选择的时候可能对此一无所知。GAO调查的635名受资助学生中，88%都是在入学申请时甚至是入学后才获知有此项目，只有7名学生表示若没有这样的资助项目就不会申请就读。在中国，涂海燕发现大学生对西部农村基层就业的相关政策了解程度不高，到西部农村基层就业在一定程度上是迫不得已的选择。可见这样的情况下，政策无法起到作用。

综上，服务代偿政策在美国的应用时间较长，其类型也比较清晰和固定，主要的两种方式——"定向减免"和"定向贷款"。二者各有优

---

[1] David M. Arfin, "The Use of Financial Aid to Attract Talented Students to Teaching: Lessons from Other Fields", *The Elementary School Journal*, Vol. 86, No. 4, 1986.

[2] David A. Lieb, "Mo. Science Loan Repay Program Ended", 2007 (http://www.boston.com/news/education/higher/articles/2007/10/30/mo_ science_ loan_ repay_ program_ ended/? page=1).

劣,政策目标都比较明确,然而政策实施的有效性仍未得到证实,且大多数研究认为该项政策缺乏足够吸引力的原因是激励不到位。此外,严谨的政策条款设计也是政策有效实施的条件之一。

以上从学生贷款债务与大学生就业、大学生参与基层服务、大学生基层服务合约的政策实践和评价三方面对已有研究进行了回顾和评析。关于大学生基层服务合约,目前国内外都还没有专论。有关发达国家的研究文献和数据比较丰富,为本书提供了重要参考。特别是美国大量的的研究文献,为本书提供了较为翔实的案例、数据和研究思路。相比较而言,发展中国家的研究较少。那么,世界上其他国家在该项政策上的理论和实践如何?存在哪些问题,又有哪些好的经验可供借鉴?其基本模式和适用条件是什么?这些问题有待在本书中进一步解决,以便为中国的政策方案优化提供有益的参照系。关于大学生基层服务合约的激励问题,目前尚没有系统研究。国内方面的研究则刚刚起步。伴随鼓励大学生基层就业政策的进一步推进,大学生基层服务合约亟须有效的激励机制才能实现目标,提高财政效率。

具体来看,(1)以往研究对于学生贷款债务负担状况及其测量方法的研究比较丰富,这对本书有较强的借鉴意义。因为中国学生贷款债务负担的测量比较单一,多采用"债务负担率"的方法,从普遍地降低债务负担的角度改进还款条件,因而没有反映个人实际的负债情况,且未反映专业差异。本书将尝试利用"债务—收入比"和"学费—收入比"进行测量和比较,提出从收益补偿的角度设计基层服务补偿金,促进大学生基层服务。(2)在对债务减免方式的研究中,其实施意义是受到一致肯定的,国外研究将丰富的政策实践进行了分类比较,但是缺乏对于主要模式的归纳和适用条件的挖掘,这减弱了其推广意义,本书将侧重归纳其适用条件,并揭示其对中国政策设计与实施的启示。(3)美国早期的研究对于大学生"基层服务—补偿"政策的实施效益做了大量调研,其发现的问题和调查方法对本书有重要的借鉴意义。其中,围绕"政策实施中存在的问题及其原因",以往研究多采用调查(问卷、访谈)和比较(国际比较、国内分类比较)的方法,这为本书合约模式、激励机制设计及其可行性评价提供了思路。同时,国内相关政策的分析比较分散,对于实施现状、问题以及潜在群体特征的研究较为匮乏，而这是激励机制设计的关键所在，因而也是本书数据收集的重点。

第四节 研究思路和方法

一 研究思路

政策研究的目的是对政策改进有所贡献。传统意义上的政策研究中，历史研究方法占有极其重要的地位，因为它使得政策分析紧紧依托本国国情的发展脉络。然而，"政策机制不能对制度的标准有过多的路径依赖"[①]，这使我们重新审视历史研究路径对于制度创新的局限性。机制设计是制度创新的关键步骤，在此过程中，历史研究也发挥着重要的基础性作用，同时将以更加开放和现实的态度，结合国际比较和本土化的研究进行。实际上，国际化的核心是全球维度上的开放参与性，同时保持对国家传统和国家战略计划的强烈清醒认识。因而，国家战略计划也应该是一种"本土化"，通过这种方式，外国文化会"嫁接到本土文化之树"[②]。此外，本书还结合了政策分析方法，在政策梳理以及政策方案的提出过程中有所运用。

总体研究思路：首先，借助基层服务的劳动力市场失灵与政府责任理论、基层服务补偿的成本收益理论和合约激励理论构建分析框架；其次，通过国际经验归纳大学生基层服务合约模式，在实证调查的基础上分析潜在群体特征和类型，设计大学生基层服务合约的激励机制；最后，考察中国的政策实践，透视现行政策的实施现状与激励偏差，并提出中国政策方案的优化思路。

二 技术路线

研究技术路线见图1—2。

[①] ［澳］西蒙·马金森：《全球知识经济中的高等教育》，《北京大学教育评论》2008年第3期。

[②] Xiaoming Zhang and Haitao Xu, "Internationalization: A Challenge for China's Higher Education", *Current Issues in Chinese Higher Education*, Paris: OECD, 2000.

```
┌─────────────────────────────────┐  ┐
│     大学生基层服务合约的理论基础        │  │
│ ┌──────┬────────────┬─────────┐ │  │理
│ │合约理论│基层服务补偿 │基层服务的劳│ │  │论
│ │      │的成本收益   │动力市场失灵│ │  │研
│ │      │           │与政府责任 │ │  │究
│ └──────┴─────┬──────┴─────────┘ │  ┘
└─────────────┼───────────────────┘
      ┌───────┴────────┐
┌─────┴──────┐  ┌──────┴──────┐     ┐
│   实证研究   │  │   国际比较   │     │
│┌───┬───┬──┐│  │┌───────────┐│     │
││学 │影 │动││  ││发达国家经验 ││     │合
││费 │响 │机││  │└───────────┘│     │约
││债 │因 │类││  │┌───────────┐│     │研
││务 │素 │型││  ││发展中国家经验││     │究
│└───┴───┴──┘│  │└─────┬─────┘│     │
│ 大学生基层服务的│  │合约模式及其  │     │
│ 个人决策过程  │  │ 适用条件    │     │
└──────┬──────┘  └──────┬──────┘     ┘
       └──────┬─────────┘
┌─────────────┴─────────────────┐     ┐
│          计量法                │     │
│   大学生基层服务合约的激励机制设计   │     │机
│┌────────┬──────────┬─────────┐│     │制
││补偿金定 │入口:信息  │过程:道德风││     │设
││价机制  │甄别机制   │险控制机制 ││     │计
│└────────┴──────────┴─────────┘│     │
└───────────────┬───────────────┘     ┘
┌───────────────┴───────────────┐     ┐
│   大学生基层服务合约激励机制运行    │     │
│ ┌───────────────────────────┐ │     │
│ │   国内政策演变与实施现状       │ │     │
│ └───────────────────────────┘ │     │机
│ ┌───────────────────────────┐ │     │制
│ │   合约分析与激励偏差          │ │     │运
│ └───────────────────────────┘ │     │行
│┌──────┬────────┬──────┬──────┐│     │
││合约目 │补偿金估 │多元支│可行性与││     │
││标设定 │计与测算 │付方案│配套措施││     │
│└──────┴────────┴──────┴──────┘│     │
└───────────────────────────────┘     ┘
```

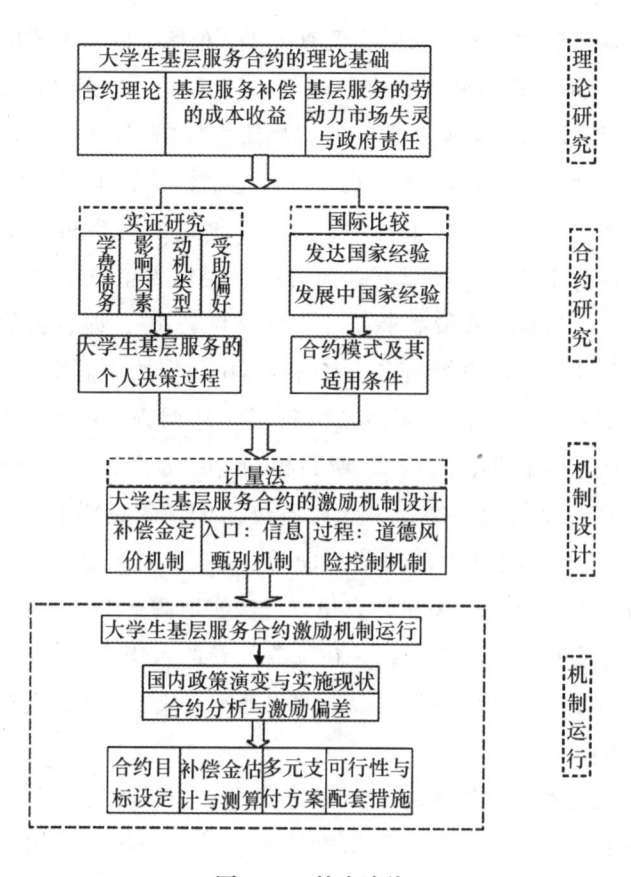

图 1—2 技术路线

三 研究方法

（一）调查法

1. 问卷调查法

在华中科技大学学生资助研究中心于 2007 年 10—11 月进行的"国家助学贷款实施效益"问卷调查的 71818 份样本数据基础上，开展有针对性的大规模问卷调查。问卷调查主要针对在校毕业生进行，了解他们的就业期望、政策需求、基层就业的意愿和动机，借款学生负债状况及其影响，等等。非借款学生也具有基层服务意愿，在这里做一对比，探求两组学生在服务意愿以及影响因素上的差异性。

2. 访谈法

访谈的具体形式如下：与问卷调查中277位留下联系方式的同学通过网络聊天室（QQ）取得联系，进行网上访谈，作为补充（跟踪）调查；通过电话访谈的形式，对服务期间的"代偿生""资教生"进行调查；通过高校学生资助部门获取联系方式，进行电话访谈，了解他们在基层服务期间的工作、生活状态，了解实施过程中他们的需要和需要得到满足的程度，以及对于政策的满意度；同时到基层用人单位了解情况，与人事负责人访谈，考察其政策需求；对"政策制定者"，即省级学生资助中心主任进行访谈，了解政策制定和实施过程中他们的"需要"。

此外，笔者对江西省5所高校进行了实地调查。江西省地处中部，是中国的财政落后省份，省内83所高校均为地方高校。由于违约率高，经办银行惜贷、停贷问题突出，江西省校园的国家助学贷款几乎停滞，直到2009年才全面启动生源地信用助学贷款[1]，尚未启动省内"代偿"政策，是预调查结果的"关注"省份。此次实地调查走访了南昌大学等5所高校的学生资助与就业部门，并在发放问卷的东华理工大学与12位贷款毕业生进行了座谈式的访谈。以上两项基本完成了学校部分的调查。

（二）国际比较

国际比较是本书采用的主要研究方法之一。国际比较方法多用于对政策前沿问题的研究中，是一种探索性和基础性的研究工作，因而是本书中重要的研究方法之一。通过国际比较，不仅可以了解某项政策在国外的使用情况，还可以在多国比较中归纳模式、提出适用条件，为本国相关政策制定提供参考。

大学生基层服务补偿的必要性和全球两种主要的合约模式可以从国际比较中析出，这是进行合约优化的前提和重要步骤。继而归纳适用条件，为中国的现实选择做准备。本书选取四个发达国家（美、加、日、澳）和部分发展中国家为例，具有一定的代表性。

具体而言，由于大学生参与基层服务政策在中国虽有多年实践探索，但未形成统一的和稳定的系统，政策之间不协调现象时有发生。本书的

---

[1] 《江西省全面启动生源地信用助学贷款》，2009年4月16日，中国政府网（http://www.gov.cn/fwxx/wy/2009—04/16/content_ 1287336. htm）。

目的不是寻求唯一路径，而是找到适应中国国情、可以均衡协调发展的最优安排。而在这一方面，美国的经验已积累了半个世纪，从中我们可以梳理出这一政策的理念、目标及其与之协调一致的整个运作体系。此外，全球学生贷款债务格局及其对入学公平性的负面影响已成为目前众多实施学生贷款国家面临的共同问题，加上经济持续低迷，使得重新定位和设计大学生基层服务合约（中国相关经验数据也将参加比较）具有必要性。而且，大学生基层服务合约的有效实施可能成为"后高等教育大众化"时期学生资助、就业补偿的重要途径。在以上方面，国际经验给了我们进行合约设计的基础。

（三）其他方法（文献法、计量法）

1. 文献法用于对研究文献的综述和对政策文本的梳理。文献法是初步发现问题和指导实地调查的基础，本书自开题以来一直从事文献研究，利用校园数据库、互联网、文献传递等方式搜集到国外文献900多篇，特别有几篇珍贵文献是20世纪80年代以前关于学生贷款债务减免以及大学生参与基层服务政策实施效益的研究和调查报告，为本书的顺利进行打下了良好的基础。除文献查找外，笔者将更多的时间用于对国外研究文献的分析，一些初步的重要发现支持了本课题的立项。

2. 计量法主要用于激励机制设计过程中建立合约模型、补偿金定价模型设计、进行博弈分析和均衡解（参与约束）的计算，以及对现行补偿金系数、补偿金标准与支付方案的测算。

四　抽样与数据描述

（一）样本选取

根据研究设计，考虑到在校生中"非负债学生"所占比例较大，故该样本取负债学生：非负债学生＝1∶2。调查对象选择在校毕业生，理由是相比低年级学生，他们对就业的期望更具理性和现实性。

该样本选择了全国13所公立普通高校，学校所处地域覆盖东、中、西部；包含3所中央部属高校和10所地方所属高校；以本科院校为主要研究对象，取一所高职高专院校作比较。在所选取高校中，按照"负债学生：非负债学生＝1∶2"的比例抽取10%的毕业班学生。

通过邮寄方式，我们于2009年1月向所选取的13所高校毕业生（本科四年级、专科三年级,兼顾性别和专业分布)发放了5000份调查问卷,回收4057份,回收率81.1%,其中有效问卷3987份,有效率98.3%。

(二)问卷有效度

调查问卷的有效性分析旨在阐明问卷整体是否可靠,其有效度的计算公式为:

$$E = \frac{\sum_{i=1}^{m-1} A_i}{mn} \times 100\%$$

其中,E 为问卷的有效度;m 为问卷的问题个数;n 为受调查总人数;A_i 为回答第 i 个问题的受访人数,$i = 1, 2, \cdots, n-1$。

本次问卷调查分为两个部分:第一部分为全体学生调查,包括24个题目,样本数量 $n = 3987$,$E_1 = 0.972$;第二部分为负债学生调查,包括12个题目,样本数 $n = 1504$,$E_2 = 0.685$。调查问卷完全有效。

(三)数据描述

此次调查样本量较大,调查内容也比较广泛,在此按照调查内容,对3987个样本的整体分布情况作以描述(表1—1)。主要是定类变量(有序、无序)和少数定距变量。

表1—1　　　　　　　　调查数据基本情况描述

	类别	频数	百分比(%)		类别	频数	百分比(%)
性别	男	2387	59.96	民族	汉族	3598	94.46
	女	1594	40.04		少数民族	211	5.54
	样本数	3981	100.00		样本数	3809	100.00
家庭所在地	直辖市/省会城市	481	12.48	专业所属学科	哲学	13	0.33
	地级市	700	18.17		经济学	521	13.28
	县级市或县城	722	18.73		管理学	778	19.83
	乡镇	441	11.45		法学	74	1.89
	农村	1509	39.16		教育学	50	1.27
	样本数	3853			文学	241	6.14

续表

	类别	频数	百分比（%）		类别	频数	百分比（%）
家庭经济水平	高收入	55	1.40	专业所属学科	理学	443	11.29
	中上等收入	323	8.23		工学	1397	35.61
	中等收入	1290	32.87		农学	337	8.59
	中下等收入	1267	32.28		医学	68	1.73
	低收入	990	25.22		军事学	1	0.03
	样本数	3925	100.00		样本数	3923	100.00

第二章

相关理论及其在大学生基层服务中的应用

大学生基层服务补偿是具有交叉性且政策性很强的制度安排,随着国情变化和制度变迁,以往研究呈现出不同的视角、路径和侧重点。应用相关理论从多个角度分析大学生基层服务,有助于把握研究方向。理论上,大学生基层服务合约涉及多个领域,包括劳动力市场理论、成本收益分析以及合约理论。本章将在上述理论的支撑下,在对已有分析框架整合的基础上,建立本书大学生基层服务合约的分析框架。

第一节 基层服务的劳动力市场失灵与政府责任

一 基层服务劳动力市场失灵

(一)供给不足,流动性大

对于统一市场,工资率差异将会导致供给量变化,从而调整均衡工资水平。劳动价格等于工资率:$P_L = VMP$。即劳动力在所有可能的方向上实现了有效配置。[①] 这里的前提是工作和劳动的同质性,以及竞争和流动是完全的。工资结构表现为单一的工资水平,即平均工资率。

现实中,工作多样性、劳动力多样性,以及劳动力市场的不完全都会导致工资差异的产生。基层服务与其他工作,特别是大学生的就业期

---

① [美]坎贝尔·R. 麦克南、斯坦利·L. 布鲁、大卫·A. 麦克菲逊:《当代劳动经济学(第七版)》,刘文、赵成美、连海霞译,人民邮电出版社2006年版,第221页。

望存在较大差异。我们以学历高低和工作环境优劣为例来分析，这时如果仍采取单一的工资水平，会产生两方面问题（见图2—1）：一方面，大学生下基层的意愿不强；另一方面，基层劳动力的流动性很大，特别是高学历毕业生。这两方面是基层劳动力供需缺口产生的原因。

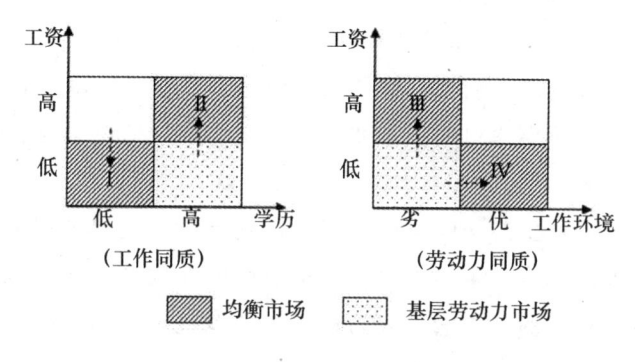

图 2—1　基层劳动力市场分析

具体来看，工作同质的情况下，假设存在低学历和高学历两类求职者，面对低工资和高工资两份工作，可能存在四种选择（划分为四个区域），但是只有区域Ⅰ和Ⅱ是比较稳定的，即低学历—低工资，以及高学历—高工资。"低学历—高工资"会逐渐被排挤到区域Ⅰ并且稳定下来。而大学生基层就业处在"高学历—低工资"的区域，在没有激励机制的情况下，不可能选择或者不可能长期稳定地选择，理性人会最终流向区域Ⅱ，基层的劳动力供给减少。

劳动力同质的情况下，工作环境优劣和工资高低两个维度把市场划分为四种类型。其中区域Ⅲ和Ⅳ是稳定的。那些处在工作环境恶劣而工资又低的雇员，最终会向高工资或者较优的工作环境流动，这同样解释了基层劳动力供给不足的现象。

大学生基层服务岗位要么地处偏远条件艰苦，要么收益外溢。正常劳动力市场环境下，那些地处偏远条件艰苦的岗位，对应专业的毕业生不仅会选择优势地域就业，而且可能考虑转行，从而导致基层单位人员匮乏现象更加突出。而放弃本专业就业同时也意味着教育资源的浪费。而那些收益"外溢"的岗位由于收入较低，对应专业的大学生也会首选在优势地域从事本专业，从而弥补其"外溢"的收益，则中西部地区特别是县以下基层单位会出现人员匮乏。

因而,由于历史、文化、经济、区域等原因,基层劳动力长时间得不到满足。这表现在,一方面供给不足,另一方面劳动力队伍不稳定,流动性大。基层对于劳动力的需求则是希望能够弥补上述不足,一是希望不断有高质量劳动力输入,二是希望高质量劳动力可以在基层长期扎根,形成长效机制。

(二)不对称信息下基层劳动力市场的萎缩和效率损失

为什么基层少有人问津?谁会去基层服务?这个问题不仅是引导大学生到基层服务所要探讨的根本问题,也是大学生基层服务合约提供激励要解决的首要问题。

如果大学毕业生都是同质的,按照常规定价,达到供求平衡,那么这个市场会非常稳定。事实上,大学毕业生并非同质。学生之间专业成绩有好坏,毕业生的工作能力有高低,服务动机也不同,等等。但这些都只是毕业生的私人信息,对于管理人员来说,信息是不对称的。我们假设存在高质量和低质量两类毕业生,管理人员在不知道具体信息的情况下,会按照平均质量进行定价。此时高质量的毕业生会选择退出或者伪装成低质量毕业生[①],来达到增加个人效用的目的;而低质量毕业生会伪装成高质量毕业生以获得更高效用。这样的结果,首先整体效用降低,其次市场会逐渐萎缩,最后只有低质量毕业生会达成交易。

这和"柠檬市场"的情况是类似的。"柠檬市场"所代表的萎缩市场并非专指旧货市场,只要存在信息不对称,都可能出现这样的问题。基层工作虽然地处偏远,环境艰苦,但是也同样重要,甚至对政府而言更加重要,亟须人才来推动其发展。如果只有低质量劳动力参与,势必导致地域、行业之间的差异越来越大。基层服务也变成了一种就业的"过渡地带"。对于大学生而言,可能缓解了他们的就业压力,但不是真正就业;而对于受到服务的当地,由于劳动力的非连续供给,其发展过程也可能出现偏差。要想解决这样的问题,首先需要价格机制的调节,不仅是对于供求的调节,还要能够甄别基层服务人员类型,使基层岗位保有充足、优质的劳动力;其次是政策或其他外部机制的介入,监督基层服务人员行为,保障合约的顺畅执行。

---

① 事实上,这种情况不大可能发生。因为高质量劳动力往往很容易谋到新的职位,不会留在基层寻求更高效用。

二 大学生基层服务决策

大学生的就业决策不同于入学决策。根据人力资本理论,入学投资决策建立在存在较大的个人预期收益且收益可以补偿成本的基础上。而高等教育投资存在风险,毕业生会倾向于审慎地进行职业选择,就业决策更多考虑的是"收益率",或者实际收益。在存在多种就业选择的情况下,毕业生会选择收益最大化或效用最大化,而不仅仅是对成本的补偿。就业决策的影响因素主要体现在福利、工资待遇、生活环境等方面,同时也会考虑到工作的稳定性、长期性以规避职业风险[①]。地域、行业和收入显著影响到就业选择和职业流动决策[②]。

由于基层岗位工资低于平均工资率,且基层服务存在收益"外溢",因而基层服务符合齐德曼所提出的"补偿"条件。毕业生在做出理性的就业决策时,会把基层服务作为"不得已"的选择[③]。同时,这些岗位只有在提供额外"补偿"的情况下,才会有效地增加劳动力供给。

近年来政府加大基层服务的政策优惠力度,但如果合约激励不到位,其政策仍然难以起到应有的效果。

三 政府的公共责任

哪里有市场失灵,哪里就有政府作为。基层劳动力市场的失灵以及作为理性人的大学生的就业决策,决定了政府应该介入其中,承担起公共责任,采取相应措施。

(一) 调整就业结构

1. 缓解基层劳动力市场"萎缩"

劳动力市场,特别是基层服务的劳动力市场处在萌芽状态,尚未发育,在信息不对称的情况下,犹如"柠檬市场",会不断萎缩,需要政策引导。大学生参与基层服务政策在这里沟通了劳动力市场与大学毕业生

---

① 康远志:《收益—风险约束与大学生基层就业决策》,《经济研究导刊》2009年第22期。
② 赖德胜、孟大虎:《中国大学毕业生失业问题研究》,中国劳动社会保障出版社2008年版,第27—28页。
③ 康远志:《收益—风险约束与大学生基层就业决策》,《经济研究导刊》2009年第22期。

之间的信息分布，引导了基层服务劳动力市场发育。笔者通过访谈发现，大部分面临毕业的大学生从未有过到农村实践实习的经历，即使来自农村的学生也很少参加"三支一扶"之类的社会实践。他们对于"基层"知之甚少——这是信息经济学在本书中的作用之一，即描述基层服务劳动力市场的低迷状态，解释大学生基层服务补偿政策存在的必要性。

2. 以激励手段促进就业

大学生基层服务补偿成为一种就业激励的手段，主要基于如下假设：过高的债务负担会阻碍大学毕业生到公共服务部门就业。劳动力短缺的部门，如教育、医疗、法律、国防，往往伴随工资收入偏低、工作条件较差等特点，除考虑债务负担之外，还有个人工作偏好[①]的因素。因而，债务减免可以吸引学生到这些国家急需的行业或地区就业，鼓励为国家服务。从弥补劳动力供给不足的角度，"基层服务—补偿"是一种可行的应对政策。

（二）区域均衡协调发展，增进公平

1. 引进人才的同时，使人才的贡献与回报相匹配。

2. 完善艰苦边远地区津贴增加机制。对集中连片特困地区乡村教师发放生活补助。

3. 优先推进西部大开发，全面振兴东北地区等老工业基地，大力促进中部地区崛起，加大对革命老区、民族地区、边疆地区、贫困地区支持力度。加大对中西部地区新型城镇化的支持。政策向中西部地区、农村和艰苦地区倾斜，输入人力资本，加大投入。加快推进集中连片特殊困难地区区域发展与扶贫攻坚。

4. 促进教育事业协调发展，加大教育资源向中西部和农村倾斜，培养和输送一大批优秀教师到农村从教。

第二节 基层服务补偿中的成本与收益

学生资助是高等教育财政的重要组成部分。伴随着成本分担理论在世界各国高等教育系统中的应用，付费上学逐渐代替免费，由家长和学生分

[①] 如偏好优越的工作环境和工作人群。

担部分教育成本使得高等教育财政投入更有效率。但另一方面，伴随收费政策的推进，入学门槛造成低收入家庭学生丧失教育机会，导致教育不公平的产生。学生资助作为高等教育收费的并行手段应运而生。典型模式如"高收费高资助"①，被认为是兼具效率和公平的财政组合策略。

学生资助的主要来源是财政投入，因而学生资助也可以看作是财政投入的转向——从补贴学校转向补贴学生，从补贴全体学生转为补贴家庭经济困难学生。事关国情、财政效率和使用条件，学生资助的理念、模式、方式、操作技术等在全球呈现出多元格局，逐渐形成学生资助理论体系。

一　大学生基层服务作为部分的高等教育成本补偿方式

齐德曼提出，可以把"具有较高社会价值的服务"用作一种独立的高等教育成本补偿②方式。通过这样的服务，高等教育的收益可以部分或全部补偿其成本（至少财政补贴部分）。

该理念基于整个社会而非单一的财政情境，认为从根本上来说，是整个社会（通过纳税人）补贴了高等教育事业，因而受过高等教育的毕业生可以看作是对整个社会负有债务，而非对高等教育系统。

构成"基层服务—补偿"的条件有哪些呢？阿尔布雷克特和齐德曼认为，能产生社会收益的工作并不一定能构成"偿还"。只有在两种情况下，大学生参与基层服务可以视为对社会债务的偿还③。（1）当劳动力市场有效、工资接近生产率时，如果毕业生以低于市场工资的水平受雇于某些的岗位，则其收入与正常工资的差距可看作是对高等教育的"偿还"。④（2）另一种情况存在于某些特殊行业的劳动力市场，工作的社会价值超过目前市场工资，则这样的雇佣可以构成高等教育成本补偿。这

---

① [美] D. B. 约翰斯通：《高等教育财政：问题与出路》，沈红、李红桃译，人民教育出版社2004年版，第43页。

② Doglas Albrecht, Adrien Ziderman, *Deferred Cost Recovery for Higher Education*, World Bank Discussion Papers, Washington, D. C.: The World Bank, 1991, pp. 44 – 46.

③ Doglas Albrecht, Adrien Ziderman, *Financing Universities in Developing Countries*, The Falmer Press, 1995, pp. 141 – 155.

④ 如波斯瓦纳的大学生毕业后需要到规定的政府或国营组织工作一段时间，期限等于"就读年限+1"，其间工资比正常工资低5%。

种"溢出"是劳动力市场扭曲造成的：一是文职部门工资率缺乏弹性，未能给人力紧缺岗位提供足够的补偿性工资差异；二是对于同一岗位，标准工资率不能给农村地区的就业提供激励。缺乏弹性的劳动力市场造成那些具有较高社会价值的工作难以募到员工，从而供给不足。

对于劳动力短缺，传统的解决办法是提高工资，但如果劳动力市场对于增加补偿性工资差异不够灵敏，则无济于事，或至少在短期内不能奏效。这种情况下，如果安排大学生到这些紧缺行业工作一段时间（1—2年），支付现行工资，作为一种国家服务，该活动会使得全社会受益。进而，这些工作的社会价值和毕业生所得工资的差额构成一种部分的高等教育成本补偿形式。

二 含"基层服务—补偿"的高等教育成本分担

大学生基层服务补偿的实际含义是，学生对 H. E. 负有债务，毕业后参加基层服务，产生社会收益，由政府（纳税人，全社会）来代为履行还款义务。D. 布鲁斯·约翰斯通（D. Bruce Johnstone）教授提出的成本分担理论认为，高等教育成本在学生、家长、纳税人和捐赠者四方之间进行分担。中国的国情决定，现行高等教育财政（或人力资本投资）主要由大学生（毕业生）和政府两方分担，分别通过学费（学生贷款偿还）和高等教育财政补贴的方式进行。加入"基层服务—补偿"之后，原先的部分学生贷款偿还由"基层服务—补偿"替代，转而经由财政补贴高等教育（见图2—2）。

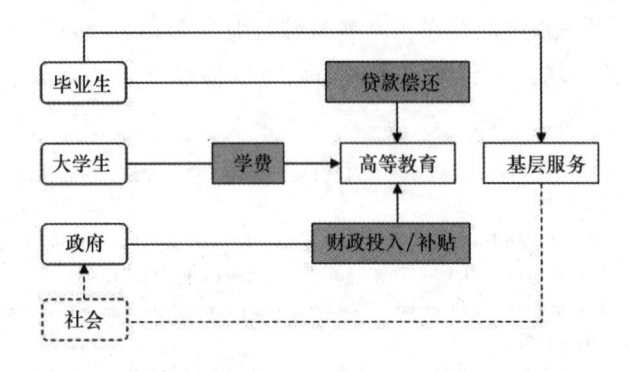

图2—2 含大学生基层服务合约的高等教育成本分担

三 高等教育与大学生参与基层服务的成本—收益分析

如上节所述,"基层服务—补偿"涉及两个"合约"(见图 2—3):一是接受高等教育的个人成本分担;二是以服务的方式补偿高等教育成本。因而实际上存在双重成本—收益分析。又由于两合约有重叠部分,即个人补偿高等教育成本,所以他们的关系可以是次第进行,也可以是合二为一。

大学生基层服务补偿涉及两个合约,就有两对"成本—收益"分析:高等教育的成本—收益,基层服务的成本—收益。那么,是否意味着基层服务这项活动的收益可以补偿高等教育的成本呢?我们分解来看。

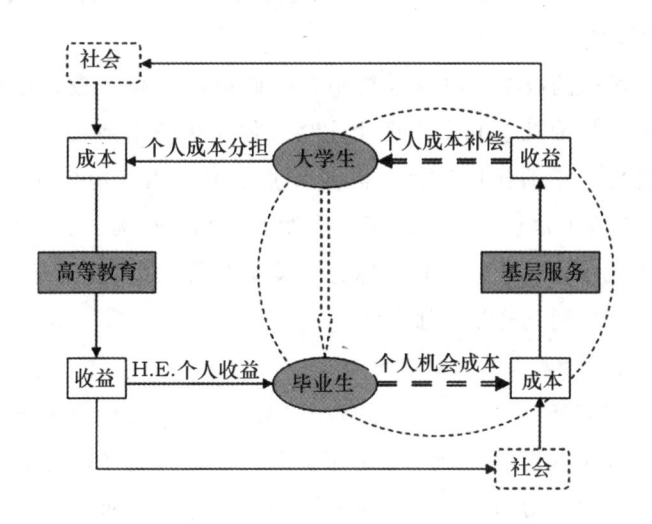

图 2—3 高等教育与基层服务的成本—收益分解

(一) 高等教育的成本—收益

大学生受益于高等教育事业,具有较高的个人收益,应分担部分成本。人力资本理论告诉我们,高等教育的成本支出可以看作是一种对人力资本的投资,是人力资本的形成过程。这种人力资本在经济学上具有同物质资本相类似的特性,即它是带来一定经济收入(或其他收益)的源泉。一般来说,高等教育投资的收益可以分为社会收益和私人收益两部分。狭义社会收益是指受高等教育者比未受高等教育者为社会多创造的财富；广义社会收益指高等教育的发展不仅可以为社会经济与文化科学技术的发展提供必要的人才资源，而且可以从整体上提高民族素质，增强综合国力，改善社会的文化氛围，提高社会的文明程度等。私人收益一般指提高劳动生产率，导致较高的经济收入。

个人分担的高等教育成本（或个人对高等教育负有的债务）可以粗略等价于学费，但是实际负债多少并不等于学费。如若个人不付费（债务获得减免），则缺失部分将由财政填补，也就是由整个社会（纳税人）承担。这种情况下，可以看作个人对社会负有"债务"，整个社会是隐性债权人，债务的大小仍然是个人原应分担的高等教育成本（学费）。大学生对社会负有的债务可以直接缴纳，也可以毕业后用工资偿还，还可以通过参与基层服务来"偿还"。社会收益通过政府以财政拨款或补贴的形式投入高等教育。

因而在后面的成本—收益分析中，我们可以将高等教育成本的承担方和受益方简化为社会和个人两个主体，便于更清晰地表达两者在"基层服务—补偿"中的作用机理。需要注意的是，由于时间价值的存在，"个人"具有两个角色，一个位于入学缴费之初，称为"大学生"；另一个位于高等教育阶段结束之时，称为"毕业生"。或者还有第三个角色，位于基层服务期间，称为"服务生"。

（二）大学生参与基层服务的成本—收益

就"基层服务"本身而言，通过基层服务来偿还的部分就是高等教育投资中个人应分担的部分。假定服务是同质的，每个学生接受的高等教育也是同质的。则相同时间内服务所获得的报酬率和补偿（Compensation）是一定的，生均高等教育成本也是相同的，但问题是这两个量之间是否可以画等号？也就是说，如何用服务的方式来补偿，或者部分地补偿高等教育成本？显然，这两者并没有直接联系，它们是否可以形成"交换"则主要取决于服务时间的长短，要根据不同情况来分析。

从整个"基层服务—补偿"项目来看，除直接的管理成本外，最主要的是"代偿生"的机会成本，也就是他们放弃的正常大学毕业生在服务年限内的收入。收益方面，中央和地方政府都受益于基层服务项目，主要表现在基层劳动力得到补充，特别是教育、医疗、科技推广、基层党政工作等得以顺利开展，因而应共同分担其管理成本。其中，地方政府是直接受益者，应分担其中的大部分成本，并且负责日常管理和运作。中央政府负有主办、协调和宏观调控的责任。对于部分有财政困难的省份，中央财政可采取转移支付的手段予以支持，保证项目的顺利运转。此外，项目还产生私人收益。某些特殊专业的就业要求有相关实习经验，如医学专业的"实习期"，教育专业的试讲阶段，以及中国报考公务员所需的基层工作经验等，基层服务可以提供相关工作经验。参加基层服务还使得大学生在认识社会、了解社会需求、人生观和价值观等诸多精神方面获益。

第三节 合约理论与大学生基层服务合约

合约理论（Contract Theory）是过去 30 年中发展最快的经济学领域之一，也是经济学家们在认识到"标准的完美竞争的市场理论面对现实环境时却并不完美"的事实后的一个反应。它因一般均衡理论失灵而发展起来，从不确定性、不完美信息、交易的时间维度以及合约的执行能力等多个方面拓展了传统的经济学对交易的描述。[1]

该理论与信息经济学、委托—代理理论、激励理论等在内容上有所重合，事实上经济学中关于这些理论并没有法定统一的名称，毕竟这些理论是具有不同侧重点的相对独立的体系。从涉及的范围看，合约理论的外延似乎更广一些。它并非只研究信息问题，也并非只讨论单一的委托—代理关系，它从信息、承诺、机制设计及合约的履行等多方面讨论了与合约有关的问题。[2]

一 "信息不对称"的识别与分类

信息经济学是经济学的重要分支，它抛弃了新古典经济学的"完全信息"假说，以不完全信息为基本出发点，使人们对市场经济的功能有了更为本质与深入的了解，并且广泛应用到其他领域，包括公共经济学、

---

[1] [法] 贝尔纳·萨拉尼耶：《合同经济学》，费方域等译，上海财经大学出版社 2008 年版，译者序第 1—2 页。
[2] 同上书，译者序第 10 页。

政府规制、产业经济学等公共政策领域。

按照亚当·斯密的设想,市场这只"看不见的手"在理想情境中能够有效配置资源。但现实世界是不理想的,总存在各种各样的约束,使得市场作用不能充分发挥,即市场总是容易失灵的。我们面临的是一个信息不完全的社会,任何人都不可能充分掌握所需要的其他人的信息。这样,当需要某人的信息时,信息持有人很可能会隐藏真实信息,并以此来最大化个人的利益。从全社会的角度来看,这将导致资源配置效率的损失。

"不完全信息"(imperfect information)假设更贴近现实情况。该假说认为,个人搜寻、获得、处理以及传递信息都需要付出成本,并且大多数情况下,交易双方所持有的信息是不完全、不对等的。如果把这些情况考虑在内,传统分析中帕累托有效的均衡结果将难以实现。

"不对称信息"是"不完全信息"的一种特殊情况,即交易的一方比另一方拥有更多关于交易结果的信息。它建立在交易,即"合约"(Contract)的基础上。如果没有合约,双方各不相干,也就无所谓信息的交换、对称或者不对称的问题。私人信息(private information)的存在是"不对称信息"产生的前提,与"公共信息"相对。持有私人信息的一方称为"代理人"(Agent),而在信息上处于劣势的另一方称为"委托人"(Principal)。委托人和代理人所建立的关系就是合约,即"委托—代理(P—A)"关系。

信息经济学中的"信息"与"合约关系中的可证实变量的集合有关"[1],而不可证实的部分正是信息不对称的来源。比如,代理人的真实类型不可证实,或者代理人的努力程度不可证实,使得结果将偏离委托人设定的目标。

一般按照"事前"和"事后"将信息不对称问题分为两类:"逆向选择"与"道德风险"。这两类问题都将损害合约的效率。最经典的例子就是阿克洛夫描述的"柠檬市场"——交易双方的"不对称信息"导致"逆向选择"(adverse selection),使二手车市场陷入萎缩。这是信息不对称前提下"市场失灵"的一种情况,它发生在合约签订前,代理人由于

---

[1] [西班牙]马可-斯达德勒、佩雷斯-卡斯特里罗:《信息经济学引论:激励与合约》,管毅平译,上海财经大学出版社2004年版,第3页。

拥有更多的信息而隐匿自己的真实类型，比如学历造假。雇主单凭学历无法将低知识水平员工与高知识水平员工区分开来。"道德风险"（moral hazard）是另一种情况，发生在合约签订之后，指代理人不按照委托人的期望采取行动。这个术语最初出现在保险业，"违约"是最常见的"道德风险"问题。上述两类是信息不对称的主要问题。

二　合约

关于信息、合约和激励的思想早在亚当·斯密的《国富论》中就有所体现：

"普通劳动工资的确定取决于双方经常性的契约，而双方的利益并不相同，工人希望得到的更多，而雇主则希望给付越少越好。"[①]

（一）合约的定义

一般意义上，合约是指在市场交易过程中，交易双方（两个或多个交易主体）自愿、平等地达成的某种协定，是对交易行为一种经常性、重复性与习惯性的思想达成，表现出交易主体之间某些权利的让渡关系。约翰·罗杰斯·康芒斯（John Rogers Commons）首先将交易的思想引入经济分析，成为早期合约经济理论的主要代表。他认为：合约的实质就是一种交易。"交易"是人与人之间的关系，是所有权的转移。在经济学家看来，合约，作为它成立后所获条件的函数，是对缔约者预期行为（责任与义务）的具体表述。合约在实际行使过程中，有时也称合同、契约，为避免混淆，本书中统一使用"合约"这一称谓。

信息经济学集中研究合约关系的基本方面：在一方比另一方具有，或者将要具有信息优势时，合约形式的相关效果。所谓合约，就是明确规定参与各方责任的文件，且必须依据状态而做出修改。合约既是委托人与代理人联系的桥梁，又是使双方目标兼容的纽带。

（二）合约的类型

现实中的合约形式多样，比如合约的签订可能是一次性的，也可能是多次的，前者对应静态模型，后者对应动态模型；合约的签订由一方

[①] ［法］拉丰、马赫蒂摩：《激励理论（第一卷）委托—代理模型》，陈志俊、李艳、单萍萍译，中国人民大学出版社2002年版，第2页。

说了算，相当于一方有完全谈判能力而另一方完全丧失谈判能力（如一般公共政策），相反情况是双方可以就合约的具体内容进行谈判（如听证会）；合约签订过程中，委托人是垄断的还是相互竞争的（如市场供应）；合约签订过程中，代理人之间是否相互竞争（如一般拍卖）；合约签订过程中，代理人之间是否合谋（如合谋竞标），等等。不同的合约形式所对应的分析和解决问题的方法有所不同，因而有必要在研究的最初进行澄清和设定。

在本书中，假设政府（公共政策）作为委托人，具有完全的讨价还价能力，这时的委托—代理博弈是一个典型的斯坦克尔伯格博弈（Stackelberg Game）[①]。在这个博弈中，决策者就是委托人，他提出合约；学生是代理人，它只能选择接收或者拒绝合约。另外，对应公共政策，该合约是一次性的静态完全合约，不存在委托人竞争或者代理人合谋的情况。

（三）合约的博弈时序

在静态合约模型中：委托人设计合约，并提供给代理人；如果代理人愿意，即如果合约保证代理人的效用大于他的保留效用（其他机会收益的效用），就接受合约；代理人代表委托人实施一个行动或者努力。代理人的目标与委托人的目标相冲突。

完全信息下，基准合约的博弈时序如图 2—4 所示。其中，N 代表自然[②]，P 代表委托人，A 代表代理人。

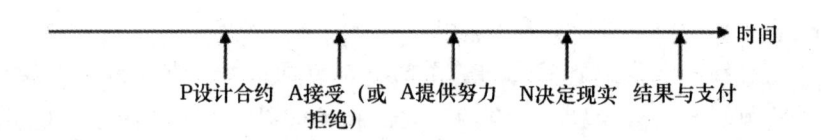

图 2—4　基准合约的博弈时序[③]

[①] ［法］贝尔纳·萨拉尼耶：《合同经济学》，费方域等译，上海财经大学出版社 2008 年版，第 3 页。

[②] 由于存在随机因素影响合约关系，引入"自然"来代表随机变量的影响（约翰·豪尔绍尼最早提出）。参见陈瑞华《信息经济学》，南开大学出版社 2003 年版，第 25 页。

[③] ［西班牙］马可－斯达德勒、佩雷斯－卡斯特里罗：《信息经济学引论：激励与合约》，管毅平译，上海财经大学出版社 2004 年版，第 7 页。

1. 逆向选择

存在逆向选择时，合约的博弈时序如图 2—5 所示。

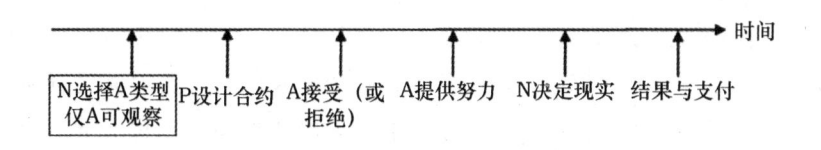

```
──┬──────┬──────┬──────┬──────┬──────┬──────→ 时间
  ↑      ↑      ↑      ↑      ↑      ↑
┌──────┐ P设计合约 A接受（或 A提供努力 N决定现实 结果与支付
│N选择A类型│         拒绝）
│仅A可观察│
└──────┘
```

图 2—5　存在逆向选择的博弈时序①

2. 道德风险

存在道德风险时，合约的博弈时序如图 2—6 所示。

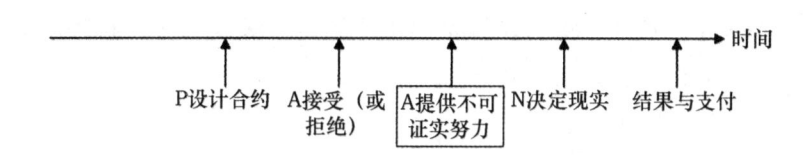

```
──┬──────┬──────┬──────┬──────┬──────→ 时间
  ↑      ↑      ↑      ↑      ↑
P设计合约 A接受（或 ┌──────┐ N决定现实 结果与支付
         拒绝）   │A提供不可│
                │证实努力│
                └──────┘
```

图 2—6　存在道德风险的博弈时序②

（四）合约分析的内容

进行合约分析，首先需要判断是否符合交换的要求，是否具备合约的要素，是否存在委托—代理关系，哪一方保有私人信息；其次是区分合约的类型，静态的还是动态的，一次性的还是多次的，委托人之间是否存在竞争，以及代理人之间是否存在合谋等等，以便对应不同类型采取不同的分析设计方法；最后是确定合约的基本特征，博弈时序，委托—代理双方目标的差异性、偏好、效用，努力、结果和支付的界定，以及激励机制等。

不是所有的合约都需要进行激励机制设计，但也不存在绝对完美的合约。只要存在信息不对称，只要双方的目标不完全重合，合约就不能

---

① ［西班牙］马可-斯达德勒、佩雷斯-卡斯特里罗：《信息经济学引论：激励与合约》，管毅平译，上海财经大学出版社 2004 年版，第 7 页。

② 同上。

实现既定效果,就需要激励机制设计来改进。

三 激励

激励也称激励机制。与组织行为学中对个体、群体和组织提供的"刺激—反应"操作不同,这里的"激励"是内化在合约中的一种机制,可以实施对个体信息的甄别,以及对个体、群体行为的全程调节与监控,从而实现合约目标。由于合约目标的实现过程中考虑和满足个体目标,因而这种机制也被称为是"激励相容"的,是一种微观经济机制,而非组织制度。

合约理论充分利用博弈论的成果和方法,把机制设计作为主要研究特色,具体研究委托代理关系中的信息和激励问题。[1] 如果说合约代表了一种联结关系,那么激励机制则是用于协调这种关系的作用机理。机制设计建立在合约分析的基础之上。

（一）合约与激励的关系

"合约"是双方可信的允诺,对于所有可能的事件状态,其中各方的责任都有详细的说明。特别地,它包括代理人由于付出了努力而得到补偿的支付机制。当决策所需的信息在行为人中间不对称分布的时候,这些决策就包括了合约设计,以便提供激励和（或）诱导私人信息的披露。

激励机制设计是在信息分散的情况下,研究一种激励形式,使得合约双方激励相容,实现统一目标。从机制设计的出发点来看,合约是显性的,并且是可以用来和新合约相比较的。合约可以通过机制设计而不断修改,可以成为制度变迁的原动力之一。

（二）激励机制

所有的经济都面临这样一些基本问题:生产什么、由谁生产、为谁生产、利用什么方式和资源。[2] 经济系统必须决定上述问题,还必须激励

---

[1] [美]博尔顿、[比]德瓦特里庞:《合同理论》,费方域、蒋士成、郑育家译,格致出版社、上海人民出版社2008年版,译者序第3页。

[2] [美]米尔格罗姆、罗伯茨:《经济学、组织与管理》,费方域译,经济科学出版社2004年版,第56页。

人们在经济运行中发挥效率。①

赫维茨认识到,分散在经济人之间的私人信息可能导致激励问题。通过引入机制的博弈型及"激励相容"的概念,赫维茨系统地分析阐述了激励问题。②

激励与"委托—代理"紧密联系。"激励"指的是给出一个或若干个规则(机制),使代理人有动机(力)去照办,实现原定目标。也就是说,委托人给代理人一个激励,代理人实施一个行动,由于激励考虑了代理人偏好,使得代理人的行动朝向有利于实现委托人目标的方向进行,最终实现激励相容。

信息经济学研究的核心是"激励"。任何激励问题的基本特征都存在于当时行为人的目标差异之中。在理想的完全竞争市场中,亚当·斯密那只"看不见的手"提供了一种奇妙的激励机制,使人们在对自身利益的追求中贡献于社会利益的实现。但是,由于存在交易成本和各种导致市场失灵的问题,人类社会不可能通过市场来组织所有的交易。为了节约交易成本,需要用人工设计的"看得见的手"来代替"看不见的手",从而就产生了对机制设计的需要。信息经济学就是研究在信息不对称情况下的激励设计问题。设计出的机制可以为代理人提供激励,使其行为方式实现委托人设定的目标。

激励机制并不仅仅存在于理论层面,在实践中,一些常见的"软硬皆施"的措施都可以看作是这方面的努力,至少是减轻委托人和代理人之间的信息差异,或者在组织中提供动力,使个人目标与组织目标匹配。激励机制的作用机理如图2—7所示。

激励机制运行的过程就是激励主体与激励客体之间互动的过程,也就是激励工作的过程。

(三)激励机制设计

在信息经济学中,"机制设计"指的是"在与代理人的契约关系中,

---

① [美]米尔格罗姆、罗伯茨:《经济学、组织与管理》,费方域译,经济科学出版社2004年版,第1页。

② [美]赫维茨、瑞特:《经济机制设计》,田国强等译,格致出版社、上海人民出版社2009年版,前言第3页。

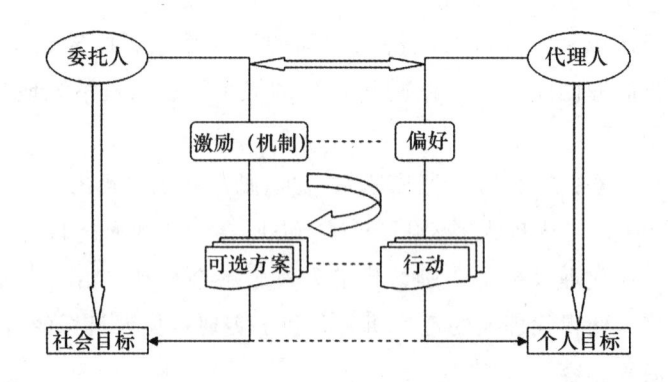

图 2—7 激励（机制）的作用机理

委托人应该设计怎样的最优机制来实现自己的目标"①。

经济活动发生于一系列制度及其安排、法律框架、习俗、正式组织和不太规范的构型（structure）等背景之中。从相对简单的、非正式的微妙协议，到非常复杂而规范的构型，经济活动的背景一应俱全。我们将规范的构型称为"机制"。创造或运行机制的活动包括获取信息、处理信息和与其他人之间的信息沟通。因此，机制的评价就不可避免地需要考虑机制存在并起作用所需要的制度设计、运行和维持的现实成本。

激励机制设计就是从各种可能的机制中选择出一个机制。② 新目标和为实现这些目标所需要的机制不断得以设计。通常，出现这些新机制的原因或是现行经济体制或制度的某些方面不尽如人意，或是人们希望构建一套自认为对己有益的体制。③

经济学上的激励机制设计主要围绕资源配置展开。激励机制设计的前提是要弄清配置什么资源。解决的主要问题是将资源配置给谁和如何实现资源的优化配置。在广泛的信息经济学、合约理论、激励理论、机制设计理论乃至新制度经济学领域，"设计"的字眼层出不穷，如机制设计、合约设计、激励设计、制度设计等，但是他们强调的是同一个理念。

---

① 陈钊：《信息与激励经济学》，上海人民出版社 2005 年版，第 16 页。
② [美] 赫维茨、瑞特：《经济机制设计》，田国强等译，格致出版社、上海人民出版社 2009 年版，前言第 2 页。
③ 同上书，第 2 页。

正如马可-斯达德勒和佩雷斯-卡斯特里罗在其合著的《信息经济学引论：激励与合约》前言中所指出的，信息经济学旨在研究这样一种境况：行为人力图克服与他们决策相关的某些信息的物质状况，从而设计一种获取新的信息或者避免某些物质成本的机制。本书统一采用"激励机制设计"的称谓。

（四）激励机制的评价标准

自亚当·斯密以来的古典经济学和近代的新古典经济学将资源配置的有效性作为衡量一个经济制度好坏的基本标准，而经济机制设计理论又将信息有效性和激励相容加入作为评价一个经济机制优劣的基本标准。

赫维茨 1972 年给出了著名的"真实显示偏好"不可能性定理。他证明了，在新古典经济环境（主要指近百年至今的市场经济环境）中，任何分散化的经济机制（包括竞争市场机制）都不能在导致帕累托最优（即自己在"不损害别人"的条件下能够得到的最大利益）的同时，使每个人都得到"真实报告自己经济特征"的激励。

"激励相容"（Incentive compatibility）是赫维茨 1972 年提出的一个核心概念，他将其定义为，如果在给定机制下，如实报告自己的私人信息是参与者的占优策略均衡，那么这个机制就是激励相容的。在这种情况下，即便每个参与者按照自利原则制定个人目标，机制实施的客观效果也能达到设计者所要实现的目标。

激励相容问题，即在所制定的机制下，每个参与者即使制定个人目标，其客观效果是否也能正好达到设计者所要实现的目标。

当经济信息不完全并且不可能或不适合直接控制时，人们需要采用分散化决策的方式做出各种经济决策。这样，在制度或规则的设计者不了解所有个人信息的情况下，他所要掌握的一个基本原则，就是所制定的机制能够给每个参与者一个激励，使参与者在最大化个人利益的同时也达到了所制定的目标。这就是机制设计理论的激励相容问题。

机制设计理论提出的激励相容概念是非常深刻的。由于个人利益与社会利益不一致是一种常态，并且信息不完全、个人自利行为下隐藏真实经济特征的假定也是符合现实的。在很多情况下，讲真话不一定是"占优均衡"。在别人都讲真话的时候，某人可以通过虚假显示自己的偏好来操纵最后结果，以便从中得利。

当经济信息不完全并且直接控制不可能或不恰当时，人们需要采用分散化决策的方式来进行资源配置或做出其他的社会经济决策。这样，在制度或规则的制定者不可能了解所有个人信息的情况下，他所要掌握的一个基本原则就是所制定的机制能够给每个参与者一个激励，使参与者在追求个人利益的同时也达到了所制定的目标。这就是所谓的激励机制设计。许多现实和理论问题都可归结为激励机制设计。比如委托—代理问题、合约理论、规章或法规制定、公共财政理论、最优税制设计、行政管理、政治社会制度设计等。

在制度或规则的制定者不能了解所有个体信息的情况下，所要制定的机制要能够给每个参与者以激励，使参与者在追求个人利益的同时也达到机制所制定的目标。即，所设计的机制要保证使各个参与者在追求个人利益的同时，也能够达到设计者所设定的整体目标。这就要求我们在为实现某一社会目标进行机制设计时，首先，要使这个机制满足经济主体参与的积极性，如果人们不积极参与某个机制提供的博弈，那么这一机制设计的绩效就要相应降低；其次，它要满足激励相容约束，促使经济主体的自利行为为自愿实现制度的目标。这一理论结论，对大学生基层服务合约及激励机制设计，有着重要的借鉴意义。

四　大学生基层服务合约

将学生贷款和大学生参与基层服务相联系的实践形式最早在美国出现，称为学生贷款减免（Student Loan Forgiveness），只要到政府指定地区或行业工作一段时间，其债务可由政府代为偿还。其实践类型较多，名称各异，接下来在考察相关概念及其实践类型的基础上提出将其统一为"大学生基层服务合约"。

（一）公共服务

《政治学词典》中给出的解释是：社会公共组织特别是政府部门以及其他组织为履行公共管理职能，推进社会整体协调发展、增进社会共同利益的实现，通过制度创新和手段创新依法对社会公共事务进行协调和控制的活动，在国家政治、经济和社会生活的有序化中起着重要的作用，是实现公共管理目标的一种社会活动。①

就"公共服务"的界定,很多学者展开了研究。李朝祥提出公共服务是为公众提供的、基本的、非营利的服务。王锋认为政府的公共服务职能是由政府直接或间接提供的,满足社会和公众需求的职责和功能。马庆钰明确提出了公共服务的概念,是由公法授权的政府和非政府公共组织以及有关工商企业在纯公共产品、准公共产品以及特殊私人产品的生产和供给中所承担的职责。陈昌盛指出了公共服务的范围不仅包括通常说的公共产品,而且包括市场上供应不足的产品和服务。柏良泽区分了公共事务中的主权事务和人权事务,将公共服务归为人权事务范畴。马英娟认为公共服务难以界定的原因在于公共服务的范围和内容具有不确定性,以及公共服务的提供主体和方式具有多样性;归纳了判断公共服务的四条标准;提出了公共服务的范围:以满足公众最低标准的生存和发展需求为宜,注重公共服务的普遍性和均等化。

综合上述解释和界定,本书提出,公共服务指的是政府基于公共利益需要,以直接或间接方式提供的一般性、普遍性和均等化服务。公共服务的产品类型包括纯公共品、准公共品和市场供给不足的私人品。

(二) 大学生基层服务

《现代汉语大词典》对"基层"的解释有:各种社会组织中最低的一层,与群众的联系最直接。如党、团的支部,工会的基层委员会等。② 而"基层单位"指的是:国民经济核算中,为了进行生产核算和投入产出分析,确定的基本核算单位。它是相对独立地进行生产活动和生产某个产品的基本单位,具体特征是:(1) 具有一定生产场所;(2) 能够获取有关生产活动的投入与产出资料,包括劳动和资本生产要素的投入;(3) 具有自己的管理部门,负责日常生产活动,并能编制反映生产过程的生产账户。它是国民经济行业部门分类的基本单位。③

从内涵上理解,大学生基层服务指大学生参与那些由政府以直接或间接方式提供的一般性、普遍性和均等化服务。从外延上来看,服务包

---

① 王邦佐等:《政治学词典》,上海辞书出版社2009年版,第178页。
② 阮智富、郭忠新:《现代汉语大词典(上册)》,上海辞书出版社2009年版,第744页。
③ 戴相龙、黄达:《中华金融辞库》,中国金融出版社1998年版,第11页。

含的内容比较广泛。

中国人力资源和社会保障部于2009年5月公布了第一批基层社会管理和公共服务岗位目录①，包含了基层人力资源和社会保障管理，基层农业服务，基层医疗卫生服务，基层文化科技服务，基层法律服务，基层民政、托老托幼、助残服务，基层市政管理，基层公共环境与设施管理维护及其他，共9大类50种主要岗位，涵盖了从城市社区到农村基层的广阔就业面，为引导高校毕业生到基层岗位工作提供了指南。从各国政策实践的角度，基于国家需要的基层服务还包括中西部地区和艰苦边远地区（县以下）基层单位就业、中小学任教、应征入伍服义务兵役等。

因而，基层服务主要包含两个维度，一是服务地位于艰苦边远地区，二是服务单位属于基层单位。

齐德曼把大学生参与的基层服务项目分为三类：勤工俭学（Student employment）、课程实习（Work-with-study）和社会服务实践（Study-service）。

（1）勤工俭学是一种学生和学校达成的雇佣关系，学生从事校内工作，并未产生广泛的社会收益。也有学校"雇佣"学生服务社会的例子，如以色列的"花朵计划"（Perach Scheme）鼓励在校生给成绩差的青少年辅导功课，由此可以获得学费减半，有大约20%的在校生参加这一计划。美国的许多高校在前总统克林顿的"为国家服务"的倡议下也采取了类似行动。如马里兰大学规定，大学生可以参加"暑期服务计划"，为中学生传授基本的算术和阅读技能，指导用药和创新，以此可以获得基本工资之外的1000美元学费减免。

（2）课程实习是正常课程计划的一部分，参与办公室、工厂、实验室或农场的日常工作，比较典型的如医科学生的"实习期"。其内容与服务无关。

（3）社会服务实践一般以"社会服务"为主要目标，但又把这种"服务"置于教育情境中，目的是让教育系统与社会紧密相连，让学生了解社会，让大学适应社会需要。

---

① 中国就业培训技术指导中心、人力资源和社会保障部职业技能鉴定中心：《基层社会管理和公共服务岗位手册》，中国劳动社会保障出版社2010年版，第1—5页。

(三) 大学生基层服务的特征

作为一种劳动形式,"大学生基层服务"具有五大特征。

(1) 紧缺性

只有劳动力紧缺岗位才会产生国家需要,进而通过政策来矫正劳动力市场的结构性失衡。因而紧缺性是"基层服务"所有特征中最根本的。由于紧缺,导致劳动力市场供需失衡,也正是因为紧缺,才需要通过激励来刺激劳动力的供给。紧缺性产生的原因有:第一,地处偏远,如中、西部地区;第二,行政区划级别较低,中国政策规定在"县级(不含)以下",如乡镇,村等;第三,部分生产性岗位位于基层生产一线,工作条件艰苦,如农、林、水、煤、地、矿、油。

另外,某些岗位存在相对紧缺性,如国防。中国兵员的学历层次普遍偏低,高学历人群匮乏,兵员征集质量有待提高。

(2) 公共性

无论是纯公共产品,还是准公共产品,抑或是市场失灵导致的供给不足的私人品,都是需要政府介入的,含有强烈的国家意愿或导向,且社会收益大于个人收益。这一点决定了政府应为此付费。也正是这一点将"政府资助"与"雇主资助"[①] 区别开。按照产品性质,"基层服务"可分为两类,一是具有纯公共产品性质的岗位,如国防、警务、公务员,以及公共部门的教师、医生、律师等;二是具有准公共产品性质,如地处艰苦偏远地区、艰苦行业和低收入群体社区的基层公共部门工作。

"公共性"区别于"公益性"。公益性一般是无偿的,或者含有少量报酬。而公共性指的是服务的产品属性。存在紧缺性的前提下,基层服务可以通过激励的方式吸引大学生参与。即大学生可以从中获益,且收益超过公益性服务。

(3) 自愿性

虽然含有国家意愿,但是这种基层服务并不具有强制性,并不强制要求所有大学生参加,而是建立在个人自觉自愿的基础上,即个人愿意服务基层。并且,作为国家有计划、有组织的选派活动,又有别于纯粹

[①] 张民选:《理想与抉择——大学生资助政策的国际比较》,人民教育出版社1997年版,第143页。

的"志愿者"服务。"自愿性"区别于"志愿性"。志愿性服务兼具公益性和无偿性。而本书中的基层服务合约含有激励,大学生自愿参加。

(4) 阶段性

政府鼓励大学生参与基层服务,尊重个人意愿,并且考虑个人的职业生涯发展。在鼓励长期扎根的基础上,规定一定的服务年限,允许个人自主选择,自由发展。此外,由于劳动力市场失灵的阶段性,作为矫正手段,服务的地域、岗位、要求等也不是一成不变的,会随着劳动力市场环境的变化而及时做出调整。

(5) 补偿性

"补偿性"是其重要特征。基层服务本身具有价值,特别是具有较大的社会价值。又由于参与服务的人是接受过高等教育的"大学毕业生",人力资本高于现有基层服务岗位平均的人力资本水平,放弃的机会成本高。因而这种服务除正常收入外,还应获得对应外溢部分的"补偿"。

从这一点上看,大学生基层服务有别于志愿服务和其他与"服务"相关的实习项目。志愿服务不求索取,但服务的变动性大。其他与"服务"相关的实习项目较多强调个人获益,较少考虑对社会的贡献,以及由此带来的对个人的追加补偿。

(四) 大学生基层服务合约的英文表述与中文命名

政府鼓励大学生参与基层服务,无论从概念上、内容上还是本质上来说,都内含了一种交换关系,即政府用某种激励手段来换取大学生阶段性的基层服务。在这种交换关系中,政府制定合约,约定支付机制和努力水平,毕业生签订合约,双方按照约定执行。

"大学生基层服务合约"源于国外学生贷款理论和实践。对应英文有:Service Payback,直译为"服务—偿还"或"服务—代偿"。主要针对负债学生。英文文献中相关称谓很多,如 Workforce-contingent Financial Aid, Student Loan Forgiveness, Student Loan Waiver, Student Loan Remission, Repayment Aid, Public Service Scholarship, 等等。译成中文就更容易混淆,如"贷款减免""债务减免""贷款豁免""债务免除""公共服务奖学金"等。笔者认为"大学生基层服务合约"更简明直观地表达了这一交换关系,故统一使用这一称谓。

在实践上,该合约主要对应"在校"和"在岗"两种类型。"在校"

项目在放款时已约定未来定向就业事宜，无须个人偿还，违约者则改为自行偿还。"在岗"项目则是更为典型的代偿类型，毕业就业时签署协议生效，债务转为政府代偿。具体可细分为"定向奖学金""定向贷款""服务—减免""服务—代偿"和"服务—补助"等形式。

梳理中国相关政策演变过程中政策标题的变化（见表2—1）可以发现，中国最早使用"代偿"一词的政策是教育部在2006年出台的《国家助学贷款代偿资助暂行办法》，当时只针对负债学生。教育部在2009年新出台的"新代偿"政策去掉"资助"二字，将对象扩展为所有本科毕业生，实际资助方式也由贷款代偿扩大到学费补偿。同年针对应征入伍服兵役的资助政策改用"补偿和代偿"的称谓，第一次在政策标题中区分了"补偿"和"代偿"两种不同的资助形式，并在2013年统一为"国家资助"。四川省2009年出台的政策则创新性地使用"学费奖补"，将负债学生和非负债学生以同样的奖励标准来对待，补贴一定数额，但不与学费挂钩。

表2—1　　　　　　　国内大学生参与基层服务政策一览

年份	政策名称	政策制定者	服务种类	合约命名
2006	国家助学贷款代偿资助暂行办法	财政部/教育部	基层服务	代偿资助
2009	高等学校毕业生学费和国家助学贷款代偿暂行办法	财政部/教育部	基层服务	代偿
2009	应征入伍服义务兵役高等学校毕业生学费补偿国家助学贷款代偿暂行办法	财政部/教育部/总参谋部	服兵役	代偿和补偿
2013	高等学校学生应征入伍服义务兵役国家资助办法	财政部/教育部/总参谋部	服兵役	国家资助

关于该合约的命名，"基层服务"或"定向服务"均可，用"基层服务"突出了服务内容，并且和由企业资助的"定向"培养形式相区分。主要争议在于是否使用"代偿"。综合国外和中国各级政府制定的相关政策，主要争议集中在以下四个方面。

(1) 与基层服务对应的是资助、代偿、补偿、还是奖励？这涉及该合约的性质与本质。

(2) 随着政策沿革，现行政策的对象范围不断扩大，定向服务的范围也更加广泛，资助的标准应该统一还是差异化？资助形式如何制定？

(3) 是否有必要区分对象：负债学生和非负债学生？

(4) 是否有必要区分资助形式：代偿、补偿或奖励？

合约在本质上是一种交换，是服务和支付的对应。大学生基层服务合约体现了资助的特性。由于基层服务位于劳动力匮乏的地区、行业或岗位，收入普遍较低，工作条件艰苦，而又是国家所需要的服务种类，因而政府给予资助。Service-Payback[①]是否可用资助来对应？这一概念直译为"服务偿还"或"服务代偿"，但无论是偿还还是代偿，都是针对学生贷款债务而言的。这一概念很好地反映了交换介质，但是没能涵盖实践中所有的资助形式，如学费减免、奖学金、补助等。而合约的中文命名一般只突出服务一方的行为，如劳动合约、租赁合约、保险合约。只有比较特殊的合约才会加上支付方面的特征，如移民补偿合约。

综上，该合约命名为"大学生基层服务合约"更加适切。一方面，称谓涵盖了合约交换介质和多种形式；另一方面，"公共"二字也突出了合约的特性，暗含政府资助的责任。本书中，大学生基层服务合约包括定向奖学金、定向贷款、服务—代偿、服务—减免、服务—补偿等多种大学生因定向服务获得政府资助的合约形式。

(五) 基层服务合约与基层劳动合同的区别

就其内涵来看，大学生基层服务合约首先是一种偿还方式，指借款人以到指定地区/行业工作一定年限的方式，来"偿还"（实质是由相关财政部门代偿）债务，并与其他还款方式一起，构成学生贷款的多元偿还模式，供借款人在毕业应还款时自由选择。其次，大学生基层服务合约是种补偿，指定地区/行业一般具有艰苦、偏远、收入低、社会收益大或其他国家紧缺性的特征，因而在此地区/行业工作可能债务负担重且个人收益与社会收益的差距大，各级财政部门理应对其进行补偿。再次，

[①] Payback, Something (esp. a sum of money) repaid, or given in exchange for a service, favour, etc. 服务回报 (http://www.oed.com/view/Entry/236589?rskey=1l60f7&result=2#eid)。

大学生基层服务合约还可以看作是一种独立的人力资本合同或者非营利部门的雇主资助，雇主（政府或其他组织、个人）以提供资助（学生贷款/偿还/补助）的形式"定购"人力资本。

大学生基层服务有别于大学生基层就业，大学生基层服务合约也和一般的劳动合同不同。前者是本书的关键概念，指的是大学毕业生以服务为目的的短期或长期劳动行为。签订大学生基层服务合约，获得补偿金（正常工资以外的部分）。后者强调"就业"，为正式的雇佣关系，以签订劳动合同为准，按照规定期限履行劳动责任，获得岗位对应工资。例如：中国鼓励大学生基层就业的政策规定，如果在指定人才短缺区域或岗位工作满一定期限，可获得相应补偿，则相当于在劳动合同的基础上增加一份大学生基层服务合约，获得补偿金。合同具有法律效力，而合约只在理论层面探讨交换关系。因而，大学生基层服务合约的范畴要小，所约定的内容也较劳动合同要少。如果服务期满，基层服务合约随即终止，无论是否继续留在岗位上工作，都不再接受补偿。

本章小结

回顾理论基础和已有的分析框架可以发现：第一，由于最早的大学生基层服务合约伴随学生贷款项目产生，因而相关讨论多在学生贷款的框架内进行；第二，从就业激励的视角，大学生基层服务合约是基于国家需要，面向紧缺专业招募人才的手段；第三，整合上述两种观点，在更大的社会环境里讨论高等教育的"成本—收益"，大学生基层服务合约可作为一种成本补偿机制，用高等教育的"收益"去"部分地补偿"其成本。本书倾向于第二种意见，认为大学生基层服务合约根本上是一种补偿式的激励手段。

信息的分布要对称。基层服务的劳动力市场处于低迷状态，在信息不对称情况下，市场失灵问题更加突出，犹如"柠檬市场"，会不断萎缩，需要政府介入，通过财政手段调整劳动力供给，引导劳动力合理流动。

大学生基层服务合约沟通了劳动力市场与大学毕业生之间的信息分布，促使基层服务劳动力市场发育。将合约理论应用于公共政策领域，不同于政策分析路径。从简化模型出发，可以更直接地抓住合约的关键要素，协调大学生基层服务的选择与参与行为，在满足大学生偏好的同时实现政府的多重目标，提供有激励的合约。本书中，合约是大学生基层服务政策的实质，政策是合约激励机制运行的载体。合约研究的目的是帮助分析和优化政策方案。

第 三 章

大学生基层服务补偿的国际经验

大学生基层服务补偿的国际实践中,应用最广泛的类型是和学生贷款结合使用的"服务—代偿",即以基层服务的形式由政府或其他部门代为偿还学生贷款。

随着高等教育财政危机的加剧[①],全球七十多个国家实施了学生贷款项目。学生贷款债务成为个人接受高等教育所必需的"成本"。然而,高昂的学生贷款债务并没有使得政府真正"减负"。除了贴息、风险补偿、利率补贴等财政补贴以外,政府和银行还面临由于毕业生违约、失业、债务负担过重等问题的出现而支付的额外费用。对此,政府和高校采取的措施是,在读期间对大学生进行债务管理方面的培训,以此提醒负债学生如何管理好个人信用。

本章将用国际比较的方法来考察大学生基层服务合约在多国的实施情况,在此基础上找出不同合约模式及其适用条件。

第一节 发达国家:教育成本补偿

一 美国

美国众多的学生贷款服务—资助项目主要由三个部门设立:教育部、联邦政府和州政府,此外,私人基金会和高校也设立了一些服务—资助项目。对于不同部门的项目,其类型和具体规定也有区别。

---

① Adrian Ziderman & Douglas Albrecht, "National Service: A Form of Societal Cost Recovery for Higher Education?", *Higher Education*, Vol. 29, No. 2, March 1995.

教育部项目一般针对几个大型学生贷款计划设计，比如联邦家庭教育贷款（Federal Family Education Loan，FFEL）、直接贷款（Direct Loan）和珀金斯贷款（Perkins Loan），目标行业主要是教师领域。

联邦政府项目则主要针对医疗、基层服务和军队服役而设立（McCallion，2005）。

州政府项目一般是单独设立的贷款形式，独立于联邦学生贷款计划，具体规定依各州有差异，但其作用与上述相同。美国2001—2002学年的WCFA项目共161个，分布在43个州，分为"在校项目"（In-School WCFA）和"工作项目"（On-the-Job WCFA）两类。

（一）联邦教育部项目

美国联邦教育部设立的大学生基层服务项目实施已久，早在1958年的《国防教育法》中就开始使用"服务—减免"的措施，中间历经改革和完善，延续至今。

1. 历史背景

1958年：《国防教育法》中的国防学生贷款项目[①]规定，如果借方在公立中小学任全日制教师，可免除其50%以下的所借贷款（含利息），从其从事该工作之日起，每年减免10%。[②]

1968年：阿拉斯加州出台了一项贷款减免项目，如果借方毕业后在本州工作满四年，则贷款予以减免。该项目不是基于特定职业的。随着州立公共基金向资本市场的转型，该项目于1987年终止。

1982年："军队学生贷款偿还项目"于10月1日设立，该项目已于1981年试行。

1987年：国家卫生服务队（National Health Service Corps[③]）出台贷款偿还项目。

1988年：马里兰州设立"詹妮特·L. 霍夫曼学生贷款偿还资助项目"（Janet L. Hoffman Loan Assistance Repayment Program，LARP），为从

[①] 国防学生贷款项目是珀金斯学生贷款项目（Perkins Student Loan Program）的前身，1958年由《国防教育法》确立。

[②] 杨克瑞：《战后美国联邦政府大学生资助政策研究》，北京师范大学出版社2008年版，第55页。

[③] 1970年由《紧急医疗人员法案》（Emergency Health Personnel Act，PL 91-623）确立。

事基层服务的律师提供贷款偿还资助。

1992 年:"克林顿—高尔计划"中"按收入比例还款"计划将"社会服务"① 列入贷款偿还选择之一。

1993 年:美国志愿队成立,由《国家和社区服务信托法案》确立。

1998 年:设立"斯塔福德学生贷款减免项目"(Stafford Loan Forgiveness),针对 1998 年 10 月 1 日起获得的贷款,毕业后从事教师职业可获得减免。

2. 类型

美国现有的"基层服务—补偿"项目有一百多种,主要分为三大类。

(1) 债务减免。在特定情况下,联邦政府免除全部或部分联邦学生贷款债务,称为"债务减免"(Loan Forgiveness Program,LFP)。这些特定情况包括志愿工作、军队服役、教学或在特定类型社区从事医疗服务等。

(2) 债务代偿。美国还有一类应用更加广泛的项目,称为"偿还资助"(Loan Repayment Program,LRP),该项目可用于包括私人贷款在内的各种学生贷款类型,资助方式可以是一笔资金,也可以是由雇主或地方政府向贷款机构代偿债务。

(3) 剩余债务免除。随着 2009 年"按收入比例还款"(Income-based Repayment,IBR)的实施,一种新的"基层服务—补偿"形式应运而生。如"公共服务贷款减免计划"(Public Service Loan Forgiveness,PSLF)规定,毕业后如果从事指定的公共服务,按"剩余收入"一定比例偿还十年之后的债务余额将予以免除。该计划由联邦政府设立,可以看作是第一类"债务减免"项目和 IBR 的结合。

3. 服务领域

大学生基层服务补偿项目中涉及的服务领域主要有四个:志愿服务、参军、从教、从医和律师。

---

① 规定的社会服务包括教师、执法、医务工作者、咨询员等。Kreuger, A. B., and Bowen, W. G., "Income Contingent College Loans", *Journal of Economic Perspectives*, Vol. 7, Summer, 1993.

(1) 志愿服务

由志愿者组织提供贷款减免。

美国志愿队（Ameri Corps）：服务满12个月，可获得最高7400美元津贴，以及最高4725美元贷款减免。

美国和平部队（Peace Corps）：志愿者可以申请贷款（斯塔福德、珀金斯、组合贷款均可）延期，以及贷款减免。其中，珀金斯贷款最高减免70%，每年减免15%。

服务美国志愿队（Volunteers in Service to America，VISTA）：在帮助消除饥饿、无家可归、贫困和文盲的私人非营利组织志愿服务，服务满1700小时可获得4725美元津贴。

(2) 参军

军事学生资助，如，在陆军国民警卫队（Army National Guard）服役的大学生符合学生贷款偿还项目规定，可以获得最高10000美元减免。

《蒙哥马利退伍军人法案》（Montgomery GI Bill，MGIB）所提供的机会，是人们愿意到部队服役的主要原因。事实上，该法案仅惠及3/5的平均教育成本，且有约1/3的退伍军人未使用优惠条件。

①美国武装部队招募项目（US Armed Forces Recruiting Programs）

MGIB为退伍军人提供最高36个月的教育培训机会，包括大学、商业/科技/职业课程、通信课程、学徒/职业培训、飞行训练等。服役或退伍军人均可享受。

学费资助（Tuition Assistance，TA）：武装部队学费资助项目为服役者提供在国家认可的学院、大学、短期大学、高中或职业技能学校的入学机会。资助额最高可全额抵消就读成本。每学分最高资助250美元，每年累计资助最高不超过4500美元。

陆军/空军/海军/海军陆战队学院资助：除MGIB之外，陆军、空军、海军以及海军陆战队还提供额外的学费资助。陆军资助70000美元，海军资助50000美元，海军陆战队资助30000美元。以上资助均建立在学业优异的基础上，具有竞争性，并且获得资助后需承诺服务6年以上。

空军社区学院：两年制短期大学，提供一揽子学习项目，覆盖70多个科学技术领域，学习期满授予副学士学位。空军通过"学费资助项目"提供最高100%的教育成本补偿。

学生贷款偿还项目（Student Loan Repayment Program，SLRP）：陆军服役人员将获得最高 65000 美元的学生贷款（后备人员最高 20000 美元），海军服役人员最高 65000 美元的学生贷款，空军服役人员最高获得 10000 美元。每年贷款余额的 15% 或 500 美元，二者中较高者将通过 SLRP 免除。参与者需通过武装部队资质测试（Armed Forces Qualifications Test，AFQT）并获得 50 分以上的分数。符合要求的学生贷款包括珀金斯、斯塔福德、家长贷款以及组合贷款，不包括私人贷款和违约贷款。

美国军人教育机会学院组织（Servicemembers Opportunity Colleges，SOC）：一个超过 1550 个学院和大学的联盟，为现役军人及其家属提供教育机会。

后备军官训练项目（Reserve Officers' Training Corps，ROTC）：以合约形式提供教育资金，修读军事学课程，学习期满从事军官职业。合约从就读的第二年生效，以便考察资质是否合适。ROTC 奖学金可以持续一年、两年或三年，全额的 ROTC 奖学金可覆盖四年大学的学费、杂费和书本费。

美国军校（US Service Academies）：每支部队都有自己的四年制军校，其所有学生都可获得全额奖学金和少量生活费。毕业后到部队（陆军、空军、海军陆战队、海军或海岸警卫队）服役，授少尉军衔。军校的入学竞争异常激烈。

②退伍军人及家属资助项目（Financial Aid for Veterans and their Dependents）①

美国退伍军人事务部（U. S. Department of Veterans Affairs，VA）为退伍军人及其家属提供一系列教育机会。每年出版一本《联邦退伍军人及其家属教育机会报告》，包含有关教育培训机会的丰富信息。

幸存者和家属教育资助项目（Survivors' and Dependents' Educational Assistance Program，DEA）：为退伍军人家属提供最长 45 个月的教育培训机会。家属需是因公牺牲或永久残疾、因残去世、对敌作战中失踪/被俘、被外国政府拘留的军人的子女或配偶。要求子女年龄在 18—26 岁，

---

① "Financial Aid for Veterans and their Dependents"（http://www.finaid.org/military/veterans.phtml）.

配偶的机会可享受 10 年。

美国军官协会（Military Officers Association of America，MOAA）提供多种教育资助项目，包括免息贷款、助学金和"美国爱国者奖学金"（American Patriot Scholarship）。

"感恩美国"奖学金项目（ThanksUSA Scholarship Program）："感恩美国"是一个非营利免税慈善组织，致力于感谢美国士兵，通过为其子女和配偶提供基础补助的方式来感谢那些为美国军队服役的士兵们。每年提供多达 500 个两年制或四年制正规大学名额，每个名额可获得 3000 美元资助。受助者需达到 GPA2.0 以上。"现役军人"指的是 2001 年 9 月 11 日以后，在陆军、海军、空军、海军陆战队、海岸警卫队服役超过 180 天，包括所有因公牺牲或负伤的军人。子女（包括收养和过继子女）须在 24 岁以下。项目每年 4 月 1 日开始申请，5 月 15 日截止。遴选过程综合考虑财政需要、学业表现、领导才能和社区服务。

（3）从教

《国防教育法》规定，毕业后在面向低收入家庭的中小学担任全职教师的学生，其珀金斯贷款可以获得减免。债务在五年服务期间分别被减免 15%、15%、20%、20% 和 30%。

州立项目也很多。如，在密西西比州，那些拥有"选择性教学许可证"（Alternative Routes Teaching License）且在师资短缺地区从事教学工作的教师，将获得"教师还款项目"（Teacher Loan Repayment Program）的资助。

"美国教师联盟"（American Federation of Teachers）列出了现行的 32 个针对教师的贷款减免项目（见表3—1）。

表 3—1　　　　　美国"基层服务—补偿"教师项目[①]

序号	项目名称	所属当局
1	高等师范教育资助计划	联邦学生资助
2	珀金斯贷款减免	联邦学生资助
3	斯塔福德贷款减免计划	联邦学生资助

---

① "Loan Forgiveness"（http://www.aft.org/yourwork/tools4teachers/fundingdatabase/results.cfm）.

续表

序号	项目名称	所属当局
4	公共服务贷款减免	联邦学生资助
5	教师教育贷款	阿肯色州
6	地域性紧缺少数民族教师奖学金	阿肯色州
7	教师援助资源—教师还款补助	阿肯色州
8	教师机会计划	阿肯色州
9	教师教育贷款计划	威斯康星州
10	视障教育贷款	威斯康星州
11	少数民族教师贷款	威斯康星州
12	选择性教学许可计划	华盛顿州
13	华盛顿大学教育学院奖学金	华盛顿州
14	未来教师奖学金	俄克拉荷马州
15	短缺师资雇佣激励计划	俄克拉荷马州
16	教师按揭资助计划	康涅狄格州
17	早期儿童发展专业贷款还款资助计划	科罗拉多州
18	教育激励贷款减免	爱达荷州
19	教师贷款计划	南卡罗来纳州
20	未来教师奖学金/贷款	北卡罗来纳州
21	希望教师奖学金	佐治亚州
22	短缺师资贷款减免计划	艾奥瓦州
23	教育援助合作计划	得克萨斯州
24	少数民族教师招募保留奖学金	肯塔基州
25	少数民族实习生计划	内布拉斯加州
26	少数民族教师/特殊教育奖学金	印第安纳州
27	贷款减免计划	纽约州
28	教师奖励计划	罗得岛州
29	数学与自然科学教师贷款减免	田纳西州
30	教师与保育员还贷计划	伊利诺伊州
31	南达科他大学—农村学校老师纪念奖学金	南达科他州
32	教学奖学金计划	弗吉尼亚州

（4）从医和律师

许多法律学校减免那些服务于公共利益或非营利组织的学生的贷款

债务。有关项目主要由两个部门管理：平等公正事务部（Equal Justice Works）和美国律师协会（American Bar Association，ABA）。

美国卫生与人力资源服务部（Department of Health and Human Services）提供两个贷款减免项目：国家卫生服务队（National Health Service Corps）和护士队贷款偿还计划（Nurse Corps Loan Repayment Program），为到医疗匮乏地区（包括偏远和欠发达地区）工作一定年限的内科医生和注册护士减免贷款债务。

美国国家卫生服务队贷款减免项目提供最高金额 50000 美元的贷款减免，用于补偿那些在指定的人员短缺地区服务满两年的医疗专业人员。

美国国家卫生研究院的贷款偿还计划（National Institute of Health Loan Repaymeat Program，NIHLRP）为从事临床医学研究的美国公民提供最高 35000 美元/年的还款资助。

美国农业部的兽医贷款偿还计划（Veterinary Medicine Loan Repayment Program，VMLRP）为在人员短缺地区工作满三年的兽医提供最高 25000 美元/年的还款资助。

各州设立有类似的贷款偿还计划。如明尼苏达州针对医学专业的贷款减免项目有四项①：①农村中产阶级从业者贷款减免项目，为在明尼苏达指定农村地区从事医学专业服务的人员提供每年 6750 美元、最长 4 年高达 27000 美元贷款减免。②医学专业贷款代偿项目，针对那些在政府指定的人员短缺地区非营利机构或公共部门从事卫生保健服务的人员，代偿金每年高达 20000 美元，覆盖所有联邦学生贷款或商业贷款债务，要求至少服务两年。③明尼苏达农村卫生与基础保健办公室（Minnesota Office of Rural Health and Primary Care，ORHPC）护士贷款减免项目，为明尼苏达的护士提供最高 15000 美元贷款减免（每年最高 3750 美元，最长 4 年）。④明尼苏达牙医贷款减免项目，提供每年 25000 美元、最长 4 年高达 100000 美元的贷款减免。

此外，一些医院和私立医疗机构也自行设立贷款减免计划来吸引医师和理疗师。

---

① "Minnesota Loan Forgiveness for Medical Professionals"（http://collegesavings.about.com/od/mnmedicalloanforgiveness）.

(二) 联邦政府贷款减免项目

美国教育部下设联邦学生资助中心（The Office of Federal Student Aid），是美国最大的学生资助提供者。每年提供超过 1500 亿美元的学生资助款项，受助学生超过 150 万人[①]。联邦政府贷款减免项目面向三种类型的贷款：直接贷款（Direct Loan）、联邦家庭教育贷款（FFEL）和珀金斯贷款（Perkins Loan）。其中，直接贷款和联邦家庭教育贷款计划的贷款减免条件如下（见表 3—2）。

表 3—2　　　　美国直接贷款和 FFEL 计划贷款减免条件[②]

序号	减免条件	减免额度	贷款类型	备注
1	连续五年在指定中小学或教育服务机构为来自低收入家庭学生服务的专职教师。须满足其他资格要求	5000 元	FFEL	针对第五年服务完成后的未偿债务
2		17500 元[③]	PLUS/FFEL	中小学特殊教育教师和中学数学/自然科学教师
3	公共服务贷款减免	100%	PLUS	针对符合条件的直接贷款的未偿债务（仅适用于 PLUS 贷款）

联邦珀金斯贷款减免项目的减免条件[④]比较多，减免力度也很大。具体包括以下 17 种岗位：（1）服务于美国军队的特定区域（炮火集中或高危地区）；（2）专职消防员；（3）专职执法或修订官；（4）专职护士或医疗技术人员；（5）服务美国志愿者或和平部队志愿者；（6）拥有硕士学位，在符合条件的第一类中小学或面向上述学校的公共图书馆服务的图书馆员；（7）受聘于联邦公共或社会辩护组织；（8）受雇于公共的或非营利性儿童或家庭服务机构为低收入社区高危儿童及其家庭提供服务的全职雇员；（9）启智计划（Head Start program）的专职教员；（10）受雇于由州政府授权和管制的儿童保育计划的专职人员；（11）为残疾人提

---

① Federal Student Aid（http：//studentaid.ed.gov/about）.
② http：//studentaid.ed.gov/repay-loans/forgiveness-cancellation/charts.
③ 2004 年 10 月 30 日《纳税人—教师保护法案》（HR 5186）出台，将最高减免额度从 5000 美元提高到 17500 美元。
④ Federal Student Aid（http：//studentaid.ed.gov/repay-loans/forgiveness-cancellation/charts）.

供早期干预服务的全职合格的专业服务人员；（12）拥有硕士学位，在符合条件的第一类中小学工作的专职语言病理学家；（13）在公共的或非营利中小学为残疾儿童服务的特殊教育专职教师；（14）在指定教师短缺地区从事数学、自然科学、外语、双语教育的专职教师；（15）在教育服务机构为残疾儿童服务的特殊教育专职教师；（16）在指定的教育服务机构为来自低收入家庭学生服务的专职教师；（17）民族学院或大学的专职教师。除了2008年8月14日前结束美国军队的特定区域（炮火集中或高危地区）服务的减免债务的50%，到上述其他岗位服务人员的债务均全额减免。

面对这么庞大的大学生基层服务补偿体系，每年符合条件的有330多万人，超过了美国全部劳动力的1/4。每年大学毕业生中有2/3的人负债，平均债务达到26000美元。3700万人负有高额债务，其中逾期人数超过540万人，1/10的借款者发生违约。但是真正知晓和参与"大学生基层服务补偿项目"的人数微乎其微[①]。

1. 公共服务贷款减免项目

2007年《大学成本降低和入学法案》确立了"公共服务贷款减免项目"（Public Service Loan Forgiveness，PSLF）的法律地位。该项目适用于联邦直接贷款系列，多种还款方式（PAYE[②]/IBR/ICR/十年期标准还款）均可。在指定公共服务岗位服务10年，其间完成120次合格的月供，之后免除贷款余额。

全职工作要求：每年平均每周不少于30小时，或由雇主认定的"全职"状况。有效服务（偿还）期从2007年10月1日开始。

符合要求的公共服务组织包括：联邦、州、地方或部落政府组织，机构或实体（包括公立学校、学院和大学）；公立的儿童或家庭服务机构；指定非营利组织；民族学院或大学；提供指定公共服务的私立非营利组织（危机管理，军役，公共安全，执法，公共利益法律服务，早期儿童教育，针对残疾人和老人的公共服务，公共卫生，公共教育，公共

---

① Senack, "Student Loan Forgiveness: Available for Many, Used by Few", 2013（http://www.huffingtonpost.com/ethan-senack/student-loan-forgiveness_b_4136550.html）.

② PAYE（Pay As You Earn）：2011年由奥巴马总统提议设立，支付限额为剩余收入的10%，20年后的贷款余额连税减免。该项目于2012年12月21日生效，与ICR、IBR共同构成美国学生贷款的"收入驱动型"偿还方案。

图书馆服务,学校图书馆服务,其他基于学校的服务)。

2. 教师贷款减免项目

教师贷款减免项目（Teacher Loan Forgiveness，TLF）规定,对于连续五年在低收入中小学或教育服务机构的全职教师,并属于"新借款人"①,可以获得多达 17500 美元的贷款减免（政府补贴与否均可）。此外,珀金斯贷款有单独的教师贷款减免规定。

3. 联邦学生贷款偿还资助项目

"联邦学生贷款偿还资助项目"（Federal Student Loan Repayment Program）允许联邦机构设立贷款减免计划,帮助招募和保留雇员。联邦机构直接向贷款机构还款,还款额体现了雇员的税前收入,因而从技术层面上,这属于"债务减免"而非"债务代偿"。联邦机构最高代偿额度是 10000 美元/人·年,累计最高代偿额度为 60000 美元/人。这一额度是在 2003 年《联邦雇员学生贷款资助法案》（P.L. 108-123，11/11/03）中确立的。雇员需为联邦机构工作至少满三年。

二　加拿大

（一）加拿大学生贷款偿还项目（见表 3—3）

表 3—3　　　　　　　　加拿大学生贷款偿还项目②

项目	条件	措施
还款资助计划（Repayment Assistance Plan，RAP）	未达到规定收入线	可支付还款额 I ③ *最长 15 年
还款资助计划—永久性残疾（Repayment Assistance Plan-Permanent Disability，RAP-PD）	永久性残疾	（可支付还款额II④+补助） *最长 10 年

---

①　即在 1998 年 10 月 1 日没有直接贷款或 FFEL 计划贷款的未偿债务,或此后才申请上述两项贷款。

②　"Repayment Assistance"，2013—07—23（http://www.canlearn.ca/eng/loans_grants/repayment/help/index.shtml）.

③　"可支付还款额I"根据家庭总收入和家庭规模确定,还款额度不超过家庭总收入的 20%。

④　"可支付还款额II"根据家庭总收入、家庭规模和医疗支出确定,还款额度不超过家庭总收入的 20%。

续表

项目	条件	措施
重残救济（Severe Permanent Disability Benefit, SPDB）	重度永久性残疾	债务减免
还款期修订（Revision of Terms, RT）	根据实际还款能力强弱来定	伸缩还款期限
加拿大学生贷款违约贷款恢复（Canada Student Loan Rehabilitation, CSLR）	违约	恢复正常还款
加拿大学生贷款服务—资助项目（Canada Student Loan Forgiveness, CSLF）	指定农村或偏远地区①从事家庭医生、家庭医学住院医师/护士/护师	债务减免

（二）CSLF（加拿大学生贷款服务—资助项目）②

加拿大的许多农村和偏远地区缺乏基础医疗。为了帮助人们获得更多的医疗服务，2013年4月，加拿大政府设立CSLF项目，为农村和偏远地区的家庭医生、家庭医学住院医师/（实习）护士减免学生贷款债务。

政策背景：加拿大政府在"2011经济行动计划"中宣布，每年将投入约900万美元用于服务—资助项目，为那些在农村和偏远地区服务的家庭医生、护士和护师们减免学生贷款债务。"2012经济行动计划"再次提出这一举措，并增加对家庭医学住院医师的资助。③

资助标准：（1）家庭医生、家庭医学住院医师：每年8000美元，最多资助5年共计40000美元；（2）（实习）护士：每年4000美元，最多资助5年共计20000美元。连续服务满12个月为一期，代偿金期末发放，用于偿还未偿债务的本金部分。代偿批准前，个人需按照还款计划按时还款。所有利息由个人自行偿还。

资格：（1）2011年7月1日以后在农村和偏远地区从事指定医学职

---

① "偏远地区"指坐落在下列地点以外的市区：人口普查都会区、城市核心人口50000人以上的人口普查聚集区或省会城市（http://www.canlearn.ca/eng/common/help/glossary/index.shtml#glossary_d）。

② "Canada Student Loan Forgiveness for Family Doctors and Nurses", 2013—07—26（http://www.canlearn.ca/eng/loans_grants/repayment/help/forgiveness.shtml）.

③ "Government of Canada Announces Student Loan Forgiveness for Family Doctors and Nurses in Rural Communities", 2012—8—3（http://news.gc.ca/web/article—en.do?nid=689099）.

业，全职、兼职或临时均可；（2）除家庭医学住院医师外，须在指定地区工作满一年（截至 2013 年 3 月 31 日以后，连续 12 个月）；（3）在指定地区提供现场服务不少于 400 小时（或 50 天）；（4）加拿大学生贷款已进入还款程序，信誉良好；（5）个人提出申请。

符合要求的职业包括：（1）家庭医生；（2）在加拿大认可的医学院校培训过的家庭医学住院医生；（3）注册护士（registered nurse）；（4）注册精神科护士（registered psychiatric nurse）；（5）职业护士（registered practical nurse）；（6）持照实习护士（licensed practical nurse）；（7）护师（nurse practitioner）。

服务期：提出申请前，需连续服务满 12 个月，其间在指定农村或偏远地区提供现场服务应不少于 400 小时（或 50 天）。服务期的起点不早于 2012 年 4 月 1 日，终点不早于 2013 年 3 月 31 日。一旦服务期结束，可在 90 天内提出代偿申请。新的服务期将从当前代偿批准结束后开始计算。

三 澳大利亚

澳大利亚教育、科学与培训部长朱莉·毕晓普（Julie Bishop）宣布，新的高等教育贷款计划（Higher Education Loan Programme，HELP）开始生效。毕晓普说："澳大利亚政府已经将学生开始偿还贷款的年收入标准由 2003—2004 财政年的 25348 澳元增加到了 2007—2008 财政年的 39825 澳元。于 2007—2008 财政年度毕业的学生在工作后年收入达 39825 澳元时开始偿还其 HELP 贷款，此无息贷款将通过税务系统自动偿还。"此学生贷款机制不会强迫贷款人在不具备还款能力的情况下偿还贷款。如果贷款人一直未能达到还款的年收入标准，澳大利亚政府将通过税收来承担其所贷款项。

学生贷款"基层服务—补偿"项目（HECS-HELP[①] Benefit）：通过贷

[①] 澳大利亚现行学生贷款计划（Higher Education Loan Program，HELP）包含五种类型。其中，HECS-HELP 延续了 1989 年实施的高等教育贡献计划（Higher Education Contribution Scheme，HECS），其余四种分别是：FEE-HELP 学费贷款，SA-HELP（Sesvice and Amenity-HELP）服务设施费用贷款，OS-HELP 留学贷款（Overseas Study-HELP），VET FEE-HELP 职业教育培训贷款（Vorational Education and Training FEE-HELP）。1989 年另一学生财政补助计划（Student Financial Supplement Scheme，SFSS）已于 2004 年 1 月 1 日废止实施的。

款减免的方式鼓励毕业生到特定地区从事特殊职业。资助三大目标职业：（1）数学、统计与自然科学；（2）教育、护士与妇产；（3）儿童早期教育。具体条件见表3—4。

表3—4　　　澳大利亚 HECS-HELP "基层服务—补偿" 项目[①]

资格	（1）数学、统计与自然科学	（2）教育、护士与妇产	（3）儿童早期教育
	2008年6月30日以后毕业/自然与物理科学领域课程（数学、理学或统计学）	2009年6月30日以后毕业/教育或护士所需教育、护士或妇产课程	就读儿童早期教育课程
	从事中小学教师等相关职业	从事教师或护士/妇产	从事儿童早期教育工作
	至少在指定职业工作一周	至少在指定职业工作一周	受雇于社会经济不发达的偏远地区、原住民区的学前教育/儿童保育服务机构

补助金取决于工作周数和当年债务额，按周结算，最长资助260周（5年）

收入年	每年补助金最高额度（美元/年）		
2008—2009	1500.00	—	1600.00
2009—2010	1558.50	1558.50	1662.40
2010—2011	1588.11	1588.11	1693.99
2011—2012	1635.75	1635.75	1744.81
2012—2013	1683.19	1683.19	1795.41
2013—2014	1716.85	1716.85	1831.32
合计	9682.40	8182.40	10327.93

四　日本

日本现行的"基层服务—补偿"主要是债务减免类型，针对教育领域的岗位设立，适用于"第一种贷学金"[②]。目标对象有中小学、幼

[①] "HECS-HELP Benefit"（http://studyassist.gov.au/sites/studyassist/payingbackmyloan/hecs-help-benefit/pages/hecshelpbenefit）.

[②] 日本的贷学金分为两种："第一种贷学金"是针对特困学生的无息贷款；"第二种贷学金"针对其他贫困学生，年利率3%。

儿园、特殊教育机构教师以及高等院校和文部大臣规定的研究机构从事教育和研究工作的人员。凡是大学毕业后一年内到上述机构目标岗位连续工作满 5 年，可以获得学生贷款债务 100% 免除。不满 5 年的，部分减免。①

日本在此前曾经实施过"教育特别奖学金"，属于定向奖学金类型。1964 年，"日本育英基金会"为"教育课程"学生专门设立"教育特别奖学金"，获得该奖学金的学生如果毕业后到中小学任教，则奖学金无须偿还；若从事其他职业，则奖学金转为"一般借贷性奖学金"，即当时实行的学生贷款，学生按规定偿还。该项目实施了 20 年，直至 1984 年《日本育英会法》和《实施条例》修订，该项目终止，定向奖学金转为债务减免。

第二节 发展中国家：义务服务补助

有关"基层服务—补偿"在发展中国家实施的情况并没有专门性的研究，资料相对分散，这也从侧面反映出发展中国家在该方面的实践较少。

阿尔布雷克特和齐德曼在考察全球 26 个国家"与公共服务相关"的教育成本补偿项目实施情况时发现，往往在推行学费和学生贷款低效甚至失败的情况下，高校以"学生服务"补偿"教育的社会投资成本"才成为可能。实践中的"国家服务项目"分为三大类：（1）针对所有学生的义务服务项目。该项目如果有社会收益产生，则可能具备教育成本补偿功能。（2）成本补偿的志愿项目，表现为付费的替代手段，是典型的教育成本补偿。（3）非成本补偿的志愿项目，属于有组织的公益行为，或作为传统课堂教学的实践补充，不构成教育成本补偿。前两类项目在 20 个国家开展，其中发展中国家 18 个。项目具体内容如表 3—5 所示。

---

① 张民选：《理想与抉择——大学生资助政策的国际比较》，人民教育出版社 1998 年版，第 253、264 页。

表 3—5　　　　　　　　26 国大学生服务项目一览表①

	国家	主要目标				服务期限	与在校学习先后顺序	学生角色	补偿
		认知	服务	社会服务	实习	服务—实习				
义务服务	博茨瓦纳	X	X				1 年	之前	教师/通勤	工资
	哥斯达黎加			X			300 小时	同时		津贴
	埃塞俄比亚			X			1 年	之前	教师/通勤	70 美元/月
	加纳				X		2 年	之前和之后	学生自选	削减工资
	圭亚那			X			1 年	之后连续进行		津贴
	印度尼西亚			X			3—6 个月	同时	通勤	津贴
	伊朗②			X			18 个月	之后连续进行	教育/保健	
	肯尼亚	X					1 年	之前	通勤	
	马里				X		3 个月	同时	通勤	
	墨西哥			X			6 个月	之后连续进行	医学	550 美元/月
	摩洛哥				X		2 年	之后连续进行	学生自选	削减工资
	莫桑比克	X					1 年	之后连续进行		
	尼泊尔			X			1 年	同时	通勤	津贴
	尼日利亚					X	1 年	之后连续进行	学生自选	津贴+20美元/月
	菲律宾	X					5 周	同时		津贴
	坦桑尼亚	X	X				2 年	之前	通勤	
	也门			X			1 年	之后连续进行	教师	工资+津贴
志愿服务	博茨瓦纳		X				学制+1 年	之后连续进行	政府雇员	95% 工资
	以色列			X			4 小时/周	同时	助教	学费减免
	美国医疗队			X			1—4 年	之后连续进行	医师	工资+学费减免

从表 3—5 可以看出，并不是所有的大学生服务项目都具有社会收

---

① Adrian Ziderman & Douglas Albrecht, *Financing Universities in Developing Countries*, London: The Falmer Press, 1995, p. 75.

② 社会服务与义务兵役二选一。

益。以认知和实习为目标的服务并不一定产生社会收益,因而不属于"基层服务—补偿"范围。以色列和美国的例子属于典型的"基层服务—补偿",并且是基于学费减免的,相当于定向奖学金。不过这两个国家都是发达国家。其他发展中国家中,大学生服务项目多以在校期间义务服务的形式开展;服务目标以公共服务为主,其次是认知目标、一般服务和实习;服务期限从4小时/周到2年不等,服务期限相对较短;工资低于平均工资率;工资以外的补偿很少。在较低的补偿条件下,志愿项目难以开展,因为无法激励学生从事相应服务。相比之下,发达国家以其雄厚实力才能更好地发挥"基层服务—补偿"的激励功能。

此外,非洲一些发展中国家学生贷款项目中含有"基层服务—补偿"规定。如埃塞俄比亚,教师和其他专业职业者的工作因具有公共利益的性质,可免予支付毕业生税。莱索托规定公共部门就业的毕业生可以减免50%的学生贷款债务,私立部门就业者减免35%[①]。

大学生基层服务补偿与许多发展中国家所实施的社会服务实践(study-service scheme)有很多相似之处,不同点在于他们的目标。一般的社会服务实践强调其"认知"功能,主要指向学生,目的在于向学生灌输社会价值,以及校正那些精英主义和脱离社会的倾向。而"基层服务—补偿"关注供给不足的社会生产活动,这些工作可能与所学相关,多数则与劳动力市场密切联系。多数发展中国家由于高等教育发展水平不高,大学生就业的结构性矛盾并不突出。加上收费和学生贷款引入较晚,国家财力有限的情况下,对于"基层服务—补偿"的诉求较低。

第三节　国际经验启示:合约目标与补偿方式匹配

从对发达国家和发展中国家"基层服务—补偿"的实施情况来看,"国家需要"是该项政策出台的主要动因。同时这也是多数发展中国家在这方面实践较少的根本原因。相比之下,中国作为发展中国家和转型国家,在国家财力、高等教育发展水平以及成本分担和学生资助的深入实

---

① 国外就业者须全额偿还。这样做的目的是鼓励大学毕业生在国内就业。

施情况都在赶超发达国家。借鉴发达国家经验，对优化中国大学生参与基层服务政策方案是有裨益的。接下来我们分别从合约目标、补偿方式、服务要求三方面对国际经验作进一步比较。

一 合约目标

与其他债务减免措施相比，如"永久丧失劳动力或死亡""失业者、收入和生活水平低于贫困线的人士以及破产者"可以获得债务全免，"基层服务—补偿"的不同点在于：债务的免除建立在"服务"的基础上。目标服务地区或行业的共同特点是：地理位置偏远，经济水平落后，劳动力匮乏而工资水平偏低。

大学生基层服务补偿项目主要指向7个目标：（1）高等教育成本补偿；（2）就业资助；（3）吸引特殊行业就业；（4）吸引不发达地区就业；（5）保持高需求地区或行业的人力资源[①]；（6）吸引特殊专业就读；（7）认知培育。比如美国的"医学专业学生资助项目"（Health Profession Student Assistance Program，HPSAP）最初就是为了吸引更多来自低收入家庭的学生就读医学专业而设立的[②]。

一个项目中可能含有多个目标。对目标的选择和组合取决于国情、高等教育发展水平、劳动力市场以及财政实力等。而不同目标则决定了政策方案的设计，并且影响到政策有效性及其实施效率。

二 补偿方式

1966年实施的《应用医疗行业个人培训法案》（*Allied Health Professions Personnel Training Act*，AHPPTA）规定按照每年15%比例直到全部免除。1971年的《综合医疗人力资源培训法案》（*Comprehensive Health Manpower Training Act*，CHMTA）提高了资助力度，至少服务两年，各免除

[①] Gail McCallion，*Student Loan Forgiveness Programs*，CRS Report for Congress，Congressional Research Service & the Library of Congress，2005（http：//kuhl.house.gov/UploadedFiles/student-loansforgiveness.pdf）.

[②] 美国国会1963年的听证会发现，由于就读医学和牙医专业成本较高，因此40%的医学生和1/3的牙医生都来自前12%的高收入家庭（年收入高于10000美元），只有15%的医学生来自年收入低于5000美元的低收入家庭。

30%，第三年继续服务的话，再免除 25%。①

根据基尔希斯坦等对州立服务代偿项目的调查，"在校项目"要求学生是本州居民，按学习成绩和经济需求作为标准来选拔。每年资助额度多在 2000 美元到 5000 美元之间，最高达到 25000 美元，具体数额和比例根据获资助者的工作时间长短而定。要求资助对象在本州从事特定领域工作，事先已协议规定工作类型。如果没有完成规定工作，须偿还所得金额，并支付利息。

而"工作项目"不要求是本州居民。出具每年的工作证明后，才能继续下一年的申请，一般资助年限为 4—5 年，每年资助额在 1000 美元到 30000 美元之间。获资助者需要到特定地区、规定领域或单位工作。

美国部分大学生"基层服务—补偿"项目的补偿方式比较见表 3—6。

表 3—6　　　美国部分"基层服务—补偿"项目比较②　　　（单位：美元）

项目	参加人数/年	入学资助/年	其他回报
蒙哥马利退伍军人法案	339742	19776	
大学后备军官训练团	26566	最高可达 20000	月度津贴，工资 28000—36000
和平部队	4800	无	每年 2700，语言培训，按照当地生活标准安排食宿和补贴
美国志愿队	50000	4725	医疗保险；学生贷款延期偿还；生活津贴 9300
国家安全教育项目	130	10000	雇佣工资
为美国而教	3500	4725	工资 25000—44000；教师培训；校友网络；流动津贴 1000—5000

三　服务要求

如：借款人毕业后全职从事"指定中小学教师（服务低收入家庭学生）""特殊教育教师（包括在公立或其他非营利中小学教育残疾儿

---

① U. S. Government Accountability Office, *Congressional Objectives of Federal Loans and Scholarships to Health Professions Students Not Being Met*, GAO/Report No. B‑164031‑2, 1974.

② Warren et al., "Service Pays: Creating Opportunities by Linking College with Public Service", *Harvard Law & Policy Review*, Vol. 2007, No. 1, 2007.

童)""为残疾人实施'早期干预'的专业资格人员""数学、自然科学、外语、双语教育或其他指定的师资稀缺学科的教师""在公立/非盈利的家庭/儿童服务中心为来自低收入群体的'问题儿童'及其家庭提供服务的工作人员""护士/药剂师""执法或惩戒人员"以及从事"提前起跑"① 教育计划的人员等,都可获得贷款减免,最高可免除100%。此外,参加"国家服务计划"(Volunteers in Service to America, VISTA)和维和部队的志愿者以及军队服役者可分别获得最高70%及50%的贷款减免。②

第四节 基层服务合约的国际模式

归纳起来,大学生基层服务合约包含四个要素:资助性质、运作主体、运作模式、适用对象。按照资助性质可分为奖学金、贷款、补助(津贴)。按照运作主体又可分为国立、省(州)立和其他(非政府组织/非营利机构)项目。按照运作模式可分为偿还资助和可免除贷款两种。最后,按照适用对象,可以分为普适的项目和面向特殊专业的项目。其中,普适的项目主要是国防方面。特殊专业的项目主要涵盖对口医疗、法律、教育等职业的专业。

一 主要模式

大学生基层服务合约模式有两种:在校模式和在岗模式。

(一)在校模式

无须家庭经济状况认定,对象更广泛,所有学生均可参与(见图3—1)。

1. 定向贷款:由银行或政府(如美国的联邦学生贷款)在入学时发

---

① 注:Head Start Program 即"提前起跑"计划,由联邦政府资助在医疗、教育、社区服务、食品卫生等方面帮助低收入家庭子女的早期发展(http://www.acf.hhs.gov/programs/hsb/)。

② Federal Student Aid Information Centre, *Funding Education beyond High School*: *The Guide to Federal Student Aid* 2008—09, Washington D.C., 20044—0084, 2007, pp. 34 – 35 (http://www.studentaid.ed.gov/students/attachments/siteresources/StudentGuide.pdf)。

放学生贷款,学生毕业后如履行规定期限的公共服务义务,则可免还,此时由政府减免或者代偿学生贷款债务。否则自动转为向银行偿还贷款。

2. 定向奖学金(Bonded Scholarship):由政府或大学出资设立,向学生提供相当于学费数额的奖学金,学生可免费入学,并承诺毕业后履行规定期限的公共服务义务。毕业后如果学生变更就业去向,则向政府或大学返还之前资助的奖学金。"定向奖学金"是"定向贷款"的替代方案,首先以奖学金的形式发放,毕业后如不按约定工作,则需要偿还。因而形式上的"奖学金"和"贷款"可以相互转化,其实质仍是贷款,服务是其转化的条件。他们都具有"激励"功能,吸引大学生到劳动力短缺部门就业。

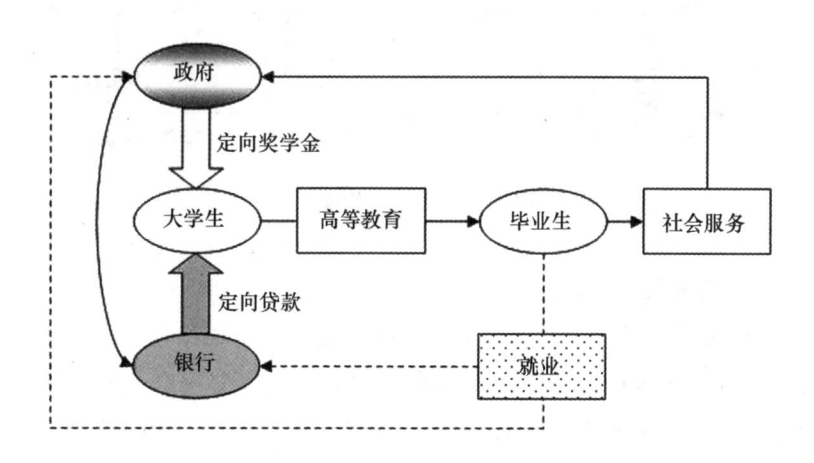

图 3—1 在校合约模式

定向贷款和定向奖学金的发放依据是签订毕业后的定向服务合约,该合约只规定服务义务,对于家庭经济困难情况不作认定。不同于以往"基于个人需要"的学生资助手段,在校合约是一种"基于国家需要"的就业资助手段,同时含有入学和就业的双向激励功能。

(二)在岗模式(见图 3—2)

1. 服务—减免:需要家庭经济状况认定,对象较窄,仅负债学生可以参与。如美国的联邦学生贷款减免,由联邦政府设立发放贷款,规定服务义务,最终由联邦政府减免债务。

2. 服务—代偿:与"服务—减免"类似,需要家庭经济状况认定,对象较窄，仅负债学生可以参与。不同点在于发放贷款和实施减免的主体不同。秉承"谁受益，谁代偿"的理念，一般由地方政府或行业协会设立项目，实施代偿，对贷款来源没有限制。

3. 服务—补偿：无须家庭经济困难情况认定，对象更广泛，所有学生均可参与。补偿金以现金形式发放，不指定用途，可自由支配。

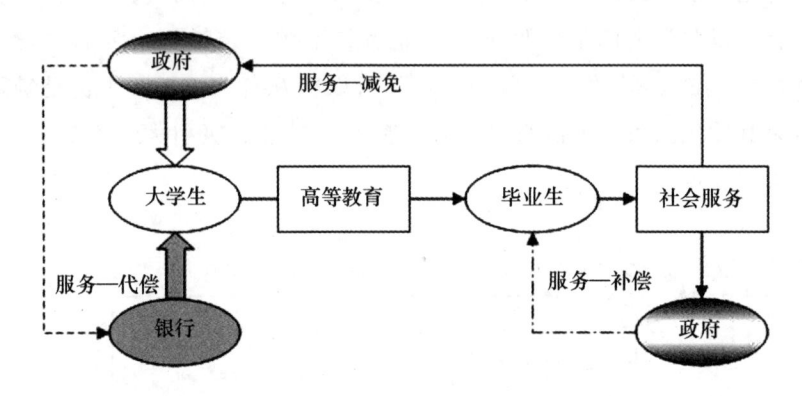

图3—2 在岗合约模式

（三）两种模式的比较

"在校模式"位于大学入口处。其优势是不仅可以提前对大学生进行宣传，也可以在四年过程中通过教育、实习、实践等手段不断强化基层意识，提前培养职业素养，促进参与者从"服务"向"就业"的转变。如果大学生毕业后能够履约并在基层公共服务岗位上长期扎根，其效应将是深远的。大学生在入学初期尚未形成确定的就业预期，特别是家庭经济困难的学生，容易受到奖学金或贷款的吸引，加上宣传到位，可以吸引一大批新生参与。缺点是合约期限较长，毕业时面临实际的就业选择，大学生能否完全履约不受控制，具有一定的变动性，需要增加激励确保其履约。而且，正因为合约期限较长，要想实现有效激励所需投入的资金更多。

相比之下，"在岗模式"的合约期限较短，参与者更为理性，可以较快执行合约，资金效率高，履约率高。但缺点是对过程没有控制，参与服务前对大学生的培训和考察都比较有限，因而执行过程中也存在一定的变动性。需要增加激励确保其努力工作减少随意流动性。

两种模式的主要区别在于合约时序、资助内容、心理影响、控制程度、自由度、资金投入、合约效应等方面。

无论采用哪种模式，大学生基层服务合约的激励设计的关键仍然是补偿金，建立在对工资差异的补偿基础上。而具体采用哪种模式还需要看适用条件是否满足。

二 适用条件

对模式的选择主要考虑合约特征、财政效率和适用条件。

(一) 大学生就业的结构性失衡

20世纪70年代初，加纳实行了一种面向全体大学生的义务服务项目。服务期2年，学生获得"减额工资"作为补偿。项目不仅具有认知功能，同时也是对国家劳动力短缺的一种回应。当时项目产生了可观的社会回报。然而10年后的宏观经济困难加上毕业生激增，使得本来紧缺的劳动力变得过剩。此时该项目产生的将不再是社会回报，而是个人回报。政府不再具有补偿的必要性。

只有当劳动力紧缺和大学毕业生的"过剩"并存，才可能通过"基层服务—补偿"影响大学生的就业决策，调节就业结构。即大学生就业的结构性失衡是实施"基层服务—补偿"的基本条件。

进一步讨论："基层服务—补偿"的使用和高等教育大众化的不同阶段有一定关系。(1) 发展中国家处于高等教育精英阶段，此时不存在大学生劳动力过剩的情况，大学毕业生全部进入主要劳动力市场。因为主要劳动力市场具有足够的吸纳能力，此时适合实施义务服务，强制性要求全体大学生参加短期服务。(2) 当国家处于转型和高速发展时期，高等教育步入大众化阶段，大学生劳动力市场存在结构性失衡，紧缺和过剩并存，则实施志愿性服务，将部分已经进入或未能进入主要劳动力市场的大学生吸引到次级劳动力市场，从事基层服务。(3) 高等教育进入普及化阶段后，由个人分担成本不仅普及化而且水平升高，高度市场化参与的高等教育系统不仅促使劳动力市场的进一步分化，还给个人带来较高的债务负担和负债率，此时的债务水平很可能等于或超出补偿性工资差异，对就业选择和生活质量产生较大影响，那么使用"服务—代偿"或"服务—减免"可能会起到更为明显的激励作用。

(二) 学费与债务水平

在校模式和在岗模式中除了"服务—补偿"以外,其他四种方式都涉及学费和债务。这种表面上类似"资助"的手段,其实质仍然是一种"补偿"。

如果说在校模式中"定向奖学金"和"定向贷款"针对新生设置,而这些学生尚未形成明确的就业预期,还具有一定的吸引力。那么,在岗模式中的"服务—减免"就没那么容易改变大学生的就业选择,而难以发挥作用。

与学费和债务相关的激励设计一定要考虑当前的学费和债务水平。在学费和债务水平偏低的情况下,这样的补偿方式可能会由于难以弥补收入差异而失去激励效果。

因而,对于补偿性工资差异(补偿金)的估计仍然是制定激励手段的关键。当学费或债务远低于补偿性工资差异时,建议直接使用补偿金作为激励手段。只有当学费或债务不低于补偿性工资差异时,可能与学费或债务相关的手段才更具有吸引力。特别是与债务相关的"定向贷款"或"服务—代偿",参与者从头至尾都没有经济损失。

(三) 合约模式与岗位的关系

大学生基层服务合约应面向国家需要的岗位来设定。

综合国内外经验,将大学生基层服务岗位整合为9大类,如表3—7所示。

表3—7　　　　　大学生基层服务岗位分类

序号	行业类型	单位类型	地域	行政区域
1	艰苦行业生产第一线(气象、地震、地质、水电施工、煤炭、石油、航海[a]、核工业等)	中央单位	中西部地区/艰苦偏远地区	城市社区[c]/县以下
2	医疗卫生	机关/企事业单位[d]		
3	文化/科技/教育[b]			
4	法律			
5	民政			
6	托老/托幼/助残/矫正			
7	人力资源和社会保障			
8	市政/公共环境与设施维护管理			

续表

序号	行业类型	单位类型	地域	行政区域
9	国防	军队	—	—

注：[a] 2007年新代偿政策新增岗位，可不受地域规定。
[b] "免费师范生"政策规定毕业后回生源所在地中小学任教，可不受地域和行政区域的限制。
[c] 位于城市社区的相关岗位规定多见于国外政策，国内目前主要限于农村县以下行政区域，关于城市社区岗位的资助政策尚未形成。
[d] 乡（镇）政府机关、农村中小学、国有农（牧、林）场、农业技术推广站、畜牧兽医站、乡镇卫生院、计划生育服务站、乡镇文化站等。

这些岗位的共同特征：（1）劳动报酬低于平均工资率；（2）服务具有较大的溢出效应；（3）具有公共产品或准公共产品性质。其中，（1）、（2）、（3）决定了对人力资本投资回报进行补偿是有效的，至少比对人力资本投资成本进行补偿更有效；（2）和（3）则决定了由政府资助的合理性。

按照岗位的专业技术性和社会效益，紧缺岗位可以分为三类（见图3—3）。岗位的专业技术性决定了所使用的人力资本的专用性。而专业技术性较弱则对应通用性人力资本。

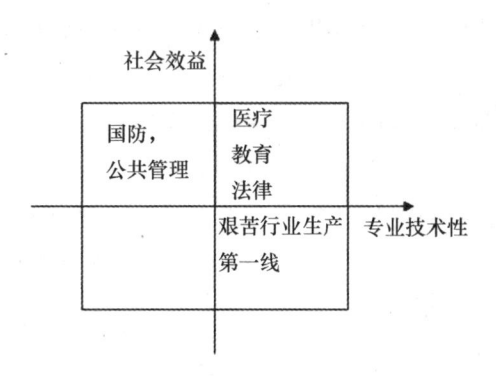

图3—3 基层服务岗位特征象限

第一象限代表专业技术性和社会收益都较高的岗位，适合采用"在校模式"，通过定向奖学金或定向贷款的方式，吸引一大批学生参加，途经专业培训和就业引导，将本专业优秀学生引入基层，鼓励长期扎根。

如果现有学费或债务水平较低的话，可以辅之以生活补助等其他补偿手段，增加吸引力。

第二象限代表专业技术性较弱，而社会效益明显的岗位，尤其国防属于纯公共产品。这类岗位对专业的限制较小，因而"在岗模式"即可满足需求。

第四象限的岗位专业技术性仅次于第一象限，而社会效益不那么明显，这类岗位对专业有一定要求，采用"在校模式"和"在岗模式"均可。如果比较道德风险控制的话，经过设计的"在岗模式"可以满足用人需求。

本章小结

美国是世界上学生贷款体系最发达的国家，借助完善的市场和金融环境，以及透明的税收系统，发展出多元偿还模式。同时，以学生贷款减免为主要补偿方式的大学生基层服务补偿项目也较为全面系统，项目对岗位规定详细，与学生贷款实施相配合的补偿方案细致入微。除美国以外，加拿大、澳大利亚和日本等发达国家无不体现出对此类项目的关注，这不仅和国家财力有关，更重要的是由高等教育发展水平以及大学生劳动力市场的结构性失衡所共同驱动的。在学费和债务水平较高的条件下，使用教育成本补偿来激励大学生到基层服务。多数发展中国家则倾向于使用在校期间义务服务的办法，服务期间发放少量补助，更多突出服务的认知功能。相比之下，中国属于转型国家，一方面进入高等教育大众化，具备较高的高等教育发展水平，另一方面也出现了大学生劳动力市场的结构性失衡。可是中国的学费和债务水平偏低，在市场培育、税收透明度以及信用体系建设方面，与发达国家还有差距，因而依靠学生贷款减免或学费补偿无法激励潜在群体，在设计时需要综合考虑国情、潜在群体类型和选择特征、需求岗位特征，把握激励机制的设计原则，选择适当的合约模式。

第四章

中国大学生的基层服务意愿与就业选择：调查与测量

"潜在群体"是合约执行前有参与意愿的个体的集合。代理人偏好信息的获得则有赖于对潜在群体特征的实证分析。

学费、债务水平是否影响大学生就业选择？多少人愿意基层服务？谁更愿意基层服务？他们（潜在群体）愿意基层服务的动机是什么？其他人不愿意的原因又是什么？他们（潜在群体）能接受的最低工资是多少？愿意获得哪些补偿形式？本章在实证调查的基础上揭示与学费或债务相关的激励手段是否对大学生奏效，大学生的基层服务意愿、动机与偏好，从而归纳潜在群体的类型，并结合经验数据对现行政策缺乏吸引力的事实做出进一步的注解。

本章对在校大学生的基层服务意愿、就业选择、基层服务动机等重要行为变量及其影响因素采用了 SPSS 统计软件工具进行了统计和分析，包括相关性分析、线性模型方差分析、线性回归分析等统计方法。因分析的变量中存在大量的分类变量，运用一般线性模型的方差分析可以有效地解释变量不同分类间对因变量的影响差异。为了进一步探究因变量的因果关系，则采用了强制性线性回归分析，以验证自变量对因变量的影响效应。

第一节 学费、负债及其对就业选择的影响

一 假设与研究设计

（一）研究假设

根据已有国外文献关于债务与就业关系的探讨，可以得出如下假设：

假设1：债务水平与就业期望呈显著正相关；

假设2：债务水平与基层服务意愿呈显著负相关。

（二）研究设计

测量债务对就业的影响，不仅想要找出二者之间的关系，提供中国的证据，也可以揭示贷款补偿作为激励手段能否达到效果。为了测量债务对就业的影响，做出如下设计。

1. 负债水平及其与学费、收入的比较。借鉴"债务—收入比"的测量方法，用负债总额或学费总额与全年总收入作比较，生成"债务—收入比"和"学费—收入比"。将两项指标统称为"负担比"，用来反映个体的实际债务负担或高等教育个人投资的回收负担。"负担比"越高，说明债务越容易由个人偿还，或者投资越容易回收，对就业的影响也就越小。该方法区别于"负担率"。后者用于计量不同政策条件下的月还款负担。

2. 负债与就业指标的相关性。具体包括三项相关性检验：债务规模—期望工资水平、债务规模—基层服务意愿、债务规模—代偿接受程度。

二 负债水平及其与学费、收入的比较

表4—1　　　　　　　　债务/学费水平　　　　　　　（单位：元）

	本学年缴纳学费	上学年所获得的助学贷款额度	助学贷款总额
均值	4817	4830	12830
中值	4500	5000	13500
众数	4500	6000	6000
负担比	1.14	1.13	1.71
有效样本量	45482	40344	1281

综合全国71818个负债学生样本和3987个全体学生样本的数据显示，平均学费水平4817元/年，平均上年度负债4830元，人均总债务为

12830元。按照2009年大学毕业生平均起薪1825元/月[1]计算，三项"负担比"分别为1.14、1.13和1.71（见表4—1）。与美国基层服务相关专业的"负担比"0.74—1.12[2]相比偏高。中国目前采用的"低收费—低资助"的高等教育财政模式，仍有较大的提升空间。此外，受中国传统文化的影响，大学生普遍负债水平较低，四年贷款总额的众数为6000元，多数学生仅获贷一次。可见与发达国家相比，中国无论是学费还是负债的水平都较低，因而通过学费补偿或者贷款代偿的方式很难改变大学生的就业选择，难以起到激励效果。乔伊提出债务水平偏低可能造成"代偿"影响不够显著的猜想，得到一定程度的证实。

三 学费、负债对就业的影响

（一）年度学费/债务对就业的影响

选取"本学年缴纳学费""上学年所获得的助学贷款额度"分别与"是否愿意毕业后到艰苦地区或行业工作一定年限以代偿国家助学贷款""借贷对您将来的就业选择会产生正面影响"进行相关分析。

表4—2　　　　　　　　年度学费/债务对就业的影响

		是否愿意毕业后到艰苦地区或行业工作一定年限以代偿国家助学贷款	借贷对您将来的就业选择会产生正面影响
本学年缴纳学费	Pearson 相关性	0.031	0.018
	显著性（双侧）	0.000**	0.000**
	样本量	42883	42979
上学年所获得的助学贷款额度	Pearson 相关性	0.037	0.034
	显著性（双侧）	0.000**	0.000**
	样本量	38359	38396

注：** 在 0.01 水平（双侧）上显著相关。

---

[1]《2009年大学本科毕业生起薪点仅为1825元》，2009年12月23日，新浪教育（http://edu.sina.com.cn/j/2009—12—23/1002183013.shtml）。

[2] Cain et al., "Pharmacy Student Debt and Return on Investment of a Pharmacy Education", *American Journal of Pharmaceutical Education*, Vol. 78, No. 1, 2014.

对 71818 个负债学生样本的统计结果显示（见表 4—2），以上四对相关分析结果均呈显著正相关，验证假设。结果说明：

1. 学费水平代表了高等教育的私人投资成本。学费水平越高，投资成本越高，对未来就业选择的正面影响越小，学生越不愿意参与基层服务。

2. 负债水平则代表了家庭经济状况。负债水平越高，家庭经济状况越差，对未来就业选择的正面影响越小，学生越不愿意参与基层服务。

（二）"助学贷款总额"与"期望工资水平""基层服务意愿""服务代偿意愿"的相关分析

3987 个全体学生样本的统计结果显示（见表 4—3）：贷款总额与期望工资水平显著正相关，与基层服务意愿没有明显的相关性。但与代偿意愿呈显著正相关。统计结果进一步验证了假设。说明负债水平越高，家庭经济状况越差，越期待获得一份高收入的工作，因而越不愿意为了偿还贷款而改变就业选择、到基层服务。

表 4—3　　　　　　　　贷款总额与就业指标的相关性

		期望工资水平	基层服务意愿	服务代偿意愿
助学贷款总额	Pearson 相关性	0.225**	0.041	0.070*
	显著性（双侧）	0.000	0.142	0.014
	N	1258	1261	1224

注：** 在 0.01 水平（双侧）上显著相关。

* 在 0.05 水平（双侧）上显著相关。

基层服务意愿一定程度上反映了当前多数大学生的基层服务动机，社会性以及自我实现的愿望。而"代偿意愿"则体现了政策所提供的减免债务的激励作用。无论债务还是学费水平都无法影响到基层服务意愿。因而从理性选择的角度来看，政策所提供的激励并未奏效，没能改变大学生的实际就业选择。

多数学生就业时仍然倾向于选择高收入、发达地区、较稳定的职业。特别是负债学生，其债务水平和期望工资呈显著正相关，表明债务越重

(家庭经济情况越差),越希望找到一份收入较高的工作,来偿还债务、减轻经济负担,现实中越不容易接受基层服务,即便他们有着这样的意愿。

那么,究竟大学生是否具有基层服务的意愿?哪些大学生更愿意基层服务?这些人将构成需要激励的潜在群体。

第二节 基层服务意愿及其影响因素

一 大学生基层服务意愿

大学生参与基层服务的意愿在某种程度上反映了大学生就业的观念,并且直接关系到大学生是否会采取基层服务的方式偿还贷款。所调查的基层服务意愿分为三种情况,其分布情况见表4—4。

表4—4　　　　　"基层服务意愿"的分布

基层服务意愿	频率	有效百分比	累积百分比
长期扎根	206	5.2	5.2
一定年限	2572	65.0	70.2
不愿意	1180	29.8	100.0
有效样本量	3958	100.0	100.0

从表4—5统计结果可发现,被调查大学生中,不愿意基层服务的比例不到三成,65%的学生表示愿意服务一定年限,仅有极少数大学生(5.2%)愿意长期扎根于基层。在愿意基层服务的大学生中,92.6%的大学生(2572人)愿意服务一定年限,只有7.4%(206人)愿意长期扎根基层。

愿意服务一定年限的大学生当中,非负债学生(1482人,58.7%)的数量比负债学生(1043人,41.3%)的数量要高出17.4%(439人)。因此,非负债学生中的基层服务意愿的学生可能成为服务—资助的重要潜在群体。

基层服务意愿可以按照服务期限划分为两层:(1)是否愿意基层服务;(2)长期还是短期。再按照学生负债与否分别对上述两组影响因素进行比对。可以从特征上对潜在群体进行描述。

二 基层服务意愿的影响因素

(一) 总体学生基层服务意愿的影响因素

运用单变量一般线性模型分析基层服务意愿的影响因素,如表4—5所示。

表4—5　　　　　　基层服务意愿的影响因素

来源	第Ⅲ类平方和	df	平均值平方	F	显著性
家庭经济状况	2.937	4	0.734	3.752	0.005
期望工资水平	7.868	4	1.967	10.05	0.000
家庭经济状况对就业期望的影响	3.115	2	1.558	7.958	0.000

$R^2 = 0.084$（调整的 $R^2 = 0.069$）

通过以上统计分析发现,对基层服务意愿的主要因素都是经济方面的变量,分别是家庭经济状况、期望的工资水平和家庭经济对就业期望的影响程度。另外,大学生所学习的专业也会影响基层服务意愿。

(二) 负债学生基层服务意愿的影响因素

对所调查学生按照是否贷款加以区分,可以分为负债学生和非负债学生。因为家庭经济条件和贷款负担不同,两类学生群体的基层服务意愿的影响因素也存在差异。运用一般线性模型的单因素方差分析。

表4—6　　　　　负债学生基层服务意愿的影响因素

来源	第Ⅲ类平方和	df	平均值平方	F	显著性
校园地	2.393	5	0.479	2.75	0.018
生源地	8.783	29	0.303	1.741	0.009

$R^2 = 0.109$（调整的 $R^2 = 0.057$）

统计结果发现（见表4—5、表4—6）,经济因素（家庭经济状况、期望工资水平和家庭经济对就业期望的影响）的分类在基层服务意愿方面没有显著差异。相反,来自不同省份的生源和家庭地处不同层级的学生对基层服务意愿程度表现出显著差异。

进一步分析以上影响变量的类别比较，发现高校大学生服务意愿从高到低的排序依次为：南京、成都、武汉、南昌、抚州、广州、桂林、西安。东部比西部地区的高校学生更愿意基层服务。来自北京、上海等生源地的大学生更愿意基层服务。从家庭所在地而言，来自农村的大学生更不愿意基层服务。中等收入比低收入家庭大学生更愿意基层服务。

以上分析反映出，负债学生的家庭来源、家庭经济收入水平和期望收入水平决定了基层服务意愿。负债学生的家庭收入水平普遍较低，就业的经济动机决定了负债学生的就业需求，家庭对大学生个体的经济支持和负担水平，都会影响其基层服务意愿。相对于就业机会多、家庭收入中等和期望工资较高的同学而言，他们的现实经济压力较小，因而其表现出较高的基层服务动机。这实际上是经济收入较低的条件下，仍有若干因素会支配大学生的基层服务意愿，这些因素可以解释为潜在经济性影响。

潜在经济性影响主要是基层服务的机会成本，对于大学生就业而言，其基层服务的机会成本是其他就业机会所能获取的收入，这些潜在收入越高，机会成本越高。机会成本的高低取决于两个方面，分别是家庭经济状况和潜在就业收入。家庭经济状况会影响个体基层服务机会成本。条件好的家庭会补贴大学生的生活费用，从而在某种意义上会降低机会成本。同样，潜在就业平均收入高低会影响个体基层服务的机会成本高低。对负债学生而言，家庭经济条件普遍较差，因而外部的就业机会和平均收入则成为重要决策要素。居住在农村和中西部地区的大学生受到地域限制，长期就业机会少、就业收入的效用水平更高，因而基层服务的机会成本更高。相反，非农村家庭和东部高校地区的学生长期就业机会较多，因而基层服务的机会成本较低。

（三）非负债学生基层服务意愿的影响因素

非负债学生指进入高校至调查之日未通过任何形式办理助学贷款的大学生。非负债学生往往家庭经济状况足以负担大学生的学费和生活支出。运用一般线性模型单因素方差分析对非负债学生的基层服务意愿影响因素进行分析。

表 4—7　　　　　　　非负债学生基层服务意愿的影响因素

	第Ⅲ类平方和	df	平均值平方	F	显著性
家庭经济状况	3.314	4	0.828	4.032	0.003
期望工资水平	4.724	4	1.181	5.748	0.000
家庭经济状况对就业期望的影响	2.826	2	1.413	6.878	0.001

$R^2 = 0.100$（调整的 $R^2 = 0.068$）

统计结果表明（见表4—7），非负债学生的基层服务意愿水平高低取决于家庭经济状况、期望工资水平和家庭经济状况对就业期望的影响等经济型因素。

随着大学生所在家庭高收层次由低到高提升，其表现出基层服务意愿也显著提高。期望收入水平超过2500元的大学生反而更愿意到基层服务。大学生所在家庭经济状况对就业期望的影响越小，其基层服务意愿的程度越高。

以上分析标明，非负债学生的基层服务意愿是以家庭经济状况为基础的，家庭条件优越的大学生经济压力和就业压力较小，因而去基层服务的机会成本较低。相反，家庭条件一般的大学生，经济压力和就业压力较大，因而去基层服务的机会成本较高。

三　代偿意愿的影响因素（仅负债学生）

负债学生中愿意基层服务的比例高达76%，而愿意以基层服务代偿贷款的却只有56%。进一步从影响因素来探究其中的原因。对负债学生代偿意愿的影响因素进行多元回归分析，并与上述结果做比对。

表 4—8　　　　　　　负债学生代偿意愿的多元回归分析

	B	S. E.	Wald	df	Sig.	Exp（B）
家庭所在地区			10.532	2	0.005	
家庭所在地区（1）	-0.769**	0.239	10.358	1	0.001	0.464
学校层次（1）	-0.627**	0.235	7.119	1	0.008	0.534
期望工资水平			14.593	4	0.006	

续表

	B	S. E.	Wald	df	Sig.	Exp（B）
期望工资水平（3）	0.575**	0.219	6.896	1	0.009	1.778
债务水平			13.933	3	0.003	

注：家庭所在地区：1 = 东部，2 = 中部，3 = 西部。

学校层次：1 = 中央部属，2 = 地方所属。

期望工资水平：1 = 1000 元以下，2 = 1001—1500 元，3 = 1501—2000 元，4 = 2001—2500 元，5 = 2500 元以上。

债务水平：1 = 0—5999 元，2 = 6000—11999 元，3 = 12000—17999 元，4 = 18000—24000 元。

* 表示 P < 0.05，** 表示 P < 0.01。

多元回归结果显示（见表4—8），位于东部地区的家庭的负债学生相对于西部更不愿意代偿。位于东部发达地区家庭的学生临近发达的劳动力市场，容易获得更多的就业机会和高水平的工资；相对于地方院校，中央部属院校的负债学生更不愿意参与代偿；期望工资水平在1000—2000元区间的相比2500元以上的负债学生更愿意代偿；贷款额度在6000元以下的大学生相对18000元以上而言，更不愿意代偿。

大学生的就业选择主要由经济因素驱动，尤其负债学生受家庭经济状况影响，上述关系得以强化。大学生面对基层服务选择的过程也符合上述规律，合理设计激励是影响其选择基层服务的关键。

第三节 基层服务动机的类型

调查问卷就基层服务愿意与否的可能原因列出了若干选项，被调查者从其中进行选择并对前四位原因进行排序。

一 基层单位就业的原因

对愿意到基层单位就业原因的重要性排序，采用相对频率的方法。相对频率的计算分为两个步骤：首先，对需要排序的四个选项分别确定权重，本例中对于1—4的重要性排序的原因分别赋予4、3、2、1的权重，这意味着越重要的原因的权重越大。其次，将每一答案的各种频率分别乘以加权值，相加并除以总的加权数（4+3+2+1=10），便得到该答案的相对频率。

笔者调查了大学生愿意去基层服务的原因，并要求回答者给出了最为重要的四个原因并进行了排序。通过该题的分析，不仅可以发现大学生愿意基层服务的原因，而且增加了原因的重要性评价顺序的信息。由此，笔者根据回答者对十个原因排序的比例与权重（排序第一的赋予权重"4"，依次类推，排在第四的权重为"1"），再除以权重之和10（4+3+2+1=10），结果得到每个原因的相对比率，据此可以判断原因的总体排序情况。

（一）愿意基层服务的原因排序

笔者从10个方面探析了大学生不愿基层服务的原因。从回答统计结果看（见表4—9），愿意基层服务的前四位原因分别是"积累基层工作经验""短期服务磨炼意志""响应国家号召到基层服务"和"与所学专业对口"。

表4—9　　　　　　　愿意基层服务的原因排序　　　　　　（单位：%）

原因	原因一	原因二	原因三	原因四	相对比率
积累基层工作经验	25.70	26.21	19.74	11.29	23.22
短期服务磨炼意志	18.47	23.09	18.19	12.05	19.16
响应国家号召，到基层服务	12.61	14.09	17.18	15.40	14.25
与所学专业对口	15.37	7.50	9.62	12.53	11.58
"反哺"社会	9.52	11.35	11.57	9.83	10.51
工作找寻压力大，暂时就业	9.90	8.80	10.77	13.40	10.09
将来读研、就业等方面可享受优惠	3.95	4.47	6.86	9.83	5.28
其他个人原因	2.28	1.44	3.41	9.83	3.01
可由国家代偿助学贷款	1.95	2.89	2.56	5.51	2.71
其他	0.24	0.14	0.10	0.32	0.19

注：频数为多选题项选择的次数，百分比为频次的比率。

结果表明，大学生希望去基层服务积累一定的经验、增强自己的意志力，反映了大学生积极追求自我完善的动机。"到基层服务"和"专业对口"说明了大学生的就业选择意向。对以上四类因素的回答反映了大学生下基层的某些动因,基层锻炼似乎成为大学生的一个普遍的就业愿望,但是并未说明是否满足了这些条件时,他们就一定会去基层服务。因此,笔者接着对不愿基层服务的原因进行了分析。

(二) 不愿意基层服务的原因排序

笔者对于不选择去基层服务的大学生,提出了10个不愿去的原因,并要求他们在这些原因当中,挑选最重要的4个原因。通过该问题的统计分析,可得到不愿意基层服务原因的相对比率(如表4—10所示)。

表4—10　　　　　不愿意基层服务的原因排序　　　　　(单位:%)

原因	原因一	原因二	原因三	原因四	相对比率
不符合个人职业目标	33.12	22.53	12.45	11.50	23.65
担心事业发展机会少	16.56	23.96	23.55	12.98	19.82
工资太低	10.65	16.15	15.70	11.65	13.41
家庭负担重	16.17	6.64	9.34	6.64	10.99
与所学专业不对口	10.40	8.20	11.23	10.91	9.96
不了解基层服务政策	3.21	4.17	6.22	10.77	4.86
其他个人原因	2.57	2.47	3.52	12.98	3.77
认为基层对劳动技能要求低	1.67	4.69	4.60	6.49	3.64
文化社交活动有限	0.64	3.26	7.31	9.44	3.64
人身安全	2.05	2.86	3.52	5.01	2.89
助学贷款债务负担重	1.67	4.82	2.03	1.62	2.68
其他	1.28	0.26	0.54	0.00	0.70

从统计的相对频率结果可看出,大学生不愿去基层服务的主要原因依次为"不符合个人职业目标""担心事业发展机会少""工资太低""家庭负担重"和"与所学专业不对口"。其他原因的相对频率明显要低。

结果表明,不愿意基层服务的大学生认为基层服务与就业期望不一致,更加看重工作中所提供的职业发展平台和机会。另外,工资水平和家庭责任也是他们要考虑的重要因素。以上表明不愿意去基层服务的大学生对基层服务表现出更多的悲观想法和判断，这与愿意去基层服务的大学生正好相反。

从排序情况看，五个因素主要涉及职业发展、经济保障、家庭负担等问题，反映了大学生对职业前景的重视、对基层服务生活的思考和对家庭的责任三个方面的问题。首先，职业生涯发展方面的担忧体现了大学生对职业选择和职业竞争力的重视。不希望自己在专业不对口和机会少的基层工作，以免影响自己将来的职业发展。其次，生活经济保障也是大学生的担忧之一。工资低让大学生感到无法适应当地的工作生活和日常开支。对工作的回报缺乏安全感和满足感。最后，家庭的经济负担更多表现为在贫困和贷款的大学生中，他们不但要养活自己，还要承担家庭的经济责任。总的来看，具有较高回报的职业期望的学生和家庭经济状况较差的学生具有较低的基层服务动机。

(三) 愿意长期扎根基层的原因排序分析

对愿意长期扎根基层的大学生的基层服务原因的前四位的综合排序，结果如表4—11所示。

表4—11　　　　　　　愿意长期扎根的原因排序　　　　　　（单位:%）

原因	原因一	原因二	原因三	原因四	相对比率
积累基层工作经验	24.31	21.83	20.29	13.39	21.67
响应国家号召，到基层服务	20.14	21.83	24.64	11.02	20.63
"反哺"社会	10.42	18.31	17.39	7.87	13.93
与所学专业对口	18.75	9.86	7.97	14.17	13.47
短期服务磨炼意志	7.64	14.08	10.87	12.60	10.71
工作找寻压力大，暂时就业	6.94	4.93	8.70	16.54	7.65
将来读研、就业等方面可享受优惠	6.25	4.93	5.07	6.30	5.62
其他个人原因	3.47	2.11	2.90	10.24	3.63
可由国家代偿助学贷款	1.39	1.41	2.17	7.09	2.12
其他	0.69	0.70	0.00	0.79	0.57

从表4—11的排序结果可以发现，长期扎根基层的四个主要原因既包括"理性人"的利己行为，也有"集体人"的利他行为。

(四) 愿意短期服务的原因排序分析

对愿意短期服务基层的大学生的基层服务原因的前四位的综合排序，结果如表 4—12 所示。

表 4—12　　　　　　　愿意短期服务的原因排序　　　　　　（单位:%）

原因	原因一	原因二	原因三	原因四	相对比率
积累基层工作经验	25.80	26.54	19.70	11.14	23.34
短期服务磨炼意志	19.26	23.75	18.73	12.01	19.78
响应国家号召，到基层服务	12.06	13.53	16.63	15.72	13.78
与所学专业对口	15.13	7.33	9.74	12.41	11.44
工作找寻压力大，暂时就业	10.12	9.09	10.93	13.17	10.27
"反哺"社会	9.45	10.84	11.14	9.98	10.26
将来读研、就业等方面可享受优惠	3.78	4.44	7.00	10.09	5.25
其他个人原因	2.20	1.39	3.44	9.80	2.97
可由国家代偿助学贷款	1.99	2.99	2.58	5.39	2.75
其他	0.20	0.10	0.11	0.29	

从短期基层服务原因排序而言，个体更倾向于利己的动机，而含有较少的利他动机。

二　基层服务动机的分类

接下来将所有愿意基层服务的部分单独分析，即潜在群体类型。按照基层服务的动机不同，可将潜在群体分成四种主要类型：A 志愿服务型、B 专业匹配型、C 职业过渡型、D 暂时失业型。其分布情况如表 4—13 所示。

表 4—13　　　　　大学生基层服务的动机—类型对应

A 志愿服务型	响应国家号召，到基层服务
	"反哺"社会
B 专业匹配型	与所学专业对口

续表

C 职业过渡型	短期服务磨炼意志	
	积累基层工作经验	
	将来读研、就业等方面可享受优惠	
	可由国家代偿助学贷款	
D 暂时失业型	工作找寻压力大，暂时就业	

不同基层服务动机类型的群体比例如下（表4—14、图4—1）。

表4—14　　　　　　潜在群体的动机类型　　　　　　（单位：%）

类型	原因	全体	长期服务	短期服务
A 志愿服务型	响应国家号召，到基层服务	14	21	14
	"反哺"社会	10	14	10
B 专业匹配型	与所学专业对口	12	13	11
C 职业过渡型	短期服务磨炼意志	19	11	20
	积累基层工作经验	23	22	23
	将来读研、就业等方面可享受优惠	5	6	5
	可由国家代偿助学贷款	3	2	3
D 暂时失业型	工作找寻压力大，暂时就业	10	8	10

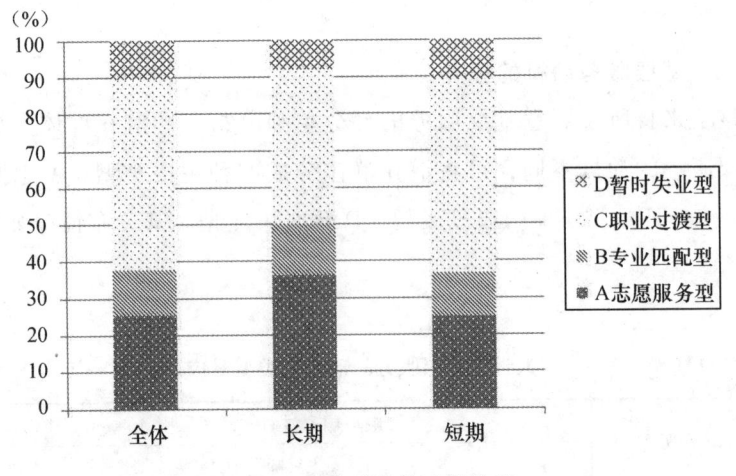

图4—1　潜在群体的动机类型

首先，基层服务潜在群体中，"志愿服务型"群体符合"集体人"假设。从他们选择基层服务的原因来看，对于基层服务的工作，他们考虑"响应国家号召，到基层服务"和"'反哺'社会"，前者体现优先考虑国家（社会）利益，后者具有较强的利他动机。"志愿服务型"群体可能比较理想化，从表4—14的比例分析可以看出，愿意短期基层服务的学生接近1/4。愿意长期基层服务的人员超过1/3。这部分群体的最大特点在于，基层服务动机较强，更容易适应基层的工作环境，达到工作要求，更倾向于选择长期服务。

其次，"专业匹配型"群体是因为所学专业的特殊性，与专业对口的单位或岗位位于偏远基层地区，比如煤、水、地、矿、油等行业相关工作。因此，"专业匹配型"群体表现出长期基层服务的职业生涯导向。假如基层服务能提供合理的安全回报，以及职位晋升等发展性条件，该群体成员会真正成为扎根基层的工作者。其基层服务动机一般。

再次，"职业过渡型"群体更多偏好短期的基层服务。他们把基层服务作为"跳板"或者职业过渡，为下一阶段职业生涯做准备，并不打算长期在基层发展。其基层服务动机一般。

以上，"专业匹配型"和"职业过渡型"符合"理性人"假设，"理性人"追求公平交换，这种平等性的依据就是就业市场。该群体是以自身的职业发展为基本出发点。他们比较看重眼前的职业能力投资和未来的职业回报。如果基层服务能满足自己的短期或者长期职业回报，他们便可能从前在转化为真实群体。

最后，"暂时失业型"群体迫于就业压力，无力寻求更好的职业机会。他们在就业压力大的情况下和压力小的情况下，可能会表现出完全不同的基层服务倾向。而目前基层服务无论从就业经济回报，还是就业环境而言都是不理想的。因此，当外部就业压力小，劳动力市场比较活跃时，该群体的绝大多数成员一般不会考虑基层服务，更不会考虑长期扎根于基层了。该群体并不具备基层服务动机，不能因为缺人就随意招聘，结果还是会给工作造成损失。

三 不愿意基层服务的原因

除了对愿意基层服务的群体的分析以外，对不愿意的原因进行分析有助于从反方向找到如何更好提供激励的证据。

（一）如果没有优惠条件，基层服务意愿的变化

根据问卷中设置的题目，在基层服务意愿之后，我们想要知道当去掉优惠条件之后，之前的基层服务意愿是否会发生变化。以此了解优惠条件对不同群体选择基层服务的重要性。由于是减去优惠条件，对"不愿意"的群体不做分析。

表4—15　　　　去掉优惠条件的基层服务意愿变化　　　（单位：%）

	仍坚持这样选择	可能选择	可能放弃	坚决放弃	不清楚	合计
长期扎根	51	37	7	4	2	100
短期服务	19	55	17	2	6	100
不愿意	12	46	18	14	10	100
总计	21	54	16	3	6	100

从表4—15数据可以看出，去掉现有的优惠条件之后，愿意"长期扎根"的群体中有51%"仍坚持这样选择"，37%"可能选择"，表现为更倾向于坚持选择，对优惠条件持"无所谓"态度。而"短期服务"群体中，只有19%"仍坚持这样选择"，55%"可能选择"，17%"可能放弃"，则多数选择了"可能选择"或"可能放弃"，说明优惠条件对于"短期服务"群体来说还是具有一定激励效果的。通过精心设计的激励机制可以更好地保留潜在群体。

（二）不愿意基层服务或代偿的原因排序

不愿意基层服务或代偿的学生有其客观原因，明显表现出对事业发展的重视和对家庭经济状况的顾虑。不符合个人职业目标（26.3%）、担心事业发展机会少（18.3%）、家庭负担重（16.3%）、与所学专业不对口（13.9%）分别排在不愿意基层服务原因的前四位。由于债务负担重而放弃基层服务的只占2%。再次印证目前的债务负担确实不构成就业选择需要考虑的因素。

而不愿意代偿的原因也表现趋同，按照相对频率由高到低排在前四位的原因分别是：担心服务期满再就业困难（28.8%）、规定服务年限太长（15%）、服务地区/岗位选择面窄（14.2%）、预期收入高无须"代

偿"（11.6%）。这四项原因反映了大学生面临的主要问题，也可以看出大学生在选择基层服务过程中职业竞争力的问题。如果在服务过程中缺乏必要的人力资本或者职业发展回报，会影响负债学生的基层服务意愿。另外，当机会成本较高时，大学生也不会考虑基层服务。

大学生基层服务是自愿性的，属于正常的就业选择。在专业不对口或家庭负担重的情况下，大学生选择一份符合职业生涯发展、收入高的职业是理性的，是完全可以理解的。没有必要让所有的学生都去基层服务，那样就变成了义务劳动。同时，也不能因为基层人才匮乏就"来者不拒"，招聘时也应做到"宁缺毋滥"。

（三）对代偿政策的了解程度

在对代偿政策了解程度的调查数据显示，非常了解和比较了解的学生占总数的42.3%。说明代偿政策信息的发布、宣传和贯彻等方面还存在缺陷，这种缺陷会进一步导致代偿提供方和需要方之间的信息不对称。政策的完善是一方面，而宣传也是很重要的环节，加强对政策的了解程度，可以帮助大学生更好地做出就业选择。

第四节 最低工资与受助偏好

在被调查的3987个样本中，获贷1504例，占37.7%。负债学生相关特征直接与代偿服务相联系。贷款方面所调查的内容涉及贷款的数量、还贷时间以及代偿的意愿等。这些方面在很大程度上对负债学生产生了不同程度的压力，直接影响代偿意愿。

保留工资与受助偏好是潜在群体的重要信息，用于设计激励机制。

一 期望工资与保留工资

本书针对大学生的收入设计了三项题目：期望工资，能接受的最低工资（保留工资）以及对不同工资水平的接受程度，可做比较。

从图4—2中期望工资和保留工资的比较可以看出，大学生期望的工资水平还是比较高的，多数在2500元以上（39%）。而对于基层服务可以接受的最低工资，则表现出比较客观和现实的态度，平均保留工资1623元，35.7%的学生将保留工资定在1001—1500元。

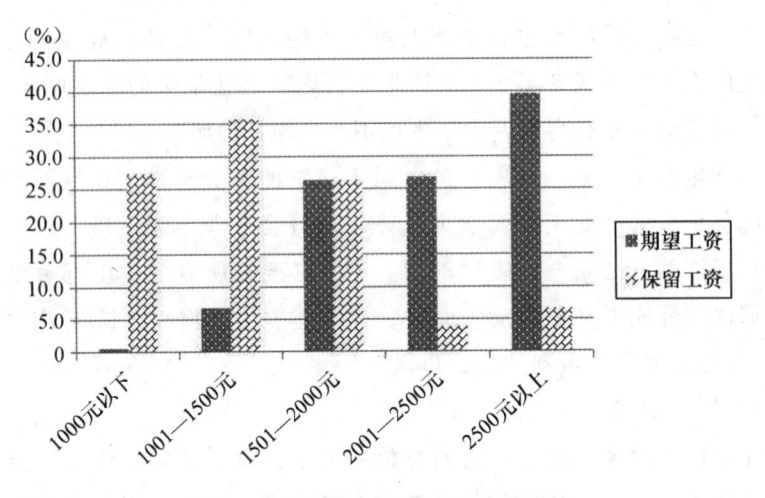

图 4—2 期望工资和保留工资的比较

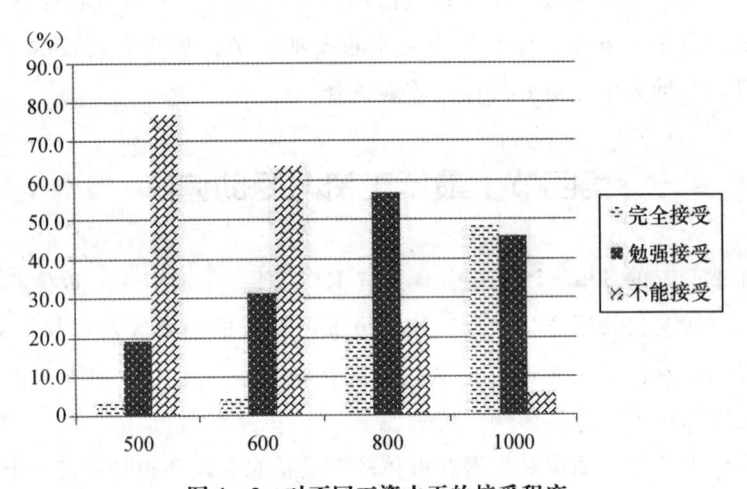

图 4—3 对不同工资水平的接受程度

71818 个负债学生样本的调查中又将工资水平设定为 500 元、600 元、800 元和 1000 元，其接受程度如图 4—3 所示。随着工资水平的上升，接受程度增加。在 1000 元的水平上，94.3% 愿意去基层服务的学生都可以接受。

期望工资、保留工资以及不同工资水平的接受程度为补偿金的设计提供了重要依据。

二 受助偏好

除了收入以外，愿意去基层服务的学生都偏好什么样的资助手段？问卷中对不同服务年限的接受程度、福利待遇、其他优惠条件进行了调查。

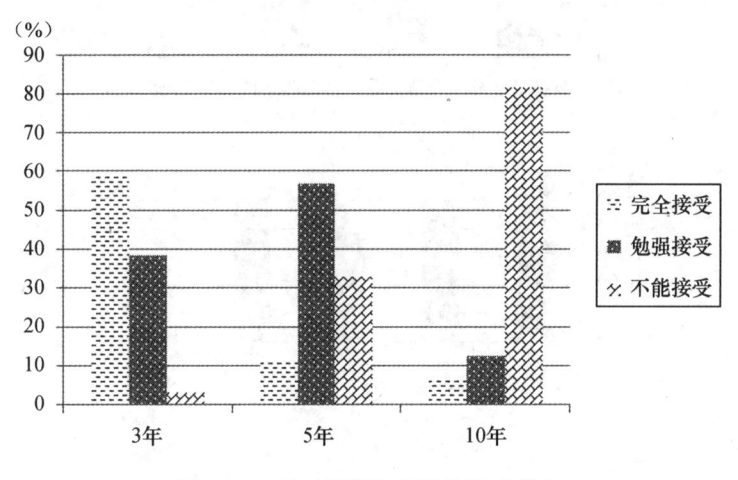

图4—4 对不同服务年限的接受程度

为了分析大学生对服务年限的接受程度，我们设置了三个年限水平：3年、5年、10年（如图4—4所示）。结果表明，对于3年期的基层服务，97%的大学生完全或者勉强接受；对于5年期的基层服务，完全接受或者勉强接受的比例降为67.2%；10年期可以看作长期服务的选择，对于10年期的基层服务，接受或者勉强接受的比例下降为18.5%，多数学生不能接受。这表明随着服务年限的延长，负债学生基层服务的意愿下降。

服务期间的补偿方式中，职业培训、年奖和代偿都是负债学生比较看重的。对于期满补偿方式中，负债学生总体比较偏好公务员加分和创业扶持（如图4—5所示）。

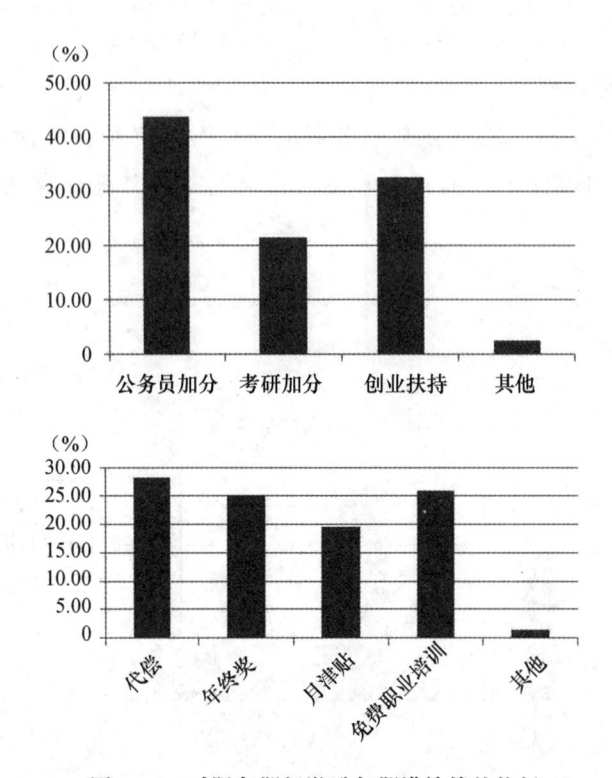

图4—5 对服务期间激励与期满补偿的偏好

第五节 大学生基层服务个体决策的形成

本章将关注点放在潜在群体上，通过对3987个全体学生样本和71818个负债学生样本两项实证数据的统计，以及经验数据比对，对负债水平、债务和学费对就业的影响、基层服务意愿和动机等方面做了详细分析和比较，并且从特征和动机两方面对大学生基层服务选择过程进行了分析。

中国的学费和债务水平偏低，特别相对大学毕业生的收入而言，"负担比"低于发达国家水平。学费和债务影响到大学生的就业选择，但对基层服务意愿没有影响，或处于较低的学费和债务水平，这种影响不显著。现有的通过贷款代偿或学费补偿作为交换条件难以起到激励效果。

大学生的就业选择主要由经济因素驱动，尤其负债学生受家庭经济状况影响，上述关系得以强化。大学生面对基层服务选择的过程也符合上述规律，合理设计激励是影响其选择基层服务的关键。

大学生整体基层服务意愿较强。这部分是有待激励的潜在群体。根据动机划分为志愿服务型、专业匹配型、职业过渡型和暂时失业型。其中志愿服务型的动机较强，专业匹配型和职业过渡型的动机一般，暂时失业型动机较弱。需要设计激励机制，最大限度争取那些符合要求的潜在群体。

根据本章的调查数据分析，构建大学生基层服务个体决策模型（见图4—6）。大学生基层服务选择是由就业期望和基层服务意愿两方面共同决定的，不是有了意愿就真正会选择。一方面，大学生的就业期望由经济因素主导，影响其基层服务选择。另一方面，多数大学生具有基层服务意愿，是由服务动机驱动的，具有志愿服务型、职业发展型、专业匹配型和暂时失业型动机的人都愿意服务基层。因而，只有那些就业期望得到满足且具有基层服务动机的群体才有可能最终选择基层服务。大学生基层服务的合约激励必须把经济因素作为设计的重点。

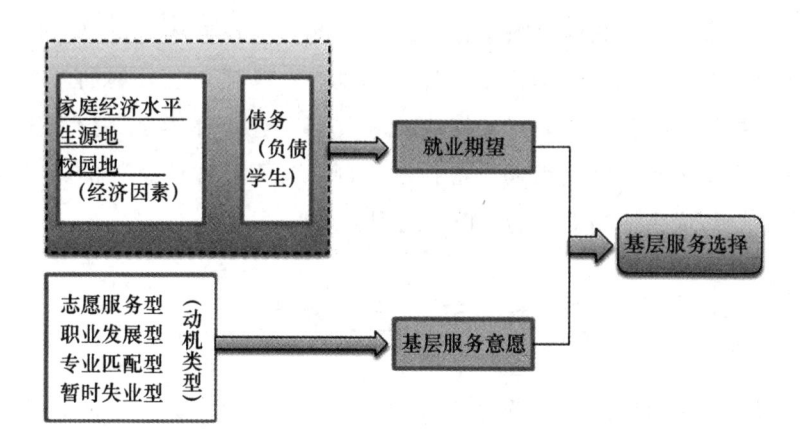

图4—6 大学生基层服务个体决策模型

第 五 章

大学生基层服务合约的激励机制

机制设计理论将不对称信息下合约的激励设计单独纳入一个完整的理论框架中,广泛地应用在经济学和管理学的各个领域,对于具有合约特征的公共政策设计也提供了比较全面系统的解决思路。在公共政策领域,"机制"不仅代表一种制度安排,也包括那些为达到政策目标而在过程中引入的手段或措施的集合。从合约视角来看,这些遍及宏观和微观层面的机制,都是从政策目标出发而人为设计的,目的是向大学生提供激励,使其采取符合管理人员要求的行动。

第四章的实证数据反映了作为代理人的"潜在群体"的基层服务意愿与就业选择,成为激励机制设计的基础。本章聚焦于合约的激励机制设计,根据合约目标、潜在群体特征和类型,建立补偿金定价机制,设计信息甄别机制,制定道德风险控制机制,为不对称信息下的大学生基层服务合约提供恰当的激励,以便达到合约目标。

第一节 合约模型

设计激励机制之前,首先分析和确定既有变量,即机制所处的环境参数,以及需要实现的目标;其次,对约束条件进行设定。

一 环境与目标函数(参数与合意性准则)

(一)环境

在机制设计中,环境空间 Θ 用刻画经济人特征的参数表示,即努力、结果、工资与效用。其中,A 代表代理人,P 代表委托人。代理人指的是大学生，委托人是基层单位或相关管理部门。

参与基层服务的大学生通过努力（e）得到结果（x），并取得相应工资（w），所获得的效用（U）是努力和工资的函数。需要注意的是，这里的"努力"是隐藏信息，只有大学生自己知道，可能是工作耗费的成本，也可能是真实类型或信息。只有结果可以被管理人员观察。假设基层服务人员是风险中性或者风险规避的。

管理人员观察到服务人员的努力带来的结果，向其支付工资，获得效用（B），取决于$B(x-w)$。同时假设管理人员的风险偏好是中性或者规避的。

则管理人员和服务人员的各项参数如表5—1所示。

表5—1　　　　　　　　机制设计的环境空间

类型	努力	结果	工资	效用	风险	凹性
A	$p \to -e$		w	$U(w,e) = u(w) - v(e)$	中/规	凹，$\begin{cases} u'(w) > 0, u''(w) \leq 0 \\ v'(e) > 0, v''(e) \geq 0 \end{cases}$
P		x	$-w$	$B(x-w)$	中/规	凹，$B' > 0, B'' \leq 0$

从表5—1可以看出管理人员和基层服务人员的目标冲突。基层服务人员要想效用最大化，要么少投入成本，要么多获得工资，但是不直接关心结果。管理人员则关心由基层服务人员的努力所带来的结果，但是不直接关心其努力。而更好的结果往往是由更多的努力带来的。另外，管理人员往往希望支付更少的工资。

上述一系列参数构成了我们将要设计的机制的环境空间Θ。其中，给基层服务人员支付的工资（w）并非一般意义上的劳动报酬，而是补偿金。作为激励手段，补偿金才是真正意义上的"支付"。因为基层工作的劳动报酬有一个固定的参照方案，比如定级定岗情况和工资标准，在这里没有必要探讨这一方案的优劣，我们主要聚焦"补偿金"在激励大学生基层服务中所起的作用。另外，从技术层面，基本工资相当于报酬中"固定"的部分，将其去掉不会影响到分析的结果，从而简化分析过程。

（二）代理人类型

按照委托—代理模型的基本设定[①]，管理人员无法观察到基层服务人员的生产成本，但以下事实是双方共识，即产品具有固定成本 F，以及边际成本 $\theta \in \Theta = \{\underline{\theta}, \bar{\theta}\}$。基层服务人员可能是高效率的，也可能是低效率的。其中，高效率基层服务人员的边际成本较低，为 $\underline{\theta}$，低效率基层服务人员的边际成本较高，为 $\bar{\theta}$，其概率分别为 v 和 $1-v$。换言之，当人员数量为 q 时，基层服务人员的成本函数为：

以概率 v，
$$C(q, \underline{\theta}) = \underline{\theta}q + F \tag{5.1}$$

以概率 $1-v$，
$$C(q, \bar{\theta}) = \bar{\theta}q + F \tag{5.2}$$

（三）代理人三阶段博弈

前面我们曾经定义了由信息空间 M、均衡信息对应 μ 和结果函数 h 所构成的机制 $\pi = (M, \mu, h)$，它是实现结果 z（结果的集合）的手段。这个"实现"的概念指的是若对于属于 Θ 的所有 θ，存在 $h[\mu(\theta)] = F(\theta)$，则 π 实现了定义于 Θ 的 F（目标函数），或 π 实现了 F（图5—1）。

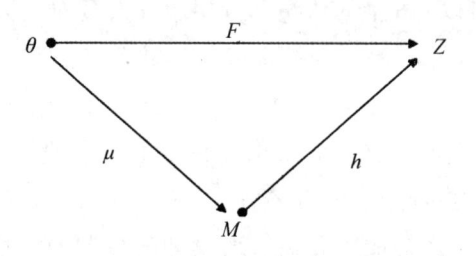

图5—1 "机制实现"示意[②]

信息不对称前提下机制设计所使用的工具是博弈。那么从博弈的角

[①] ［法］拉丰、马赫蒂摩：《激励理论（第一卷）委托代理模型》，陈志俊等译，中国人民大学出版社2002年版，第19—20页。

[②] ［美］赫维茨、瑞特：《经济机制设计》，田国强等译，格致出版社、上海人民出版社2009年版，第13—14页。

度来看，如何表述这个机制？

对于属于对于属于 θ 的所有 θ，博弈 $G = G(S, h)$ 的均衡通过结果函数 h 所确定的结果都与目标函数 F 设定的结果一致，则称博弈 G "实施"了目标函数 F。这里，S 代表经纪人的策略域。借助博弈的方法，若博弈形式 G 实施了 F，则存在相应的 π 实现 F。

将博弈均衡定义的信息对应 μ 作为机制的群信息对应，将 G 的结果函数 h 作为机制的结果函数，则定义了对应的机制 π。

从大学生接受参与基层服务合约，到合约执行结束，需要经历三阶段博弈过程（图5—2）。

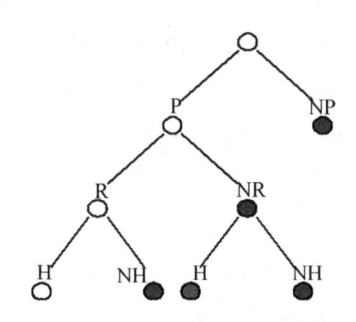

Ⅰ.参与（P-参与，NP-不参与）

Ⅱ.真实信息显示（R-真实，NR-虚假）

Ⅲ.努力程度（H-努力，NH-偷懒）

图5—2 大学生参与基层服务的三阶段博弈

在阶段Ⅰ，基层服务人员选择"参与"或"不参与"，如果参与，则执行，不参与，则结束。该阶段主要依据价格机制。

紧接着阶段Ⅱ，在选择"参与"之后，基层服务人员马上面临的是对自己持有信息的判断，以及是否显示真实信息。单一合约的情况下无法辨别类型，或者说类型混同。但在信息甄别机制下，基层服务人员将显示真实信息。真实信息不是通过直接的表述得出，而是通过基层服务人员的选择做出判断。或者，基层服务人员会自动进入符合各自类型的合约，继续执行。

阶段Ⅲ，选择了各自类型或者混同类型的基层服务人员付出各自的努力。这里的"努力"包含两层内容，一是"干得好"，即常规意义上的杜绝偷懒；二是"留得住"，即是否有中途退出的现象，以及服务期满愿意继续保持的行为（保持率）。该阶段考验基层服务人员的投机心理，努力程度有赖于行动激励机制对于道德风险的控制。

（四）目标函数

目标函数其实也是一种对应，$F: \Theta \rightarrow Z$，是从环境空间到结果空间的对应。同时，目标函数代表了评判结果的准则，我们称之为"合意性准则"。它与结果函数 h 所代表的支付是不同的。

合意性准则是一种外生性准则，可以是帕累托改进，也可以是效率、公平等。对于大学生基层服务合约，其合意性准则有两个：效率和公平。因为大学生基层服务合约是一种政府行为，政府介入无非想要达到两个目的：一是合理配置劳动力资源；二是公平地进行价值分配。

具体来看，大学生基层服务合约的目标可以概括为两个："更多参与"和"更好服务"。在大学生接受合约到合约执行结束的三阶段博弈过程中，第一阶段目标是"更多参与"，第二阶段和第三阶段目标是"更好服务"。对应的选择结果分别是：参与、真实信息显示和努力。

二 约束条件

有合约就有激励。因为现实生活中，不对称信息总是存在。每个代偿生怀有不同目的的参与，这是私人信息；在缺乏监督的情况下，服务过程中每个人的表现不同，最后却可能得到同等的回报；此外，在缺乏监督的情况下，政府作为垄断的委托人，同时又是监督人，自己监督自己，其政策的落实情况成为不可验证的谜，某些事先的承诺最终无法兑现，大学生权益得不到全面保障。

激励的作用就是在信息不对称的情况下，设计机制，具体表现为新规定或者新政策，使得委托人或代理人说真话，或者不偷懒，或者履行诺言等，采取有利于共同目标的行为。

（一）机制设计目标

与目标函数不同的是，机制设计的目标是内生性的，是对机制设计过程的一个总的要求，也是机制好坏的判断标准。赫维茨对机制设计提出了两个目标：激励相容和信息效率。这两个目标也构成了机制设计的标准。

大学生参与基层服务政策在实施过程中有一个很形象的要求，叫作"下得去，待得住，干得好，流得动"。基层需要引进人才，但不是"来者不拒"。服务基层的人需要得到应有的回报，就要做到人尽其用。这两方面指的就是基层服务合约要想达到目标，需要满足两个约束，一是参与约束，二是激励相容约束。

（二）参与约束

首先，对于目标群体而言，相比不参与而言，参与项目所获得的效用要高。

其次，对于目标群体以外的潜在群体，参与项目会增加其成本，或降低其效用，因而拒绝。

最后，参与约束还包括合约所要求的信号发送成本。

（三）激励相容约束

对于不同类型的基层服务人员，机制应能甄别其类型，避免逆向选择。对于两种类型 a 和 b，存在合约方案 A 和 B，其中 A 是 a 的较优选择，而 B 是 b 的较优选择。换句话说，a 选择 A 的效用大于选择 B，而 b 选择 B 的效用大于选择 A。而这两种合约方案就是能够甄别两种基层服务人员类型的激励相容的机制。

第二节　补偿金定价机制

解决经济活动之协调问题的一种可能的方法是对市场的充分利用。"没有任何一种体系能比通过价格来协调的市场体系更有效地解决协调问题。"实际上，市场和价格体系时常是取得协调的非常有效的机制。在没有任何有意识的中央指导下，该机制能十分有效地引导人们发挥才智和利用资源。价格体系所产生的配置对社会作为一个整体来说，总是有效的。而且，在一定条件下，价格体系在取得这一结果的同时，还减少了对信息的需求——这一体系比能够确保有效结果的其他任何体系都需要更少的信息传递。[1]

此时讨论的是不考虑信息不对称和类型混同的理想状况下的价格机制。

---

[1]　[美] 米尔格罗姆、罗伯茨：《经济学、组织与管理》，经济科学出版社 2004 年版，第 27 页。

一 "基层服务—补偿"定价的争议

对于"基层服务—补偿"的定价在实践上存在几种分歧。

（一）实践中的定价分歧

从国内外政策实践来看，补偿金是一种补偿性质的补贴，但其内容是高等教育成本，即大学生实缴学费，具体执行标准与学生贷款限额相同。

如果仅仅盯着学生贷款债务，却忽略了高等教育成本，无异于舍本逐末，理论上是行不通的。最本质的问题出在：大学生参与基层服务的"价格"到底由什么决定，是高等教育成本吗？还是学生贷款债务？无疑，两者都不是。大学生参与基层服务的补偿（报酬以外）可以用来偿还债务或补偿个人为高等教育所支付的费用，但实际上这种报酬与个人的学生贷款债务或高等教育成本之间并没有必然的联系。

在"基层服务—偿还贷款/补偿学费"模式中，如果最终落脚到债务的减免，必然导致债务高的学生的高参与率，以及鼓励那些本来就想去目标地区就业的学生"不切实际"多贷款；或者学费补偿，则会在服务基层的学生中间产生不公平待遇，因为获贷生和非获贷生，以及不同专业（学费标准不同）学生所获得的代偿金是有差异的，这种区别对待也会反过来损伤政策的有效性。有关政策公平性的问题我们将在第六章具体论述。

从中国政策实践来看（见表5—2），大学生参与基层服务政策一开始就定位为对负债学生的资助，减轻其债务负担。这一政策出台之后收效欠佳，并且受到不公平的质疑。2009年政策对象扩大为全体学生，资助方式顺理成章从贷款代偿扩大到学费补偿，定价依据也从单纯的贷款债务增加到实缴学费数额，却始终回避了"服务"这个本质性的定价依据。无论贷款代偿，还是学费补偿，都是在高等教育私人投资成本的基础上加了一个限额。并且，这个限额标准（每年不超过6000元）使用的是国家助学贷款的限额标准。

表 5—2　　　　　　　大学生基层服务补偿定价的比较

政策阶段	对象	补偿金价格	依据	评价
2006 年	负债学生	债务	偿还资助	易于操作，忽略服务价值，对行为缺乏激励
2009 年	负债学生	债务，实缴学费"二者就高"	人力资本投资成本补偿	不易操作，忽略服务价值，对行为缺乏激励，专业差异不公平
	非负债学生			
新定价	全体学生	补偿性工资差异	机会成本	易于操作，突出服务价值，基于服务给予补偿，激励服务行为

近年来，关于"定价"的研究主要集中在以下三个方面：（1）金融产品定价：期货，利率，衍生品等。（2）公共产品定价：公共产品，准公共产品，基层服务，各行各业人力资本等。（3）具体内容上主要探讨了定价的基础，研究构成因素、定价策略、定价方法、定价机制，制度安排等。

服务期间，大学毕业生只是把自身人力资源的使用权转移给了组织，使用期限就是服务期。其价值形成的分析起点是服务开始之日，之后是使用过程。而"基层服务—补偿"的价格正好体现了这种人力资本的使用价值，而非其投资成本。因而价格应该以服务为依据来制定。

从组织引入人力资源的成本—收益来看，成本方面，不同学历人员的教育投资成本不同，引入成本确实是有差异的，如安家费、科研启动费等。后面还有培训费用和工资支出。这些都将作为组织引入不同人力资源的成本。收益方面，不同学历人员也将为组织创造不同的新价值，这方面是组织最关心的。而创造的新价值的一部分应该作为补偿。当然，这方面生产性部门比非生产性部门更容易衡量。这里的成本—收益分析都是采取的比较法，即和正常的劳动力群体相比，引入较高质量劳动力，在成本和收益方面的差异。

（二）补偿金实质

1. 人力资本投资回报的组成部分

大学生是接受过高等教育的高素质劳动力，人力资本投资回报是一个漫长的过程。人力资本投资回报具体地表现为毕业后的工资收益,而在不同岗位就业的工资收益存在差异,因而需要进行补偿,才能满足理性人就业的保留效用。对于"代偿生"而言,基层就业的三年是其职业生涯的一部分。和正常就业的回报(平均工资)相比,从事基层服务的经济回报较低,不足以补偿其高等教育投资成本。因而政府支付的"补偿金"成为基层服务期间,大学毕业生人力资本投资回报的组成部分之一。

2. 基层服务回报(社会收益)

基层地处偏远,工作环境和生活条件都比较艰苦。而基层岗位劳动力紧缺,特别有些岗位如基础教育、医疗卫生,公益性强,社会收益大。大学生投入基层服务具有较大的外溢性,应该获得回报,并且应由公共财政支付。该部分可从艰苦边远地区津贴得到体现。

3. 机会成本(补偿性工资差异)

从就业成本的角度来看,基层就业意味着大学毕业生要放弃大城市的工作,更高的工资,以及更好的工作环境与基层服务等。也即基层就业会对大学毕业生产生较高的机会成本。服务期间的机会成本可以用劳动力经济学中的补偿性工资差异来解释。

假设存在两个劳动力市场,一是工作环境较优的劳动力市场1,二是基层就业市场2。即在劳动力同质,工作差异的情况下,理性的大学毕业生面临两个市场会如何选择?

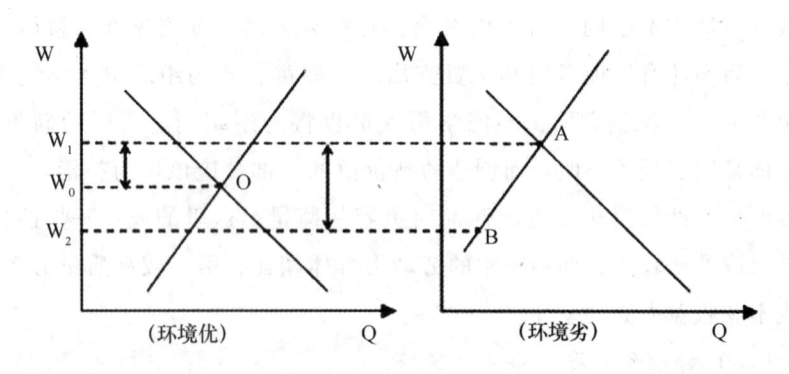

图 5—3 补偿性工资差异

如图 5—3 所示，环境较优的市场 1 的均衡价格为 W_0（点 O）。求职者偏好决定了环境恶劣的市场 2 的供给较少，导致均衡价格增至 W_1，此时的均衡位于点 A。W_1 和 W_0 之差就是补偿性工资差异，尽管 $W_1 > W_0$，该差异不会导致劳动力在两市场间的流动，因而是一种均衡工资差异，使那些虽不令人喜欢但对社会有益的工种能够得到足够的劳动力配置。[①]

事实上，囿于经济发展水平、历史原因、市场不完全或者制度原因等等，市场 2 提供的价格可能只有 W_2（$W_2 < W_0$），该工资水平迫使劳动力供给量进一步减少至均衡点 B。此时劳动力供不应求，处于匮乏状态。若想吸引更多的求职者，必须提高工资水平，恢复补偿性工资差异。从这个角度上看，在其他条件不变的情况下，"补偿金"可以使大学毕业生的供给增加。本书的调查数据也证实了这一点。毕业生对基层就业最低工资的看法呈现整体单调增的趋势（见图 5—4）。最低工资体现了潜在群体中个人的保留效用。随着最低工资的提高，可能接受的人数[②]快速上升，该趋势说明最低工资的提升可能增加基层就业的吸引力。

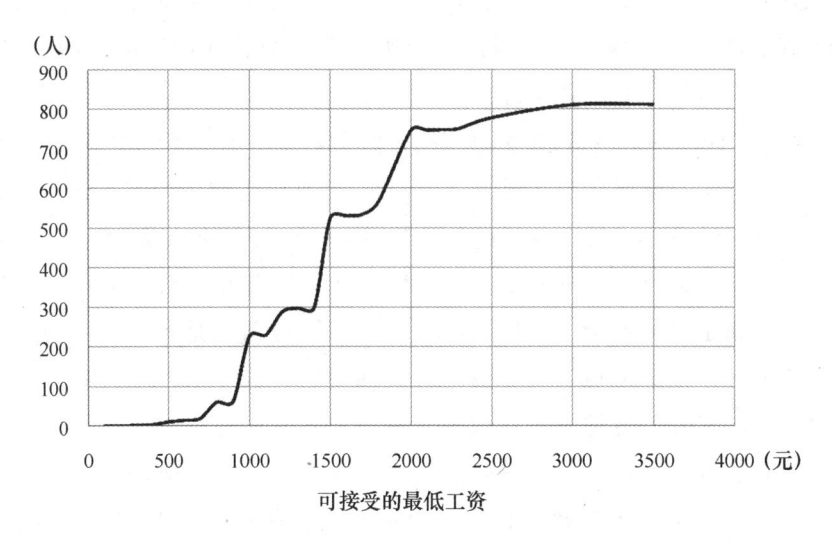

图 5—4　最低工资意愿趋势

[①] ［美］坎贝尔·R. 麦克南、斯坦利·L. 布鲁、大卫·A. 麦克菲逊：《当代劳动经济学（第七版）》，刘文、赵成美、连海霞译，人民邮电出版社 2006 年版，第 225 页。

[②] 该题的有效样本容量为 900。

劳动经济学认为，造成补偿性工资差异的主要原因是不同工种在工资之外的其他方面存在差异，即非工资差异。由于某些工作，如基层服务，可能具有一些令人厌恶的特征。劳动经济学认为非工资差异表现在七个方面：(1) 工伤和死亡的危险；(2) 附加福利；(3) 工作的社会声誉；(4) 工作地点；(5) 收入的规律性；(6) 增加工资的前景；(7) 工作节奏的控制程度。①

分别来看，本书的调查数据给出了一定的验证。基层工作地处偏远，有些女生会担心安全问题；比起城镇的工作，基层在社会保险方面不齐全，可能没有住房公积金；有些学生会认为基层工资收入低，选择这样的工作怕"被人瞧不起"；基层岗位分布在中西部地区和艰苦偏远地区的县级以下行政区划，不符合大部分学生的就业期望；有些单位所在财政吃紧，可能存在拖欠工资的情况，无疑给本来不高的工资又打了折扣；基层服务工资标准一定程度上依赖地方财政，工资刚性比较强，不可能短时间内有大幅增长；一般基层服务时间在三年以上，由于交通不便，极大地限制了个人的工作闲暇自由度。所以和其他工作相比，基层工作确实存在许多非工资差异，因而要想吸引劳动力、维持劳动力的稳定，补偿性工资差异是非常必要的。

另外，和原先的基层劳动力相比，大学毕业生拥有较高的人力资本存量，即劳动力素质存在差别。"代偿生"具有较高的生产率，其工资率也应高于一般就业人员，因而获得"补偿金"作为多的回报。

以上从人力资本投资回报、基层服务社会收益和补偿性工资差异三个角度分析了"补偿金"的特征。其实这三个视角也是相互联系的。从本质上看，补偿金体现了人力资本投资回报的差异。从内容上看，补偿金是一种补偿性工资差异，补偿参与基层服务的机会成本，或者是放弃的与平均收入间的差额。从财政上看，补偿金属于基层服务社会收益的一部分，补偿金应由财政支付。人力资本投资回报与就业和工资相关，而补偿性工资差异在某种程度上是社会收益决定的。

---

① [美] 坎贝尔·R. 麦克南、斯坦利·L. 布鲁、大卫·A. 麦克菲逊：《当代劳动经济学（第七版）》，刘文、赵成美、连海霞译，人民邮电出版社2006年版，第225页。

二 定价策略

(一) 定价基础

大学生基层服务补偿的本质是大学生由于放弃了机会成本而得到补偿。由于服务期限是有限的,补偿金的定价基础主要由两方面决定。

(1) 补偿金体现了政府对特殊劳动力市场中劳动力价格的干预。基层服务市场的平均劳动力价格低于大学毕业生的平均工资水平,这是因为基层服务市场中劳动力的学历普遍较低,质量较差,因而,要想鼓励广大的大学毕业生到基层服务,必须提高报酬。由于大部分劳动力仍处于较低学历水平,因而不可能普遍提高工资水平,只能有针对性地提高那些基层就业大学生群体的报酬,即由于学历差异、就业偏好(地域、行政区划、单位类型等)差异产生的补偿性工资差异。

(2) 补偿金体现了对人力资本价值的尊重。大学生在四年高等教育阶段不仅投入了直接成本,还耗费了间接成本(机会成本)。对于那些投身基层服务的大学生(短期),他们大学期间积累的人力资本不仅不能获得相称收益,还将继续付出规定服务年限(如3年)的机会成本。应该得到补偿,以实现其人力资本价值。当然,我们这里仅考察经济因素,没有考虑个人实现等非经济因素。打算长期服务的学生另当别论,因为长期服务本身已经开始职业生涯发展,不涉及二次工作找寻,不涉及机会成本。

(二) 定价依据/标准

现行政策补偿金的价格是学费或贷款,并以贷款限额的标准来实施补偿。其依据偏向于后者,即人力资本投资的个人成本补偿。但实际上,如果采取人力资本投资补偿的话,补偿金标准应该是实缴学费。

根据定价基础,补偿金定价的依据有两个:(1) 主要依据是服务期间的补偿性工资差异;(2) 次要依据是人力资本投资成本差异。

大学生基层服务补偿主要是激励大学毕业生到基层服务,因而服务是支付的核心。而补偿性工资差异与"服务"直接挂钩,能够最大限度地指向政策目标。人力资本投资的成本差异也是重要依据。人力资本理论分析的起点揭示了人的异质性,人除了可以用数量衡量,还具有质量差异。其中一个重要因素就是高等教育阶段投资的成本,不同学校、专业、学历的投入存在很大差异，需要在补偿金的价格上予以反映。

（三）定价原则

补偿金的定价原则主要是公平和效率。效率原则体现在，补偿金要严格按照定价依据来制定，还要兼顾学生就读的不同学校层次、专业以及服务地域等因素，才能最大限度吸引潜在群体，起到鼓励和引导的作用。公平原则要求获批人员应被一视同仁，同一级别的基层服务享受同等待遇。

目前政策中以"学费/贷款"定价的方式在一定程度上有损公平。（见第六章分析）

三　因素法补偿金模型

补偿性工资差异指的是与正常就业的平均工资相比，基层就业需要补偿的部分。

因素法是通过分析价格的构成要素和影响因素来建立价格模型。所谓价格的构成要素，是在制定价格的过程中所要考虑的一系列重要影响因素。对于"基层服务—补偿"而言，主要是为了吸引和鼓励大学毕业生到基层就业而支付的补偿金的价格。其影响因素涉及补偿性工资差异、人力资本投资成本和其他因素，如学生就读的不同学校层次、专业以及服务地域等。这些因素会影响补偿金水平。

（一）构成要素

构成支付价格的核心要素有：基层岗位实际工资，大学毕业生平均起薪，艰苦边远地区津贴，服务年限等。

$$F = \Delta w \times 12 \times n \tag{5.3}$$

F：补偿金

Δw：工资差异（单位：元/月）

n：服务年限（单位：年）

其中，

$$\Delta w = \bar{w} - w - s_d \tag{5.4}$$

$\bar{w}$：大学毕业生平均起薪（单位：元/月）

w：基层岗位实际工资（单位：元/月）

s_d：艰苦边远地区津贴（单位：元/月）

这里的基层岗位实际工资包含由就业单位发放的各种补贴、医保、社保和住房公积金等。

（二）影响因素

1. 服务因素

对于同质人力资本，这里将某一年份大学毕业生正常就业的平均工资视为一定的，则工资差异取决于基层服务的相关特征。影响其补偿性工资差异的因素有服务地域、服务区划、岗位类型、期限完成情况。

2. 人力因素

在一定的就业条件下，影响人力资本投资回报的主要是投资成本，主要是受教育期间的教育成本。因而影响因素主要有学校层次、学校地域、学历层次、学科类别、学制。

3. 其他影响因素

其他影响因素则考虑了服务当地的居民消费价格指数和性别差异。

将上述影响因素综合，如表5—3所示。

表5—3　　　　　　　　支付价格的影响因素

	要素	变量	值
补偿性工资差异 α	服务地域	α_1	东，中，西
	服务行政区划	α_2	县，县以下
	服务期限	α_3	具体年限（或长/短期）
	服务期限完成情况	α_4	完成，中途退出，违约
高等教育投资成本 β	学校隶属层级	β_1	部属，地方
	学历层次	β_2	研，本，专
	专业类别	β_3	高收费，中等收费，低收费
	特殊专业需求	β_4	特殊专业，非特殊专业
其他 γ	居民消费价格指数	CPI	以统计局公布数据为准
	性别差异	g	男，女
	生源地—服务地距离	l	依据实际距离制定

四　精确法补偿金模型

借鉴精确法计量高等教育内部收益率的方法，尝试建立大学生参与基层服务的成本—收益模型[①]。三类学生人力资本收入曲线表达如图5—5所示。

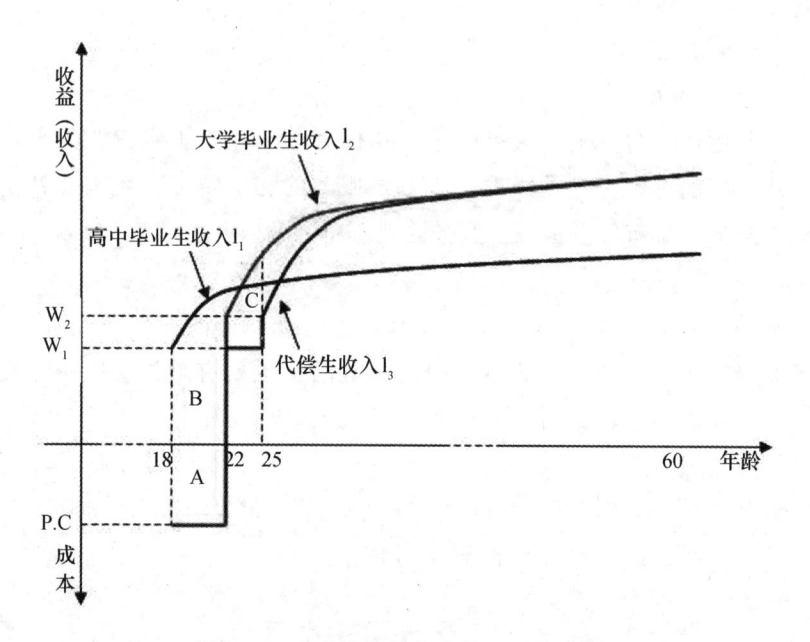

图5—5 人力资本收入曲线（三类学生）

上图中曲线 l_1 表示高中毕业生收入，曲线 l_2 表示大学毕业生收入，曲线 l_3 表示代偿生收入变化情况。折线表示大学生投入高等教育的直接成本，为大学毕业生和代偿生共有。这里做了一点简化，即代偿生在基层服务期间工资水平 W_3 约等于高中毕业生起薪 W_1。大学毕业生起薪为 W_2。

与普通大学毕业生相比，由于参与基层服务，代偿生的成本和收益发生了变化。服务期间增加了机会成本，收益分为两部分，一是工资收益，可能有所下降，低于大学毕业生平均工资；二是代偿金收益。

接下来，把大学毕业生参与基层服务与否的两种情况单独拿出来比较（见图5—6）。

[①] 该部分数学公式参见吴添祖、虞晓芬、龚建立《技术经济学概论》，高等教育出版社2010年版，第113—139页。

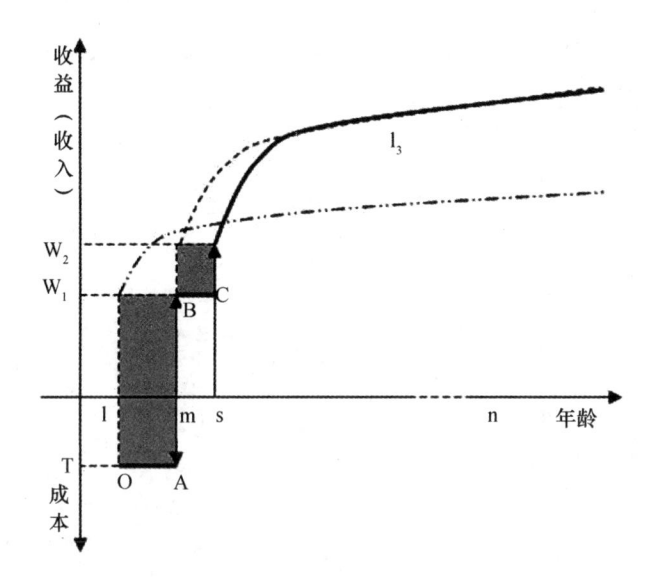

图 5—6 基层服务的人力资本投资现金流

假设：

（1）基层就业与非基层就业大学生在高等教育阶段投入的成本相等。

（2）基层服务为短期 3 年，起薪 W_1，其间工资水平按平均工资指数缓慢增长。大学毕业生起薪为 W_2。

（3）基层服务结束后重新找寻工作，工资水平与其他大学生相同。

与普通大学毕业生相比，由于参与基层服务，代偿生的成本和收益发生了变化。服务期间增加了机会成本，收益分为两部分，一是工资收益，可能有所下降，低于大学毕业生平均工资；二是代偿金收益。

代偿生依次经过高等教育（E）、基层服务（S）、服务期满工作（W）三个阶段，m 是接受该级教育的教育年限，n 为受教育者取得收益的年限终点，s 为基层服务结束年点，基层服务期限为（s−m）。则从现金流可以看出，代偿生的成本分布在 E 和 S 两个阶段，而正常收益则从 s 开始，一直到 n。相应的年代点为：

E：l−m

S：m−s

W：s-n

以 s 为贴现时点，代偿生在上述三个阶段的成本和收益表示如下：

$$C_e = \sum_{t=1}^{m} \frac{C_{et}}{(1+r)^{t-1}}$$

$$C_s = \sum_{t=m}^{s} \frac{C_{st}}{(1+r)^{t-1}}$$

$$C_f = C_e + C_s,$$

$$\text{则 } C_f = \sum_{t=1}^{m} \frac{C_{et}}{(1+r)^{t-1}} + \sum_{t=m}^{s} \frac{C_{st}}{(1+r)^{t-1}} \tag{5.5}$$

$$B_s = \sum_{t=m}^{s} \frac{B_{st}}{(1+r)^{t-1}}$$

$$B_w = \sum_{t=s}^{n} \frac{B_{wt}}{(1+r)^{t-1}}$$

$$B_f = B_s + B_w = \sum_{t=m}^{s} \frac{B_{st}}{(1+r)^{t-1}} + \sum_{t=s}^{n} \frac{B_{wt}}{(1+r)^{t-1}}$$

其中，C_f 为代偿生的总成本，B_f 为参加基层服务所获收益（含工资和代偿金）。C_e 为高等教育期间个人承担成本，C_s 为基层服务期间个人承担的成本（含直接成本和间接成本）。B_s 为基层服务期间收益。B_w 为服务期满工作期间收益。

代偿生自身人力资本投资的成本约束为 $B_f \geqslant C_f$。约束条件展开如下：

$$\sum_{t=m}^{s} \frac{B_{st}}{(1+r)^{t-1}} + \sum_{t=s}^{n} \frac{B_{wt}}{(1+r)^{t-1}} \geqslant \sum_{t=1}^{m} \frac{C_{et}}{(1+r)^{t-1}} + \sum_{t=m}^{s} \frac{C_{st}}{(1+r)^{t-1}} \tag{5.6}$$

由于人力资本投资具有可观的回报率，式（5.6）满足，且约束为松。

另外，代偿生所得收益要不小于不参加基层服务的收益，即参与约束为 $B_f \geqslant B$。展开如下：

$$\sum_{t=m}^{s} \frac{B_{st}}{(1+r)^{t-1}} + \sum_{t=s}^{n} \frac{B_{wt}}{(1+r)^{t-1}} \geqslant \sum_{t=m}^{n} \frac{B_t}{(1+r)^{t-1}} \tag{5.7}$$

$$\sum_{t=m}^{s} \frac{B_{st}}{(1+r)^{t-1}} + \sum_{t=s}^{n} \frac{B_{wt}}{(1+r)^{t-1}} \geqslant \sum_{t=m}^{s} \frac{B_t}{(1+r)^{t-1}} + \sum_{t=s}^{n} \frac{B_t}{(1+r)^{t-1}}$$

$$\sum_{t=m}^{s}\frac{B_{st}-B_{t}}{(1+r)^{t-1}} \geqslant \sum_{t=s}^{n}\frac{B_{t}-B_{wt}}{(1+r)^{t-1}} \qquad (5.8)$$

参与约束的化简。假设 W 阶段，代偿生和其他大学毕业生的收益曲线没有差异，即 $B_t = B_{wt}$，则式（5.8）可简化为 $\sum_{t=m}^{s}\frac{B_{st}-B_{t}}{(1+r)^{t-1}} \geqslant 0$，即 $\sum B_{st} - \sum B_t \geqslant 0$。

基层服务 S 期间，代偿生的收益由工资和代偿金组成。令 $B_{st} = w_{st} + f_t$，$B_t = w_t$，代入上式可得：

$$F \geqslant \sum w_t - \sum w_{st}$$
$$F \geqslant W - W_s \qquad (5.9)$$

上面一系列数学推导的意义即在于公式（5.9）所表达的含义：代偿生所获得代偿金数额不应少于参与基层服务与否的工资差异。公式中有两个自由变量，代偿金 F 和服务年限 S。如果输入相关收益数据，则这两个变量可以互为确定。

需要指出的是，上述现金流分析的时点（当前时间）在接受高等教育的第 1 年。时点可以更改，公式会发生变化，但结果不变。

第三节 入口激励机制

在信息对称情况下，基层服务人员的信息是公开的，没有隐匿信息，也不存在类型混同，适用价格机制就可以调节供求和均衡。而现实多数是信息不对称的情况，在同一价格机制下，基层服务人员会隐匿私人信息，造成类型混同，即逆向选择。分析基层服务人员类型和隐藏信息，在此基础上设计支付"菜单"来识别不同类型，是常用的信息甄别手段。此外，信号发送也可以帮助我们在初始阶段识别我们需要的类型，以便实现合约目标。

激励理论一个标准的情形是处于信息劣势的一方，即委托人要提供一个激励方案来引导具有信息优势的一方——基层服务人员，要么披露他的私人信息（逆向选择模型），要么采取与委托人利益相一致的行为（道德风险模型）。激励方案由有条件的支付方案所组成，而"支付"则根据基层服务人员行为的结果所发出的信号而定。[①]

激励方案的存在依靠两个关键假设[②]：

(1) 管理人员处在信息劣势，不知道隐藏变量的实际值，但清楚变量概率分布和基层服务人员偏好结构。管理人员预测基层服务人员对一系列预设支付方案的反应以及能接受的方案，然后选择一个偏好的方案。

(2) 存在一个保证管理人员遵守承诺的制度框架。

逆向选择问题的解决依赖于"合约菜单"的设计，它将引导基层服务人员私人信息的自我揭示。当基层服务人员面对一系列支付选择时，会选择使他效用最大化的方案，而这正是管理人员预测设计好的。

作为激励机制，信息甄别通过将同一的合约设计成多个支付方案，从而激励基层服务人员显示信息，分离类型，最大化管理人员效用。政府在"兜售"其服务合约时，不同的支付方案可以引导大学生按照各自的偏好类型"分流"，从而使大学生获得个人效用的满足，而政府也可以从"各得其所"的基层就业过程中获得最大的公共效用。

一 潜在群体的隐藏信息

潜在群体的类型是他们所持有的隐藏信息。当他们面对单一的大学生基层服务合约时，会选择隐藏自己的实际动机类型，而做出有利于个人效用最大化的选择，包括放弃参与。因而，缺乏激励的合约往往吸引力较差，且不能保证劳动力的稳定性。

第四章在实证研究的基础上分析了潜在群体的四种主要类型，这里根据激励机制设计的需要着重对几种类型的参数：服务动机、专业—职业匹配性、流动性、服务期、机会成本和偏好等方面进行比较（见表5—4）。这里，"专业—职业匹配性"是分析劳动支付的重要方面。对于特殊专业，如教育、医疗、工程技术等，大学期间所学专业与职业的匹配性

---

① [法] 布鲁索、格拉尚：《契约经济学》，王秋石、李国民译，中国人民大学出版社2010年版，第7页。

② 同上。

决定了雇主的效用，同时也影响到职业流动性。

表5—4　　　　　　　　　潜在群体的参数比较

类型	服务动机	专业—职业匹配性	流动性	服务期	机会成本	偏好
A 志愿服务型	较强	不定	中	短	较大	社会体验
B 职业过渡型	强	弱	中	短	较大	职业过渡
C 专业匹配型	强	强	小	中/长	较小	职业发展
D 暂时失业型	弱	不定	大	短	极小	无

（一）志愿服务型

潜在群体中志愿服务型所占比例较大，几乎占到一半以上。他们的基层服务动机较强，体现出强烈的社会性和服务意愿。而基于社会需要的短期服务往往对于专业—职业匹配性要求不高，流动性中等，短期服务结束后就会奔赴自己的期望职业。他们的机会成本之所以较大，是因为他们放弃了自己的职业期望，甚至放弃了所学专业，来寻求一种体验和经历，如支教行为，对自身未来职业发展没有直接帮助。志愿者是志愿服务型群体的典型代表，是社会发展所必需的，志愿行为应该加以弘扬。

（二）职业过渡型

职业过渡型和专业匹配型在我们调查的潜在群体中不太多，但却构成了实际群体的主体部分。可以看出，虽然多数大学生有基层就业意愿，但在目前的政策导向下，实际上真正到基层服务的还是和职业发展有着密切关系的人群，其基层服务动机是比较强的。

职业过渡型的专业—职业匹配性相对较弱，其基层服务主要想为未来职业发展提供桥梁，如公共管理领域，国家机关公务员考试明确需要满2年基层工作经验才能报考。由于其过渡性质，服务期短，流动性属于中等，一般不会中途退出，机会成本较大。

（三）专业匹配型

专业匹配型一般选择和本专业相关的基层工作，尤其是特殊专业、职业，如教育、医疗、工程技术等。还有些专业的对口职业具有地域特征,如农、林、水、煤、地、矿、油等。一旦选择对口职业,就自然选择了基层,人为流动性较小,服务期较长。由于服务结束的职业转换小,相对机会成本也较小。

(四) 暂时失业型

暂时失业型指的是由于暂时未就业而选择基层服务的人群,属于被社会"淘汰"的类型。他们对基层了解不多,也没有相应的职业倾向和社会倾向,动机较弱,流动性大。由于暂未就业,机会成本极小。

二 逆向选择与类型混同

四种类型在潜在群体、实际群体和目标群体中的分布如表5—5所示。我们根据不同群体的特点和偏好,在合约中采用不同的激励策略应对。

表5—5　　　　　　　　针对潜在群体的激励策略

类型	潜在群体	实际群体	目标群体	激励策略
A 志愿服务型	√√	√	√√	信息甄别(支付)
B 职业过渡型	√	√√	√√	信息甄别(支付)
C 专业匹配型	√	√√	√√	信息甄别(支付)
D 暂时失业型	√	√	×	信号发送(排除)

潜在群体中,志愿服务型所占比例较大,而这部分类型在实际群体中较少。相对地,发展型群体是实际群体中的主体,虽然他们在潜在群体中没有体现。这和样本量多寡也有关系。实际群体和潜在群体总量相差较大。另外,在我们的调查中,暂时失业型所占比例不大,但如果乘以毕业生基数,总量还是超过了实际群体的人数。

面对多种类型,单一合约导致的结果是,基层服务人员的类型混同,合约对于"好"的类型吸引力不足,而对于"坏"的类型却有利可图。形成"旧车市场"逐渐萎缩的局面,带来效率损失。

激励机制设计正是在不对称信息下,通过多种支付方案来识别和分离类型,减少因为信息不对称产生的效率损失。类型A、B和C属于

"好"的类型，我们将进一步通过信息甄别来予以激励。类型 D 属于"坏"的类型，通过信号发送将其排除。

三　信号发送

信号发送与信息甄别都是可能使市场效率得以改进的机制。信号发送是指由基层服务人员向管理人员发送可以被观察到的"信号"，而信息甄别则是管理人员主动来甄别基层服务人员的信息。

为了排除 D "暂时失业型"代理人，合约要求发送有关学业成就方面的信息和资质证明。并且每年年底进行资质审核，符合要求的继续服务，达到期限并符合要求的才拨付补偿金。此外，信号发送的目的是筛选，故可以通过岗前培训或岗位测试来达到筛选的目的。基层岗位应该提前给出详细的岗位需求，包括对执业资质的要求等，以此来排除那些"劣质"的毕业生。

四　机制设计

现在剩下类型 A 志愿服务型、B 职业过渡型和 C 专业匹配型，分别来看一下这两种类型的参数情况。

假设：

（1）大学生受雇于基层单位，服务一定年限 n，得到补偿金 f。

（2）便于分析，服务期间投入的直接成本不计，则成本仅为机会成本 s。由于 A 和 B 的机会成本较高，C 的机会成本较低，不妨假定较高水平的机会成本为 s，较低水平的机会成本为 $0.5s$。

（3）服务期间的个人效用 u 由工资 w、补偿金 f 和成本 c 决定，则 $u = w + f - c$。这里假定大学生服务基层的工资水平较低且无差异，则个人效用可以看作由补偿金和成本决定。即：$u = f - c$。

（4）基层单位为垄断的委托人，即没有单位之间的竞争。其收益可以表示为服务期限的函数，用 $R(n)$ 表示，且有 $R'(\cdot) > 0$，$R''(\cdot) < 0$，$R(0) = 0$。

具体参数表示如表 5—6 所示。

表5—6　　　　　　　　　　　潜在群体的简化参数

类型	服务成本 c	服务效用 u	转换类型
A 志愿服务型	s	.f − s	1 高成本
B 职业过渡型	s	f − s	
C 专业匹配型	0.5s	f − 0.5s	2 低成本

从简化模型的参数上可以看出，A 和 B 的参数近似，合并为"高成本"类型，C 则为"低成本"类型。

假定存在两种类型大学生："1 高成本"和"2 低成本"。"高成本"的概率为 p，则"低成本"的概率为 (1−p)。

其服务成本可以表示为：

$$\begin{cases} c_1 = \overline{\theta} n \\ c_2 = \underline{\theta} n \end{cases} \quad (5.10)$$

且 $0 < \underline{\theta} < \overline{\theta}$，二者存在服务成本差异，记 $\Delta\theta = \overline{\theta} - \underline{\theta}$。

服务效用由补偿金和服务成本决定，可以表示为：

$$\begin{cases} u_1 = f_1 - \overline{\theta} n \\ u_2 = f_2 - \underline{\theta} n \end{cases} \quad (5.11)$$

（一）对称信息均衡解

作为垄断的委托人，希望支付尽可能低的补偿金，使大学生只获得保留效用（零效用）。基层单位的净利润：

$$\begin{cases} \pi_1 = R(n_1) - \overline{\theta} n \\ \pi_2 = R(n_2) - \underline{\theta} n \end{cases} \quad (5.12)$$

基层单位利润最大化条件：

$$\begin{cases} R'(n_1^*) = \bar{\theta} \\ R'(n_2^*) = \underline{\theta} \end{cases} \tag{5.13}$$

则最优合约为：$(n_1^*, \bar{\theta}n_1^*)$ 和 $(n_2^*, \underline{\theta}n_2^*)$

假设 $\pi_1 > 0$，$R(n_1) - \underline{\theta}n > 0$，可以得到 $n_1^* < n_2^*$，即对称信息下，基层单位可以区分"高成本"和"低成本"两种类型的大学生，分别给予他们不同的支付，且"低成本"大学生的服务期更长，支付的补偿金更高。

(二) 不对称信息均衡解

拟提供合约组合：(n_1, f_1) 和 (n_2, f_2)

由"显示原理"，合约应满足激励相容约束：

$$\begin{cases} f_1 - \bar{\theta}n_1 \geq f_2 - \bar{\theta}n_2 \\ f_2 - \underline{\theta}n_2 \geq f_1 - \underline{\theta}n_1 \end{cases} \tag{5.14}$$

合约还应满足参与约束，以便大学生获得保留效用：

$$\begin{cases} f_1 - \bar{\theta}n_1 \geq 0 \\ f_2 - \underline{\theta}n_2 \geq 0 \end{cases} \tag{5.15}$$

由分离均衡要求，$n_2 > n_1$，又由于 $0 < \underline{\theta} < \bar{\theta}$，可以推出：

$$f_2 - \underline{\theta}n_2 \geq f_1 - \underline{\theta}n_1 > f_1 - \bar{\theta}n_1 \geq 0 \tag{5.16}$$

即"低成本"大学生的激励相容约束可以完全保证"高成本"大学生的参与约束，因而前者可以取等。此时"低成本"大学生处在伪装临界。

令 $f_2 - \underline{\theta}n_2 = f_1 - \underline{\theta}n_1$，则 $f_2 = f_1 - \underline{\theta}n_1 + \underline{\theta}n_2$。 (5.17)

而"高成本"大学生不会伪装，否则会令其效用减少，因而其激励相容约束不能取等。进而，其参与约束起作用，即 $f_1 - \bar{\theta}n_1 = 0$，$f_1 = \bar{\theta}n_1$。

则 $f_2 = f_1 - \underline{\theta} n_1 + \overline{\theta} n_2 = \overline{\theta} n_1 - \underline{\theta} n_1 + \overline{\theta} n_2 = \overline{\theta} n_2 + \Delta\theta n_1$ (5.18)

基层单位的净利润：

$$\begin{aligned}\pi &= \pi_1 + \pi_2 \\ &= p[R(n_1) - f_1] + (1-p)[R(n_2) - f_2] \\ &= p[R(n_1) - \overline{\theta} n_1] + (1-p)[R(n_2) - (\overline{\theta} n_1 + \overline{\theta} n_2 - \underline{\theta} n_1)]\end{aligned}$$
(5.19)

利润最大化时，$\max_{(n_1, n_2)} \pi$ 的一阶条件要求：

$$\begin{cases} R'(n_1^\#) = \overline{\theta} + \dfrac{1-p}{p}(\overline{\theta} - \underline{\theta}) \\ R'(n_2^\#) = \overline{\theta} \end{cases}$$
(5.20)

与对称信息下的均衡解相比：

$$\begin{cases} R'(n_1^*) = \overline{\theta} \\ R'(n_2^*) = \overline{\theta} \end{cases}$$

由 $R(\cdot)$ 的函数性质可知：

$$\begin{cases} n_1^\# < n_1^* \\ n_2^\# = n_2^* \end{cases}$$
(5.21)

即，不对称信息下，"高成本"大学生的服务期进一步缩短，"低成本"大学生的服务期不变。

再来比较补偿金的变化：

$$\begin{cases} f_1^\# = \overline{\theta} n_1^\# \\ f_2^\# = \overline{\theta} n_2^\# + \Delta\theta n_1^\# \end{cases}$$
(5.22)

与对称信息下补偿金相比：$(n_1^*, \overline{\theta} n_1^*)$ 和 $(n_2^*, \overline{\theta} n_2^*)$

"高成本"大学生的补偿金水平也有所降低，而"低成本"大学生的补偿金水平明显上升，上升幅度为 $\Delta\theta n_1^\#$。

第四节　过程激励机制

当基层服务人员努力程度的信息不能被管理人员观察到时，标准的道德风险问题也就产生了——"努力"对基层服务人员来说是要付出代价的，同时，它也会影响到管理人员的福利。一般情况下，为了激励基层服务人员，会采用使基层服务人员的薪金和管理人员所观察到的生产率挂钩，但是厌恶风险的基层服务人员将愿意得到一个固定工资，因而此种方案不会激励基层服务人员。为了解决这种"激励—保险"困境，最优的支付方案由基本的固定支付和与可观察的结果挂钩的奖金两部分组成，由此产生了一种非线性的支付方案。①

一　潜在群体的隐藏行动

根据合约的时序不同，潜在群体的隐藏行动会在两个阶段发生，即在校学习和在岗工作（见表5—7）。

表 5—7　　　　　　　不同合约类型的道德风险比较

合约类型		合约时序	在校风险	在岗风险		
				努力风险	违约风险	资金风险
在校	1 定向奖学金	奖—服务	√	√	√√	√√
	2 定向贷款	贷—服务—减免	√	√	√√	
在岗	3 债务减免	服务—减免		√	√	
	4 债务代偿	服务—代偿		√	√	√
	5 服务补偿	服务—补偿			√	

在校风险主要指合约一旦在校期间签订，学生的学业努力情况对于基层单位来说是隐藏行动，学生是理性的，也是有惰性的，加上对于未来基层工作的技能要求有着较低的估计，因而有激励在学业上懈怠而不

---

① ［法］布鲁索、格拉尚：《契约经济学》，王秋石、李国民译，中国人民大学出版社2010年版，第8页。

是努力。

在岗工作期间的风险表现为努力风险、违约风险和资金风险。其中，努力风险指的是工作期间的努力程度不可见，且由于基层单位中不乏非生产性部门，工作结果很难和努力程度挂钩。违约风险则是对于已签订合约不能履约、中途退出甚至逃匿的行为。资金风险与违约风险联系紧密，违约风险一旦发生，接下来面临的就是对已有补贴的追讨。如果是贷款合约，则债务仍然存在，由银行追讨；如果是奖学金合约，则需个人返还部分或全部资金，没有银行系统，追讨起来相对困难，因而资金风险也更大。

对于定向奖学金（免费）和定向贷款性质的大学生基层服务合约，由于签约时间较早，合约的期限从大学生入校开始，到服务期结束终止，前后达到14年之久。基层单位面临着难以观察学生在校期间的"行动"（是否努力学习专业课程），以及在岗服务期间的"行动"两方面道德风险。以中国"免费师范生"为例，高中毕业生一旦被录取为"免费师范生"，四年后的毕业去向基本上已经确定，可能会放弃努力学习。

而其他"基层服务—补偿"项目由于大学生毕业时才进行筛选和签约，不涉及专业学习过程，但也无法避免在岗工作期间的"道德风险"。

二 行动激励

（一）对于合约类型的选择

选择不同的合约类型可以起到控制风险，减少行动激励成本的作用。

无论在校项目还是在岗项目，都对人才基层就业起到一定的激励作用。从表5—7的比较可以看出，在校项目由于期限较长，涉及风险种类也较多，风险更大。在校项目特别适合特殊专业人才的培养和使用，采取培养和就业相结合的方式，有较强的针对性。如中国现在实行的"免费师范生""免费医学生"等。但就合约类型的选择来说，定向贷款比定向奖学金具有更少的资金风险。定向奖学金为提前支付，一旦违约，需要个人返还学习期间所有资助费用以及违约金。高校对个人没有信用约束，也缺乏追讨的专业机构人员，行动起来确实比银行成本高，且效率低下。定向贷款可以借助银行的资金平台、管理平台和信用平台，政府不用提前向高校拨付资金，而是改由银行放贷，在大学生就业签约时再决定是政府把资金拨给银行，还是由个人向银行还款。因而，如果使用在校项目，定向贷款比定向奖学金的风险要小，行动上更容易控制。

相比之下，选择在岗项目比选择在校项目更容易控制道德风险。在岗项目只涉及毕业在岗阶段，涉及风险种类较少，管理起来相对容易，主要涉及努力风险、违约风险和资金风险。在岗项目中，"减免"和"代偿"的支付主体不同，但实质过程类似，都是向银行实施支付。在美国，二者对大学生的差别是，"代偿"需个人缴纳相应的收入税，"减免"则不需要。在债务不高，或者没有债务的情况下，"补偿"可能更受欢迎，因为它相当于一笔额外收入，是以补贴、津贴、补助等形式直接支付给个人的一笔资金。当然，在信用体系不健全的情况下，追讨起来比贷款要困难一些。

综上，我们可以通过减少风险类型来达到控制风险的目的，相比之下，贷款类项目比奖学金或补偿类项目具有更少的资金风险，而在岗项目则直接规避了在校风险，效率损失更小。

（二）在校行动激励

对特别需要的特殊专业人才实施专门培养和输送，确实有加强专业化发展、保证基层人才队伍稳定性的作用。但如果学习期间缺乏行动激励，学生很容易懈怠，以为只要按部就班修完课，就有一份工作等着。但实际上，政府出资培养特殊专业人才的目的是要向基层输送高水平人才而不是普通大学生甚至更差。因而将考核、资质证明和就业相衔接，会更好地督促大学生努力学习、成为较高质量的基层人才。

1. 师范生

对于师范生，中国目前正在逐步完善教师资格制度，包括制定《中小学教师的专业标准》《教师教育课程标准》《教师教育机构资质标准》《教师教育质量评估标准》，形成一个完整的教师教育质量保障体系。[1] 2013年8月，《中小学教师资格考试暂行办法》和《中小学教师资格定期注册暂行办法》[2] 出台，采用全国统一考试，所有师范生都必须通过此

---

[1] 《教育部将完善教师资格制度 实行"国标省考县聘"》，2010年9月4日，光明日报网站（http://politics.people.com.cn/GB/1027/12634516.html）。

[2] 《教育部关于印发〈中小学教师资格考试暂行办法〉、〈中小学教师资格定期注册暂行办法〉的通知》，2013年9月，教育部网站（http://www.moe.gov.cn/publicfiles/business/html-files/moe/s7151/201309/156643.html）。

项教育教学基本素质和能力测试，才能从事教师职业。

2. 医学生

按照目前的政策规定，免费医学生毕业后完成执业医师或执业助理医师资格考试。该资格认证要求如果能够提前到毕业前考取，并以此作为从业基本要求，可能对学生的激励效果更好。

除了认证制度以外，还应设立相应的在校淘汰机制，如未完成学业，或学业较差，应及时中止合约，取消免费师范生或免费医学生的资格。

3. 在岗行动激励

在岗期间可能发生的道德风险有努力风险、违约风险和资金风险。

相比较而言，在校项目由于对学生进行了四年职业技能和职业道德的专门培训，毕业生上岗之后可能努力风险和违约风险较小，可一旦发生违约，资金风险就不可避免。目前的"免费师范生"由中央财政全额拨款，只跟服务年限挂钩，和服务质量并无太大关系，至于任教10年期间的表现，也都是和地方政府及用人单位之间协商。一旦服务期间中途退出，没有详细的服务年限与退还资金的规定可依，况且用人单位或地方政府都没有义务和动力追讨之前大学期间的受助资金。

首先，"贷款"比"奖学金"项目的资金更安全，追讨更方便，加上信用约束，无形中为走入社会的大学生增加了行动约束。在实际操作中，从财政拨款转为财政补贴，从个人退还转为个人偿还。资金管理由银行操作，更加专业可靠。信用在当今社会越来越重要，信用不好上了"黑名单"，连火车票都买不到，更不要说日后买车买房。

其次，完善退出机制。既然是合约，就允许中止和退出。但又因为是合约，退出机制要具有负激励效应，否则合约就失去了效力。这里的中止和退出行为基于两种情况：一是由于个人原因，主动提出中止；二是由于表现不佳，由用人单位提出。后者属于违约行为，不仅要全额退还补偿金额，还要缴纳违约金。前者视服务年数和表现情况而定。

再次，中途退出的退还金额应与服务年限呈递减趋势，否则合约订立的期限将不再起作用。可以参考等差递减的贷款还款方式。以"免费师范生"为例：1人4年共获得学费、住宿费、生活补助等补偿金额共计48000元，中小学任教10年，其中农村中小学任教2年。可将"农村任教满2年"订为分界点。未在农村任教或在农村任教未满2年即退出的，需全额退还；农村任教满 2 年视为完成任务量的 40%，此时退出的，需要返还其余 60% 补偿金额；农村任教结束后继续省内从教 8 年期间，按照总任务量 60%，每年等差递减的方式订立退出返还资金。

最后，因为是大学生基层服务合约，其在岗实际的绩效要求是和服务单位签订聘任合同时约定的，属于组织内部激励机制，已经不在本合约的范围之内，不在此赘述。

三 监督机制

（一）在校监督

以学校为主体，以基层单位为辅，二者建立实习实践长期合作关系。一方面监督学生学业，另一方面带领学生深入基层、了解基层、热爱基层事业。对学生在校期间学业表现，以及对基层的了解、适应程度和工作技术技能予以监督，做到人—岗匹配、提前挂钩。特别是"在校"类型的合约，跨期较长，需要高校和基层单位共同努力，对学生的在校行为及时沟通，对合约关系及时做出调整。

对于在校模式，还可以通过培训的方式，进一步从思想、知识和技能上引导学生，减少违约的发生。学生毕业前也要做岗前培训和岗位测试，对于那些不适应基层、不愿意到基层就业、不能胜任工作岗位的学生，及时发现，免去其参与资格，修改合约，并做相应处理。

（二）在岗监督

毕业生一旦进入工作岗位，涉及两个合约。一是原有的大学生基层服务合约，二是与基层单位签订的劳动合约。在约定的服务期内，两个合约同时起作用。但身在岗位，毕业生的工作行为只有基层单位最清楚。因而，只有基层单位或基层管理部门担当监督职能最合适，能有效降低信息不对称带来的道德风险。

中国目前的大学生参与基层服务政策中，高校是管理监督主体，集申请、审核、代偿、管理、监督为一体，责任重大。但是高校和学生实际的服务行为之间存在信息不对称，如果把在岗期间的管理监督职能交给高校，必然效率低下。如果能将管理监督职能移交基层，再结合每年末补偿金的支付，效果会更好。

当大学生的努力程度不可见，采用行动激励也好，设置监督机制也好，都可以降低道德风险，但同时也都有成本。前者涉及的成本称为代理成本，后者则称为监督成本。应在有效控制道德风险的前提下减少成本。与监督机制相比，行动激励的成本更低，但需要一套行之有效的绩效考核办法，对大学生的努力程度和服务效果进行评估。

第五节 激励机制与合约目标的关系

从以上研究可以看出，激励机制实质上是一组含有"激励"的支付或者规定，其设计有赖于对潜在群体信息分布的掌握，包括特征、类型和偏好的分析。

所设计的激励机制与一开始提出的合约目标之间是什么关系呢？并不是所有的合约都含有激励，经过激励机制设计的合约才称为"激励合约"（Incentive Contract）。激励机制在其中所起的作用是向代理人提供激励，使其朝向委托人的目标采取行动，实现委托人的目标，而这个目标也正是合约的目标。合约目标必须清晰，对所要激励的群体（潜在群体）定位准确，把握其信息分布，在此基础上设计激励机制，才能达到合约目标。否则激励失效，合约目标要么无法达成，要么需要花费高额成本。

大学生基层服务合约的目标可以概括为两个："更多参与"和"更好服务"。在大学生接受合约到合约执行结束的三阶段博弈过程中，第一阶段目标是"更多参与"，第二阶段和第三阶段目标是"更好服务"。大学生基层服务合约的潜在群体是具有基层服务意愿的大学生。这些人中有些具有比较强烈的动机和较好的"人—岗"匹配条件，有些则动机较弱，或把基层服务作为"无可奈何"之选。在对潜在群体动机进行分类之后发现，其类型的分布具有一定的特点，而且不同类型潜在群体参与基层服务的机会成本不同。

那么在确定了合约目标和潜在群体类型之后，什么样的激励机制能够协调上述潜在群体的行为？或者，激励机制实现合约目标的机理是什么？激励机制的（设计）目标有两个：激励相容和信息效率。能够实施激励相容的机制可能有多个，但是其信息效率是有差异的。因此我们只需要从中找出一个花费成本较少、信息效率较高的机制即可。这两个目标也称为机制设计的评价标准。

在潜在群体从参与到接受合约，再到合约执行的过程中，经历了三阶段博弈，每个阶段都需要有相应的激励机制来规制其选择，从而得到委托人想要的"好的"结果，实现机制目标以及合约的目标。

因而，合约目标的实现有赖于每个博弈阶段激励机制目标的实现，而满足激励相容与信息效率的机制才是可实施的。本书设计的激励机制对合约目标的实现过程如表5—8所示。

表5—8　大学生基层服务合约的激励机制对合约目标的实现过程

阶段	目标人群	可用选择	激励机制	选择结果	机制目标	合约目标
第Ⅰ阶段	大学生	参与与否	价格机制	参与	对称信息下收益补偿	更多的参与
第Ⅱ阶段	有基层服务意愿的潜在群体	真实信息显示	信息甄别机制	显示信息（保留目标类型）	激励相容，信息效率	更好的服务
第Ⅲ阶段		努力程度	道德风险控制机制	努力	激励相容，信息效率	

在上一章实证分析的基础上，本章专注于激励机制的设计。首先，价格机制是最基本的激励机制。在理想状态下，将补偿金实质定位在对人力资本投资收益的补偿，也就是对服务期间机会成本的补偿。通过因素法和精确法建立基于补偿性工资差异的补偿金定价模型。其次，通过对不同潜在群体类型的分析，采用信号发送排除"暂时失业型"基层服务人员；进而按照机会成本高低将其他潜在群体进一步归纳为"高成本"和"低成本"两种类型，在合约模型的基础上，分析信息不对称情况下，满足其偏好及效用以及满足管理人员效益最大化的最优解及其特征，得到最优合约支付组合。最后，分析合约中存在的道德风险类型，从合约模式的选择中规避风险，以及建立起行动激励和监督机制，全面控制道德风险。通过补偿金定价机制、信息甄别机制和道德风险控制机制的设计，可以最大限度吸引大学生参与，并且有效规制潜在群体的选择行为和服务行为。三个机制共同作用，最终实现合约目标。

第 六 章

中国大学生基层服务合约
激励机制的运行

　　激励机制设计不是合约研究的终点，考虑到合约的现实执行，本章综合本国国情、国际经验以及大学生基层服务合约的激励机制设计，对国内已有政策方案进行梳理和优化。大学生基层服务合约的政策实践在国内各级政府的倡导下已经开展多年，自2003年以来，相关政策出台调整有103次之多。从政策演变以及实施过程的分析中，可以明确其中存在的问题，并从合约的视角来分析政策的激励偏差，在大学生基层服务合约的激励机制设计的基础上优化现行方案。

第一节　大学生参与基层服务的政策演变

　　大学生基层服务合约是嫁接在一系列鼓励大学生基层服务的政策之上的。中国正式的大学生基层服务合约在2006年出现，2007年实施。合约从萌芽到形成与基层服务政策、国家助学贷款政策以及其他大政方针都有密切联系。2006年以前已有政策措施涉及基层服务，只是"服务"的内容不同，资助的方式也不一样。在中国，政府采取多种方式鼓励和引导大学生到祖国最需要的地区、行业和部门就业，鼓励大学生下基层、"三支一扶"（支农、支教、支医、扶贫）、支援西部、当"村干部"等，而引入贷款代偿和学费补偿作为激励手段是近几年的事情。

一　政策背景

　　大学生基层服务合约的出现有其政策背景，且涉及多个领域和部门，如大学生就业、医疗卫生、新农村建设、强军计划等。合约的生成与发展是由一系列政策推动的,也是由多个部门联动运转的。

(一) 高等教育扩招的出口:大学生就业政策

自从1999年《面向21世纪教育振兴行动计划》(简称"计划")公布以来,高等教育毛入学率不断攀升。"计划"提出"2000年达到毛入学率11%,2010年接近15%"的扩招目标。而实际上1999年的毛入学率就已经达到10.5%,2000年则超过计划达到12%。15%的目标在2002年提前完成,2010年计划截止时已达到26.5%[①],远远高出预计水平。

高等教育规模扩张在"收费"与"资助"两驾马车的拉动下顺利实施,同时也输送给劳动力市场越来越多的大学毕业生。然而,更多的入学机会与就业机会并不对等。大学生劳动力市场形成,"就业难"的局面已然拉开。由于区域发展的不平衡,就业结构势必出现失衡的情况,并且会延续多年,亟须就业政策来缓解和引导劳动力市场的均衡发展。

2003年,即第一届扩招大学生毕业当年,国务院办公厅发出《关于做好2003年普通高等学校毕业生就业工作的通知》(国办发〔2003〕49号),明确提出"鼓励高校毕业生到基层和艰苦地区工作"[②]的思路。之后,"西部计划"成为第一个引导大学生基层服务的项目。

至此,中国高等教育规模扩张的三大"政策保障"已具雏形:全面的大学收费政策、家庭经济困难学生资助政策和大学生就业政策。

(二) 面向基层就业:缓解"就业难"的重要途径

在创新创业政策出台之前,面向基层就业一直是缓解大学生"就业难"的主要途径。2003年以来,在补充中西部地区基层劳动力、矫正大学生就业的结构性失衡以及地区均衡发展等方面均发挥着重要作用。

《中共中央国务院关于进一步加强和改进大学生思想政治教育的意见》(中发〔2004〕16号)[③]提出树立正确的就业观念,从思想层面引导

---

① 《1999—2010年全国教育事业发展统计公报》,教育部网站(http://www.moe.gov.cn/publicfiles/business/htmlfiles/moe/moe_633/200407/841.html)。
② 《国务院办公厅关于做好2003年普通高等学校毕业生就业工作的通知》,中国政府网(http://www.gov.cn/gongbao/content/2003/content_62175.htm)。
③ 《中共中央国务院关于进一步加强和改进大学生思想政治教育的意见》,教育部网站(http://www.moe.edu.cn/edoas/website18/level3.jsp?tablename=1723&infoid=25463)。

大学生到基层就业、西部就业。2005年中共中央办公厅、国务院办公厅印发的《关于引导和鼓励高校毕业生面向基层就业的意见》（中办发［2005］18号）（以下简称"意见"）①，是中国鼓励大学毕业生基层就业的纲领性文件。"意见"指出当前存在"大学生就业难"和"基层人才匮乏"两大矛盾，第一次明确提出鼓励大学生基层就业的重大意义。要求加大政府宏观调控力度，建立"与社会主义市场经济体制相适应的高校毕业生面向基层就业的长效机制"②，标志着引导和鼓励高校毕业生面向基层就业工作进入了一个整体推进的新阶段。

基层就业政策由中央主导，地方配套实施，到目前形成了包括"西部计划"、"村干部"计划、"特岗教师"计划、"三支一扶"计划等项目在内的政策群。

（三）西部大开发、农村医疗体制改革与新农村建设：形成基层就业助推合力

始于2000年的西部大开发政策指出，中央财政提高资金投入和增加转移支付力度，用于支持西部12省在基础设施建设、生态环境保护、农业、工业、特色旅游业、科技教育和文化卫生事业等重点领域发展，制定有利于西部地区吸引人才、留住人才、鼓励人才创业的政策。那么鼓励大学生基层就业也是其人才战略之一。西部大开发战略目前已实施第三个五年计划，其对大学生基层就业的导向作用还将持续发挥。

2004年，《国务院办公厅转发卫生部等关于农村合作医疗试点工作意见》（国办发［2004］3号）③提出制定引导医学院校大学毕业生到农村工作锻炼的政策，加大城市卫生支农工作力度。农村合作医疗的试点和普及解决农民"看病难"的问题，有利于农村医疗卫生事业的发展，可是也为医疗机构人力资源提出了挑战，人力缺口成为不可回避

---

① 《中共中央办公厅、国务院办公厅印发〈关于引导和鼓励高校毕业生面向基层就业的意见〉的通知》，教育部网站（http：//www.moe.gov.cn/edoas/website18/level3.jsp?tablename=2186&infoid=31748）。

② 侯建良：《疏通毕业生到基层就业渠道，到基层、到西部、到祖国最需要的地方建功立业——引导鼓励高校毕业生面向基层就业工作座谈会发言摘编》，2005年7月7日，中青网（http：//www.bjyouth.gov.cn/qnxx/49564.shtml）。

③ 《国务院办公厅转发卫生部等关于农村合作医疗试点工作意见》，2005年8月14日，中国政府网（http：//www.gov.cn/zwgk/2005—08/14/content_22628.htm）。

的现实，如何引导医学专业学生到基层服务并且形成长效机制，成为亟须解决的问题。

2005年"中央一号文件"首次公布了建设新农村的战略部署，此后"三农"问题和"切实提高农民收入"成为国家政策的重中之重。文件提出"加快农业科技创新，提高农业科技含量"，并且指出要"发挥农业院校在农业技术推广中的作用"[①]。为后面的"三支一扶""村干部"计划以及"农技推广特岗计划"的制订与实施打下了基础。

在西部大开发、新农村建设与农村医疗体制改革等大政方针的指引与助推下，在教育、农业、卫生、扶贫、人事等多个部门的共同努力下，大学生基层就业政策得以顺利实施，并不断改革持续至今。

二 探索阶段（2006年以前）："代偿"思想隐现

在"意见"出台前后，中国先后推出了一系列鼓励大学生基层就业的政策，而在2006年以前的只有"西部计划"一项。国家助学贷款政策为了应对负担率高、偿还率低、回收不利的问题不断改革，提出了"代偿"的思路。此外，湖北省在其"资教计划"中率先应用了"代偿"这一做法，将补偿金优先用于偿还贷款。为教育部代偿政策的出台做出了有益探索。

（一）"西部计划"及其优惠条件

大学生志愿服务西部计划，简称"西部计划"，是中国最早的大学生基层就业项目。从2003年起，每年派遣7000名左右的高校毕业生，到西部贫困县的乡镇从事为期1—2年的教育、卫生、农技、扶贫以及青年中心建设和管理等方面的志愿服务工作[②]。

服务期间的待遇和优惠条件主要包括：（1）生活补贴（含交通补贴和人身意外伤害、住院医疗保险）；（2）服务期计算工龄；（3）党团关系转至服务单位，户口在校免费保留两年，或转至原籍；（4）兼职或专

---

① 《中共中央国务院关于进一步加强农村工作提高农业综合生产能力若干政策的意见》，2005年1月30日，新华网（http://news.xinhuanet.com/newscenter/2005—01/30/content_2527883.htm）。

② 《关于实施大学生志愿服务西部计划的通知》，2003年6月8日，中国共青团网站（http://www.ccyl.org.cn/search/zuzhi/documents/2003/zqlf/tlf26.htm）。

职担任所在乡镇团委副书记、学校及其他服务单位的管理职务；（5）提供住宿等必要的生活条件。

服务期满则享受：（1）报考研究生给予加分，在同等条件下，优先录取；（2）报考党政机关公务员的，可适当加分，同等条件优先录用；（3）满一年考核合格授予中国青年志愿服务铜奖奖章，满两年考核合格授予中国青年志愿服务银奖奖章，表现优秀的授予中国青年志愿服务金奖奖章。

可以看出，当时鼓励基层就业政策的志愿性比较强，实际优惠条件中来自经济方面激励的水平较低，多数还是使用号召参与的方式来提高大学生的社会性、责任感和参与意识。而对于考取公务员、考研等优惠条件的实施细则尚未制定，也无法真正落实。其激励水平整体是比较底下的，与助学贷款政策并没有交叉。

(二) 国家助学贷款政策改革与就业政策的回应

2004年国家助学贷款政策改革，"新机制"不仅改革财政贴息方式，延长了还款年限，还第一次明确提出对毕业后自愿到国家需要的艰苦地区、艰苦行业工作，服务期达到一定年限的借款学生，经批准可以奖学金方式代偿其贷款本息。"具体办法将结合学生就业政策另行制定。"[①] 这是中国的政策文本中第一次使用"代偿"的提法。2004年至2005年初，教育部又出台三项"新举措"推动助学贷款政策落实，其中再次强调"所有去艰苦地区和艰苦行业的学生贷款，本金和利息将由国家代偿"[②]。

紧接着，2005年的"意见"对上述助学贷款改革中关于"代偿"的提议予以回应，肯定了上述举措。"意见"在完善优惠政策的部分指出，"对毕业后自愿到艰苦地区、艰苦行业工作，服务达到一定年限的学生，其在校期间的国家助学贷款本息由国家代为偿还"。但当时并没有具体的指导性文件。

虽然还没有具体的实施办法，但三次从国家层面提到此事，预示着鼓励基层服务与代偿的关系将更加密切，通过代偿的办法激励大学生下

[①] 《关于进一步完善国家助学贷款工作的若干意见》，2005年8月15日，中国政府网（http://www.gov.cn/zwgk/2005—08/15/content_ 22941.htm）。

[②] 谢湘：《国家助学贷款推出三项新举措》，2005年2月22日，中国青年报（http://zqb.cyol.com/gb/zqb/2005—02/22/content_ 1035371.htm）。

基层将作为一种新的尝试。而相比"西部计划",激励开始有意识地朝向经济手段倾斜。

(三)湖北省"资教"政策的"代偿"探索

就在中央研究制定"代偿"政策之前,湖北省率先做出有益探索,这一点引起了教育部的高度重视,其做法受到肯定,并为国家政策的制定提供了参考。

2004年,湖北省教育厅启动了"资教"计划,旨在输送大学生到农村乡镇任教,服务期三年,采取每人每年5000元的奖励,并优先偿还贷款。"资教"计划采取契约管理,由教育行政管理部门和"资教生"签订服务协议,约定双方的权利和义务。

应该说,这一时期无论是鼓励大学生基层就业,还是为贷款偿还提供资助,虽然已有了"代偿"的提议,但是大学生基层服务合约尚未成形,激励的目标也比较分散。而湖北省的"资教"计划为大学生基层服务提供了一个较为完整的合约样板,为此项做法的全国推行奠定了基础。

三 成形阶段(2006—2010年):补偿、代偿与定向奖学金并行

在全社会就业形势严峻的情况下,高校毕业生就业的压力更加突出。2006年普通高校毕业生人数激增至413万人,比2005年增加75万人,增幅达22%。2007年全国普通高校毕业生将达到495万人,比2006年增加82万人,增幅达20%。高校毕业生的供需矛盾存在于就业的区域和行业分布上,大多学生就业集中在大城市,边远地区则吸引不到人才。"有业不就"与"无业可就"并存。

2006年5月,《关于切实做好2006年普通高等学校毕业生就业工作的通知》(教学〔2006〕8号)提出,"把引导高校毕业生面向基层就业作为重点","落实好加大财政支持力度、代偿国家助学贷款等政策"。随后"2007年全国普通高校毕业生就业工作会议"提出六点要求,其中把继续把引导和鼓励毕业生面向基层就业作为重中之重。五部委还提出促进大学生就业的"五项措施",其中第一项就是鼓励毕业生面向基层就业,通过助学贷款代偿等手段鼓励毕业生到基层工作。

2006—2009年,基层就业项目不断增加,形成了"一揽子"计划。同时,通过学生贷款进入大学的学生越来越多,学生贷款债务问题日渐

凸显，而"债务减轻"则成为鼓励大学生到基层就业的新的激励点。"代偿"政策应运而生，后扩展为"补偿与代偿"政策，二者都以合约形式出现，并且和基层就业项目紧密结合，致力于向基层输送人才。此外，不仅代偿政策完善，还出现了新的基层服务合约形式——"免费师范生"项目，以在校合约的形式吸引师范学生到基层从事教育事业。

（一）基层就业项目

目前中国由中央部门组织实施的基层就业项目主要有四项（表6—1），除"西部计划"外，其他三项均在2006—2009年推出。（1）高校毕业生"三支一扶"计划。从2006年起，计划每年选派2万名高校毕业生，计划5年选聘10万人。（2）农村义务教育阶段农村教师特设岗位计划，简称"特岗教师"计划。从2006年起实施。（3）选聘高校毕业生到村任职工作，简称"村干部"计划。从2008年起，计划每年选聘2万名高校毕业生，5年共选聘10万人到村任职。

表6—1　　　　中央部门组织实施的基层就业项目概览[①]

项目细则	"西部计划"	"三支一扶"计划	"特岗教师"计划	"村干部"计划
招募对象与条件	高校应届毕业生	高校应届毕业生为主	①高等师范和其他高校应届毕业生为主；②30岁以下，具教师资格/教学实践经验高校毕业生；③符合教师资格和招聘岗位要求	30岁以下专科以上高校毕业生，应届为主，也招收毕业1—2年的本科生、研究生，原则上为中共党员
岗位	西部贫困县乡镇教育、卫生、农技、扶贫以及青年中心建设管理等	支农、支教、支医扶贫	原则上安排在县以下农村初中，适当兼顾乡镇中心学校	村党组书记助理、村委会主任助理、村团组或村党组书记副书记等

[①] 信息整理自《2010年教育部基层就业政策解读》（内部资料），根据需要有所调整。"高校"均指全日制普通高等学校。本表所列之优惠政策均为各基层就业项目实施文件所规定的优惠政策。

续表

项目细则	"西部计划"	"三支一扶"计划	"特岗教师"计划	"村干部"计划
服务期间身份	西部计划志愿者	"三支一扶"志愿者	特设岗位教师	"村组特设岗位"人员，非公务员
聘期	1—3年	2—3年	3年	2—3年

表6—2　　　中央部门组织实施的基层就业项目优惠政策一览①

项目细则	"西部计划"	"三支一扶"计划	"特岗教师"计划	"村干部"计划
补贴与津贴	生活补贴人均800元/月（含交通补贴）	生活、交通补贴	执行国家统一工资制度和标准。中央财政按人均年1.896万元标准拨付，不足由地方政府补贴。其他津贴由各地根据当地同等条件公办教师收入和中央补助水平综合确定。交通补助、体检费	按乡镇从高校毕业生录用公务员试用期满工资水平确定工作、生活补贴。中央对到西部每人每年1.5万元，中部1万元，东部0.5万元，不足由地方补贴。中央发放一次性安置费2000元/人
保险	人身意外伤害、住院医疗保险	人身意外伤害保险和住院医疗保险	纳入当地社保体系	参加社会养老险，办理医疗、人身意外伤害商业保险
期满就业优惠	①考中央国家机关和东中部公务员优先录取，考西部公务员加5分；②服务期满颁发服务证书等	①服务单位有空岗时聘用服务期满考核合格的大学生；②规定事业单位需补充人员时，拿出一定职位专门吸纳	①鼓励期满继续扎根基层从事农村教育事业；②聘期结束可留在当地任教；③重新择业的，各地为重新择业者提供方便条件和必要帮助；④推荐免试攻读教育硕士	工作期满经组织考核合格、本人自愿的，可继续聘任。不再续聘的，引导和鼓励其就业、创业等

---

①　信息整理自《2010年教育部基层就业政策解读》（内部资料），根据需要有所调整。

续表

项目细则	"西部计划"	"三支一扶"计划	"特岗教师"计划	"村干部"计划
经费	中央财政统一支付	地方专项经费；中央转移支付	中央地方共担	中央地方共担

鼓励大学生基层服务的项目越来越多，优惠政策也越来越完善，多种手段并用。优惠政策主要有：（1）基层社会管理和基层服务岗位就业补贴政策；（2）学费补偿和助学贷款代偿政策[①]；（3）选聘招录优惠政策。

大学生面向基层就业过程中普遍享有各种补贴（见表6—2），主要有：生活补贴、社会保险（养老）、商业保险（人身意外伤害、住院医疗）、体检费、培训费、交通补贴[②]、安置费[③]等。

除此之外，符合条件者还可享受两项特别补贴：（1）如果服务地符合国家规定的艰苦边远地区，还可以享受相应的艰苦边远地区津贴[④]；（2）如果服务地域、所在地行政级别以及岗位类型符合"代偿"政策要求，可以享受学制内学费补偿或助学贷款代偿。其中，艰苦边远地区津贴颁布较早，从2006年起享有，而代偿金则从2009年起推广到符合基层就业条件的全体大学生[⑤]。

从经费分担情况来看，中央财政都是重要的组成部分，除"西部计划"外，其他项目经费均由中央和地方两级组成。其中，"西部计划"由中央财政统一支付。"三支一扶"计划则采用地方专项经费为主、中央转移支付为辅的形式。

（二）"代偿"政策

2006年9月6日，教育部、财政部联合印发《高等学校毕业生国家助

[①] 关于学费补偿的优惠政策在2009年出台，之前只有国家助学贷款代偿。
[②] 基层就业政策中，只有"西部计划"列支该项。
[③] 基层就业政策中，只有"村干部"计划列支该项。
[④] 《关于印发〈完善艰苦边远地区津贴制度实施方案〉的通知》，2008年5月8日，黑龙江省人民政府网站（http://www.hlj.gov.cn/gkml/system/2008/05/08/010049248.shtml）。
[⑤] 2007年"代偿"政策只针对负债学生。三年后，"代偿"政策向高校全体学生推广，符合基层就业和义务服兵役条件的大学生均可享受。

学贷款代偿资助暂行办法》(财教〔2006〕133号)①，从2007年开始执行。

1. 服务要求

中央部属高校毕业学生。到西部地区和艰苦边远地区基层单位就业（见图6—1），服务期在三年以上（含三年）。

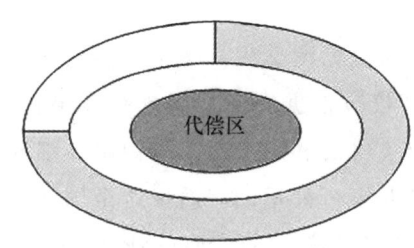

西部地区—西藏、内蒙古、广西、重庆、四川、贵州、云南、陕西、甘肃、青海、宁夏、新疆；湖南湘西、湖北恩施、吉林延边、海南黎苗州及东方五指山市。

国家院规定的艰苦边远地区

县（市、区）

县级人民政府驻地以下地区（不含县政府驻地）

图6—1　"代偿"政策规定服务区域

2. 资助办法

在校学习期间获得国家助学贷款本金及其全部偿还前产生的利息将由国家代为偿还。代偿学生名额原则上不超过学校当年获得国家助学负债学生人数的5%。农林、水利、地质、矿产、石油、师范、民族、航海等专业学生较多的学校不超过8%。

根据全国学生资助管理中心、中国银行个人金融部《关于做好国家助学贷款代偿资助还款工作的通知》（教助中心〔2007〕28号）②，向银行安排还款（见表6—3）。

表6—3　　　　　　　国家助学贷款代偿资助还款安排

批次	还款次数	偿还本金	计息本金	计息时间
1	当年8月	30%	100%	毕业—当年8月31日
	第二年8月	30%	70%	上年9月1日—当年8月31日
	第三年8月	40%	40%	上年9月1日—当年8月31日

---

① 2009年3月11日，"补偿与代偿"政策颁布，该政策同时废止。
② 《关于做好国家助学贷款代偿资助还款工作的通知》，2012年9月2日，全国学生资助管理中心网站（http：//www.xszz.cee.edu.cn/tongzhigonggao/2012—09—02/1020.html）。

续表

批次	还款次数	偿还本金	计息本金	计息时间
2	第二年2月	30%		
	第二年8月	30%	70%	第二年3月1日—8月31日
	第三年8月	40%	40%	上年9月1日—当年8月31日

对已经确定为享受国家助学贷款代偿资助的学生，国家代偿金如不能按期足额支付其贷款产生的利息，高校应根据实际情况进行先垫付，确保足额偿还，避免造成违约。对高校垫付的利息，高校应做出详细列表和说明，加盖高校资助管理机构和经办银行公章，书面报送全国学生资助管理中心。全国学生资助管理中心再将高校垫付的利息补还给高校。

3. 申请审批

符合条件的高校毕业生，首先向学校提出代偿资助书面申请，学校审定后报全国学生资助管理中心最后审批，代偿学生的贷款由国家统一在三年内分别按贷款额的30%、30%和40%偿还。

每年分两批受理代偿申请，第一批时间为6月，第二批时间为12月。获得代偿资助的学生与经办银行签订还款协议时，协议书增加"享受国家助学贷款代偿资助"字样。实际申请审批过程中，一方面服务地条件和单位条件必须同时满足；另一方面要区分实际工作性质。如：水电施工与发电、电网、供电的区分；铝矿业与铝制品加工业的区分等。

4. 资金拨付

国家助学贷款代偿资助项目经费编入教育部部门预算，财政部根据项目申请情况和财力可能安排代偿资金。全国学生资助管理中心将代偿资金拨付到高校账户，高校负责统一支付给银行具体经办机构。银行具体经办机构核对无误后进行扣款。高校应及时把获得代偿资格学生自行支付的贷款本息转交给学生本人。违约学生返还的资金，由高校上缴全国学生资助管理中心。

5. 在岗管理

除因正常调动、提拔、工作需要换岗外，未满3年服务年限，提前离开原单位的毕业生，需要主动向原就读高校申请取消国家助学贷款代偿资助资格，并与经办银行重新签订还款确认书，调整还款计划，由本人偿还全部国家助学贷款本息。对于不再符合代偿资助条件又不及时向学校提出取消国家助学贷款代偿资格申请、不与银行重新签订还款确认书的学生，一律视为严重违约，经办银行将其不良信用记录录入国家个人信用信息基础数据库，学校将公示违约名单。

"代偿"政策第一次将基层服务与学生贷款偿还结合起来。明确规定到指定的西部和艰苦地区基层单位就业学生的贷款将由财政代为偿还。该"办法"先在中央部门所属全日制普通高等学校试行，由中央财政负责代偿资金；再要求各省（自治区、直辖市）参照本办法规定的原则，制定吸引和鼓励高校毕业生面向本辖区艰苦边远地区基层单位就业的国家助学贷款代偿资助办法。该政策虽然在2009年"补偿与代偿"政策出台时废止了，但是它开启了中国基层服务合约的政策先河，并且成为后续政策改革的重要基础。以高校为主体的操作平台沿用至今。

（三）"补偿与代偿"政策

2008年国际金融危机加剧了大学生就业难和偿还难的双重问题，大学生参与基层服务政策以其多功能的优势得到广大学生的积极响应和政府的认可，规模进一步扩大，机制更加完善。

2009年，财政部、教育部在总结前两年国家助学贷款代偿资助工作的基础上下发了《高等学校毕业生学费和国家助学贷款代偿暂行办法》（财教〔2009〕15号），并联合总参谋部印发了《应征入伍服义务兵役高等学校毕业生学费补偿国家助学贷款代偿暂行办法》（财教〔2009〕35号），两项合称"补偿与代偿"政策。

"补偿与代偿"政策将2007年开始实施的"代偿"政策拓展为针对赴中西部地区和艰苦边远地区基层单位就业以及应征入伍服义务兵役的高校应届毕业生实行的补偿学费和代偿国家助学贷款的新政策。既是对鼓励大学生基层就业政策的支撑，也是中国大学生资助政策的重要组成部分。新政策对于进一步加大家庭经济困难学生的资助力度，促进大学生就业，改善中西部地区人才结构，优化兵员质量，提高部队战斗力等等都将产生重大而积极的影响。

从2009年起，所有高校毕业生到中西部地区和艰苦边远地区基层单位服务满3年，或应征入伍服义务兵役的，其学费和贷款由国家补偿或代偿。其中，参加基层服务代偿的，中央部属高校毕业生代偿资金由中央财政安排，地方政府负责出台地方代偿政策，代偿资金由地方财政负担；参加服兵役代偿的资金统一由中央财政支付。

"补偿与代偿"政策主要有六大特点：（1）增加了代偿内容，由原来仅代偿国家助学贷款扩大到补偿学费和代偿国家助学贷款；（2）扩大了"代偿生"范围，由原来的贷款毕业生扩大到所有毕业生；（3）拓宽了基层服务地区，由原来的西部12个省（自治区、直辖市西部地区），扩展到中西部地区22个省、自治区和直辖市；（4）扩大了"服务代偿"的岗位范围，由原来的赴地方基层就业扩大到基层就业和应征入伍服义务兵役；（5）对于应征入伍服兵役的全国所有大学生，中央财政承担补偿学费和代偿国家助学贷款的全部经费；（6）修改了退出机制，中途退出的代偿生不需返还之前已发生的代偿金额，只需与银行重新签订还款协议，偿还余下的国家助学贷款本息。

1. 政策目标

"代偿"政策的目标有两个：一是引导和鼓励高校毕业生面向西部地区和艰苦边远地区基层单位就业；二是减轻家庭困难学生还款负担。"补偿与代偿"政策的目标调整为一个，即"引导和鼓励高校毕业生面向中西部地区和艰苦边远地区基层单位就业"以及"鼓励高等学校毕业生积极应征入伍服役"。明确了"促进就业"是代偿政策的主要目标。相应地，政策对象扩大为所有高校毕业生，无论是否获得国家助学贷款。代偿内容增加对学费的补偿，原定国家助学贷款代偿不变。服务地区扩大到中部，服务岗位扩大到应征入伍服兵役，与基层服务项目结合得更加紧密。

2. 服务

服务地：（西部地区 + 中部地区 + 艰苦边远地区）×县以下×基层单位。其中，新增"中部地区"指河北、山西、吉林、黑龙江、安徽、江西、河南、湖北、湖南、海南10个省。

新增服务岗位：应征入伍服义务兵役。2008年教育部全国资助管理中心将航海专业纳入艰苦行业，并考虑到航海专业的特殊性和工作地点的实际情况，申请代偿的毕业生的工作地点不受中西部基层单位的限制，毕业生只要从事航海类远洋运输艰苦工作即可获得批准。

3. 偿还（标准、年限、方式）

（1）"基层服务"办法规定

每人每学年代偿学费和国家助学贷款的金额最高不超过6000元。毕业生在校学习期间每年实际缴纳的学费或获得的国家助学贷款低于6000元的，按照实际缴纳的学费或获得的国家助学贷款金额实行代偿。毕业生在校学习期间每年实际缴纳的学费或获得的国家助学贷款高于6000元的，按照每年6000元的金额实行代偿。

国家对到中西部地区和艰苦边远地区基层单位就业的获得学费和国家助学贷款代偿资格的高校毕业生采取分年度代偿的办法，学生毕业后每年代偿学费或国家助学贷款总额的1/3，3年代偿完毕。

按本办法确定的学费和国家助学贷款代偿所需资金，由中央财政安排。

（2）"服兵役"办法规定

国家对每名高校毕业生每学年补偿学费或代偿国家助学贷款本息的金额，最高不超过6000元。高校毕业生在校期间每学年实际缴纳的学费或获得的国家助学贷款本息高于6000元的，按照每年6000元的金额实行补偿或代偿。高校毕业生在校学习期间每学年实际缴纳的学费或获得的国家助学贷款本息低于6000元的，按照学费和国家助学贷款本息"两者就高"的原则，实行补偿或代偿。

国家对获得补偿学费和代偿国家助学贷款本息资格的应征入伍服义务兵役的高校毕业生，按照上述原则和金额，在高校毕业生入伍时，实行一次性补偿或代偿。

4. 退出机制

（1）"基层服务"办法规定

除因正常调动、提拔、工作需要换岗而离开中西部地区和艰苦边远地区基层单位外，对于未满3年服务年限，提前离开中西部地区和艰苦边远地区基层单位的高校毕业生，应及时向办理代偿的原高校申请取消学费和国家助学贷款代偿资格。由高校报送全国学生资助管理中心，从当年开始停止对其学费的代偿。

对于取消国家助学贷款代偿资格的毕业生，改由其本人负责偿还余下的国家助学贷款本息。高校将有关情况通知全国学生资助管理中心和国家助学贷款经办银行。

(2)"服兵役"办法规定

因本人思想原因、故意隐瞒病史或违法犯罪等行为造成退兵的高校毕业生，取消补偿学费和代偿国家助学贷款资格。已补偿的学费或代偿的国家助学贷款本息资金收回。

"补偿与代偿"政策最大的两个亮点是扩大参与度和受益面，更大程度上增进公平。一方面，从代偿国家助学贷款扩大到学费补偿和国家助学贷款代偿，从一定程度上提高了在基层就业方面，获贷生和非获贷生的公平性。两类学生只要到政策规定的基层单位就业，均可获得代偿金。另一方面，服务地区从西部地区扩大到包括中部地区，更广阔的受益范围使得区域发展更加协调，加快西部大开发和中部崛起的步伐，促进区域协调发展。

此外，新增"服兵役补偿与代偿"独立政策，由中央财政出资设立，全国所有高校应届毕业生均可参与，增加学生的就业选择，也扩大了国家层面的受益。国防事业具有纯公共产品属性，大学毕业生应征入伍服义务兵役将为国家带来直接的社会正效应。

(四)"免费师范生"政策

"免费师范生"计划[①]自2007年秋季学期开始，在北京师范大学、华东师范大学、东北师范大学、华中师范大学、陕西师范大学和西南大学六所教育部直属师范大学实行，选拔有志于长期从教、终身从教的优秀高中毕业生作为培养对象，在校学习期间免除学费，免缴住宿费，并补助生活费。所需经费均由中央财政安排。学生入学前须与学校和生源所在地省级教育行政部门签订协议，承诺毕业后从事中小学教育10年以上，一般回生源所在省份中小学任教（且首先在农村义务教育学校任教服务至少2年）。如毕业不能履约，按规定退还已享受的免费教育费用并缴纳违约金。

该计划以定向奖学金的形式在招生时即签订合约，实行定向培养，

---

① 《国务院办公厅转发教育部等部门关于教育部直属师范大学师范生免费教育实施办法（试行）的通知》，2007年5月14日，中国政府网（http://www.gov.cn/zwgk/2007—05/14/content_ 614039.htm）。

是大学生基层服务合约的新的探索。

(五)"免费医学生"政策

"免费医学生"计划[1]从2010年起,连续三年在高等医学院校开展免费医学生培养工作,重点为乡镇卫生院及以下的医疗卫生机构培养从事全科医疗的卫生人才。培养专业主要是临床医学、中医学专业。主要招收农村生源,优先录取定岗单位所在县生源,在获取入学通知书前,与培养学校和当地县级卫生行政部门签署定向就业协议,承诺毕业后到有关基层医疗卫生机构服务6年。

免费医学生在校学习期间,享受免除学费、免缴住宿费,享受补助生活费。所需经费由省级财政在医疗卫生支出中统筹落实。国家分3年为中西部每个乡镇卫生院培养一名拟从事全科医疗的5年制临床医学本科毕业生,其中2010年5000人、2011年5315人[2]。中央财政按照每生每年6000元的标准予以补助,优先用于免费医学生的生活费补助。

这一阶段随着"代偿"政策的出台和"补偿与代偿"政策的完善,基层就业项目也更加丰富,"特岗教师"计划、"三支一扶"计划、"村干部"计划出台,并纷纷与其接轨,只要符合"补偿与代偿"政策规定的服务要求,那么通过各项基层就业项目到基层服务的大学毕业生都可以享受学费补偿或助学贷款代偿。同时,另外一种基层服务的合约形式出现——"定向奖学金"。"免费师范生"和"免费医学生"均以专项形式将学生从培养成才到输送基层,独立于其他基层服务政策。至此,中国的大学生基层服务合约已经成形,以"服务—代偿"和"定向奖学金"为主的两种合约形式发挥着激励的作用。然而也不难看出,基层就业项目纷繁复杂,虽然目标一致,但运作起来都是独立一套系统,在确定计划、组织报名选聘、安排工作岗位、出台优惠政策等方面有交叉和重叠,运作效率不高,亟须整合。

---

[1] 《关于开展农村订单定向医学生免费培养工作的实施意见》,2010年6月8日,中国政府网(http://www.gov.cn/zwgk/2010/06/08/content_1623025.htm)。

[2] 《关于落实2011年农村订单定向医学生免费培养项目计划的通知》,2011年3月,国家卫生和计生委(http://www.moh.gov.cn/publicfiles/business/htmlfiles/mohkjjys/s3594/201103/50926.htm)。

四 统筹阶段（2010年至今）：统筹实施，提高补偿

（一）基层就业项目统筹实施

2010年，中央组织部、人力资源和社会保障部、教育部、财政部和共青团中央五部门在就业工作部际联席会框架下建立基层就业部际协调机制，在研究确定计划、组织报名选聘、安排工作岗位、出台优惠政策等方面进行沟通协调。同时还制定了部际协调机制的工作方案和议事规则，统筹实施大学生基层服务项目，包括"西部计划"、"特岗教师"计划、"三支一扶"计划和"村干部"计划。① 在具体的运作过程中，统一进行征集岗位、发布公告、组织考试、服务管理等环节②。2011年，《高校毕业生基层培养计划实施方案》发布，将上述项目统称为"高校毕业生基层培养计划"，对选拔招聘、岗位培训、规范管理、有序流动等步骤提出了统一要求。

此后，针对农业技术推广队伍人才匮乏的现状，为了促进高校涉农专业毕业生到农村基层就业，在上述基层服务项目的基础上，2011年推出"农技推广特岗计划"③。该项目全称为"基层农技推广特设岗位计划"，面向基层农技推广机构、农民专业合作社、涉农企业、农业专业服务组织等单位，鼓励大学生担任特岗农技人员，实施农业技术推广项目，领办农业试验示范基地，开展农业技术推广服务工作。具体做法与"特岗教师"计划类似。

（二）优惠政策落实，提高补偿标准

自2009年以来，中央针对基层服务项目连续发文，为其中的优惠政策制定实施细则或指导方案。如《关于做好大学生"村干部"有序流动工作的意见》《关于开展从大学生村干部等服务基层项目人员中考试录用公务员工作的通知》《关于进一步加强就业专项资金管理有关问题的通

---

① 《关于统筹实施引导高校毕业生到农村基层服务项目工作的通知》，2014年7月，人力资源和社会保障部（http：//www.mohrss.gov.cn/gkml/xxgk/201407/t20140717_136582.htm）。
② 《关于实施2010高校毕业生就业推进行动大力促进高校毕业生就业的通知》，2010年4月，中国教育报网站（http：//www.jyb.cn/info/jyzck/201004/t20100410_352456.html）。
③ 《关于实施基层农技推广特设岗位计划的意见》，2011年6月，教育部网站（http：//www.moe.gov.cn/publicfiles/business/htmlfiles/moe/moe_1779/201106/120710.html）。

知》《关于做好2011年特岗教师在职攻读教育硕士工作的通知》《教育部直属师范大学免费师范毕业生就业实施办法》《教育部直属师范大学免费师范毕业生在职攻读硕士学位实施办法》等。对服务期满有序流动、录用公务员优先、在职攻读研究生加分等优惠政策做出了具体部署，让各项优惠落到实处。

此外，作为主要优惠政策的"补偿与代偿"政策顺利实施，补偿标准有所提高。2014年，财政部、教育部、中国人民银行和银监会联合下发《关于调整完善国家助学贷款相关政策措施的通知》[①]，新时期适应本科生学费上涨和研究生全面收费的趋势，在提高在读期间贷款额度的基础上，相应上调了学费补偿和国家助学贷款代偿的标准（见表6—4）。

表6—4　　　　　　　"补偿与代偿"标准上调情况　　　　　（单位：元）

	年贷款额度		年补偿限额	
	本科	研究生	本科	研究生
原有政策	6000		6000	
2014年新政策	8000	12000	8000	12000

五　中国大学生参与基层服务的政策演变

中国由中央部门组织实施的基层就业项目始于2003年的"西部计划"。2005年适应大学生就业难和基层劳动力紧缺的国情，中共中央出台正式的鼓励政策，提出"面向基层就业""建立长效机制"的口号。之后相继实施"三支一扶"计划（2006）、"特岗教师"计划（2006）、"村干部"计划（2008）和"农技推广特岗"计划（2011），并延续至今，与此前的"西部计划"共同构成"高校毕业生基层培养计划"。

学生贷款政策在国内于1999年试行，2000年全国推行，2004年改革实施新机制，沿用至今。然而，首批放贷回收的效果并不理想，"双20"

---

① 《关于调整完善国家助学贷款相关政策措施的通知》，2014年7月，教育部网站（http://www.moe.gov.cn/publicfiles/business/htmlfiles/moe/moe_1779/201407/172275.html）。

事件①一度成为全国瞩目的焦点,学生贷款政策陷入发放和回收的两难境地。出于减轻学生贷款债务的"资助"理念,2004年的"新机制"提出,"对毕业后自愿到国家需要的艰苦地区、艰苦行业工作,服务期达到一定年限的借款学生,经批准可以奖学金方式代偿其贷款本息"②。接着,2005年2月,国家出台3项新举措③推动国家助学贷款工作,其中之一就是"所有去艰苦地区和艰苦行业的学生贷款,本金和利息将由国家代偿"。

2006年的"代偿"政策第一次将基层服务与学生贷款偿还结合起来,明确规定了服务的地区、行业、单位、期限,以及代偿方案。该政策在中央部属高校试行,由中央财政负责代偿资金;要求各省(自治区、直辖市)④参照本办法规定的原则,制定面向本辖区艰苦边远地区基层单位就业的"代偿"政策。2009年,财政部、教育部在总结前两年国家助学贷款代偿资助工作的基础上下发了"补偿与代偿"政策,涵盖基层服务和义务服兵役两项,更将对象从负债学生扩大到所有学生,且义务服兵役"补偿与代偿"由中央财政全面支持,基层服务"补偿与代偿"则分为中央政策和地方政策两种,中央政策面向中央部属高校毕业生,地方政策面向其他高校毕业生。

"补偿与代偿"政策实施5年后,补偿标准上调,进一步加大财政力度。加上定向奖学金形式的"免费师范生"和"免费医学生",至此,中国的基层服务合约格局基本形成。综上,中国大学生参与基层服务的政策演变如图6—2所示。

---

① 2003年8月,《中国人民银行关于下达2003年度国家助学贷款指导性贷款计划的通知》(银发〔2003〕153号)第二条规定:对违约率达到20%且违约人数达到20人的高校,经办银行可以停发贷款。该政策的出台导致全国大面积"停贷"。

② 《关于进一步完善国家助学贷款工作的若干意见》,2005年8月15日,中国政府网(http://www.gov.cn/zwgk/2005—08/15/content_22941.htm)。

③ 另两项举措,高校学费10%由国家扣除,实行专款专用,以保证资助资金落实;国家将对高校5%的特困生,实行每人每月150元的补助。转引自谢湘《国家助学贷款推出三项新举措》,2005年2月22日,中国青年报(http://zqb.cyol.com/gb/zqb/2005—02/22/content_1035371.htm)。

④ 至2009年"补偿与代偿"政策发布前,已有24个省份陆续制定出台本省的"代偿"政策。

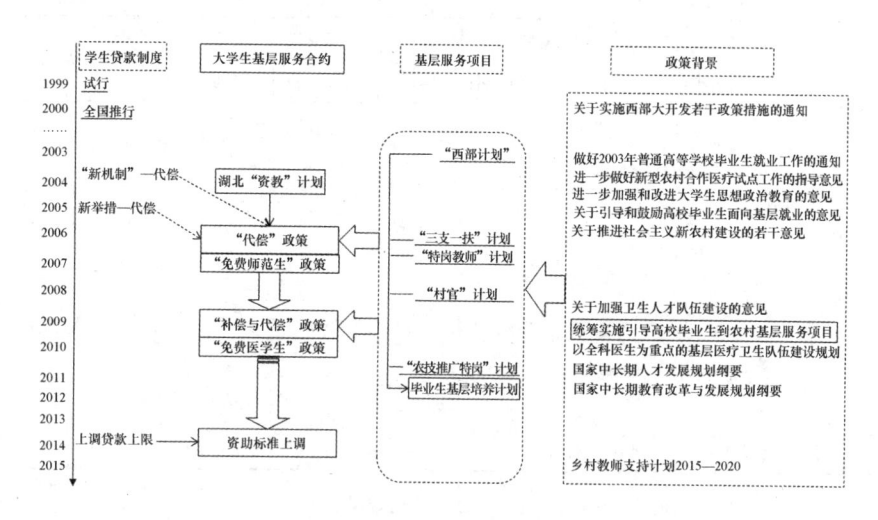

图 6—2　中国大学生参与基层服务的政策演变

从大学生参与基层服务的政策演变可以看出,"一揽子"基层服务项目日趋完善,统筹实施,不仅政策落实,而且提高了管理效率。同时,基层服务政策更加注重经济激励,以签订协议的方式,采取与学费和贷款相关的激励手段,增加了政策吸引力。那么现有政策的实施情况如何?激励效果如何?是否存在激励偏差呢?下面将进一步考察中国大学生参与基层服务政策的实施情况并分析其激励偏差。

第二节　政策的实施现状与激励偏差

一　中央政策实施

目前由中央主导的大学生基层服务政策主要有五种(见表6—5)。

表 6—5　　　　　现行五项中央基层服务合约的比较

序号	名称	服务类型	政策对象		合约模式	补偿或代偿办法	实施时间	培养	就业
			高校类型	学生类型					
1	代偿政策	基层服务	中央部属高校	负债毕业生	服务—代偿	分次代偿	2007—2009 年	非定向	半定向

续表

序号	名称	服务类型	政策对象 高校类型	政策对象 学生类型	合约模式	补偿或代偿办法	实施时间	培养	就业
2	补偿与代偿政策	基层服务	中央部属高校	所有毕业生	服务—代偿/服务—补偿	分次补偿或代偿	2009年至今	非定向	半定向
3		服义务兵役	全国高校	所有毕业生		一次性补偿或代偿		非定向	半定向
4	免费师范生	基层服务	教育部直属6所师范大学	所有新生	定向奖学金	免费	2007年至今	定向	半定向
5	免费医学生	基层服务	地方医学院	所有新生	定向奖学金	免费	2010年至今	定向	定向

注:"半定向"指就业时定岗,"定向"指就业时定岗定单位。

(一)"代偿"及"补偿与代偿"政策

教育部、财政部等部门于 2006 年 12 月出台了"代偿"政策,强调其减轻债务负担的"资助"目标以及鼓励服务基层的"就业"目标,并于 2007 年首先针对 118 所中央部属高校负债学生实施。

以 2007 年为例,中国 2007 年首次实施的"代偿政策"计划减免 4726 人的贷款本息,预计申请人数 4252 人,申请代偿金额达到 6494.27 万元。据笔者测算,申请代偿金额占同批(中央部属高校 2007 届)毕业负债学生享受的三种财政补贴总额的 17%[①](图 6—3)。

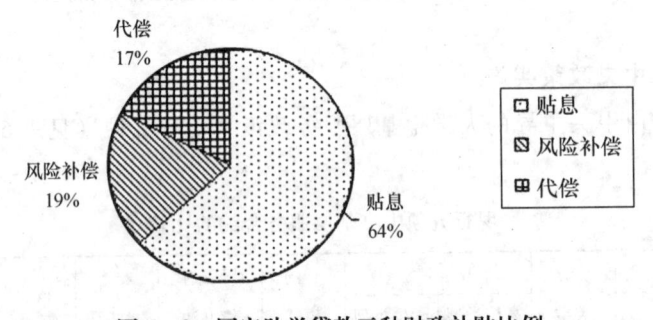

图 6—3 国家助学贷款三种财政补贴比例

代偿 17%
风险补偿 19%
贴息 64%

---

① 根据全国学生资助管理中心"2007 年度国家助学贷款代偿资助学生人数统计报表"(内部数据)测算,华中科技大学学生资助研究中心数据库,2007 年 6 月。

从 2007 年 12 月的两次上报数据汇总情况看，申请人数只达到原定任务的 1/3（1500 人左右）；而最后的审批结果则更令人失望，只有 700 多人得到代偿，还不到当年毕业生中负债学生数的 1%。[①]

随着金融危机对大学生就业的冲击加剧，"代偿"政策于 2009 年 5 月做出修正，将受助对象从负债学生向非负债学生扩大，并将服务地区从西部扩大到中部，意在吸引更多的学生到基层就业。2008 年到 2013 年的实施情况如表 6—6、图 6—4 所示。

表 6—6　　　"代偿"及"补偿与代偿"政策的实施情况[②]

	2007 年	2008 年	2009 年	2010 年	2011 年	2012 年	2013 年	合计
基层人数	700	1011	15600	29100	36400	59100	50400	192311
服役人数	0	0	30500	30300	60900	61200	53000	235900
总人数	700	1011	46100	59400	97300	120300	103400	428211
基层金额（万元）	1082	1847	22600	31500	34100	49800	71000	211929
服役金额（万元）	0	0	47100	46000	78500	75900	65000	312500
总金额（万元）	1082	1847	69700	77500	112600	125700	136000	524429
人均金额（元）	15457	18269	15119	13047	11572	10449	13153	97067
毕业生数（万人）	495	559	610	631	660	680	699	4334
受助人数比例（‰）[③]	0.71	0.90	7.56	9.41	14.74	17.69	14.79	9.88

从 7 年数据（表 6—6、图 6—4）可以看出，中国"代偿"政策及"补偿与代偿"政策资助的人数和金额总体上呈现增长趋势。2009 年是一个分水岭。由于之前没有服义务兵役代偿，受资助人数在 2009 年前后有较大的变化，增长近 45 倍。之后受助人数和金额均持续增长，在 2012 年受助比例达到最高 17.69‰。2013 年的受助人数相比 2012 年有所下降，一方面是毕业生人数增长放缓，另一方面受到创业等其他就业支持政策

---

① 数据来源：与全国学生资助管理中心有关工作人员的访谈，2008 年 2 月 25 日。
② 数据来源：2007 年数据来自全国学生资助管理中心（内部数据）。2008—2013 年数据整理自教育部和全国学生资助管理中心网站公布的全国学生资助执行情况。
③ 2007—2008 年比例是受助人数占当年负债学生的比例，因为 2007—2008 年实施的是"代偿"政策，只面向负债学生。

的影响，就业渠道更加广泛，使得毕业生分流。同时注意到 2013 年的基层服务补偿金额不降反升。这是因为基层服务"补偿与代偿"政策规定的补偿办法和服兵役不同，不是一次性补偿，而是分三次进行补偿，因而当年参加人数下降并不影响当年对所有其他在岗人员的补偿。

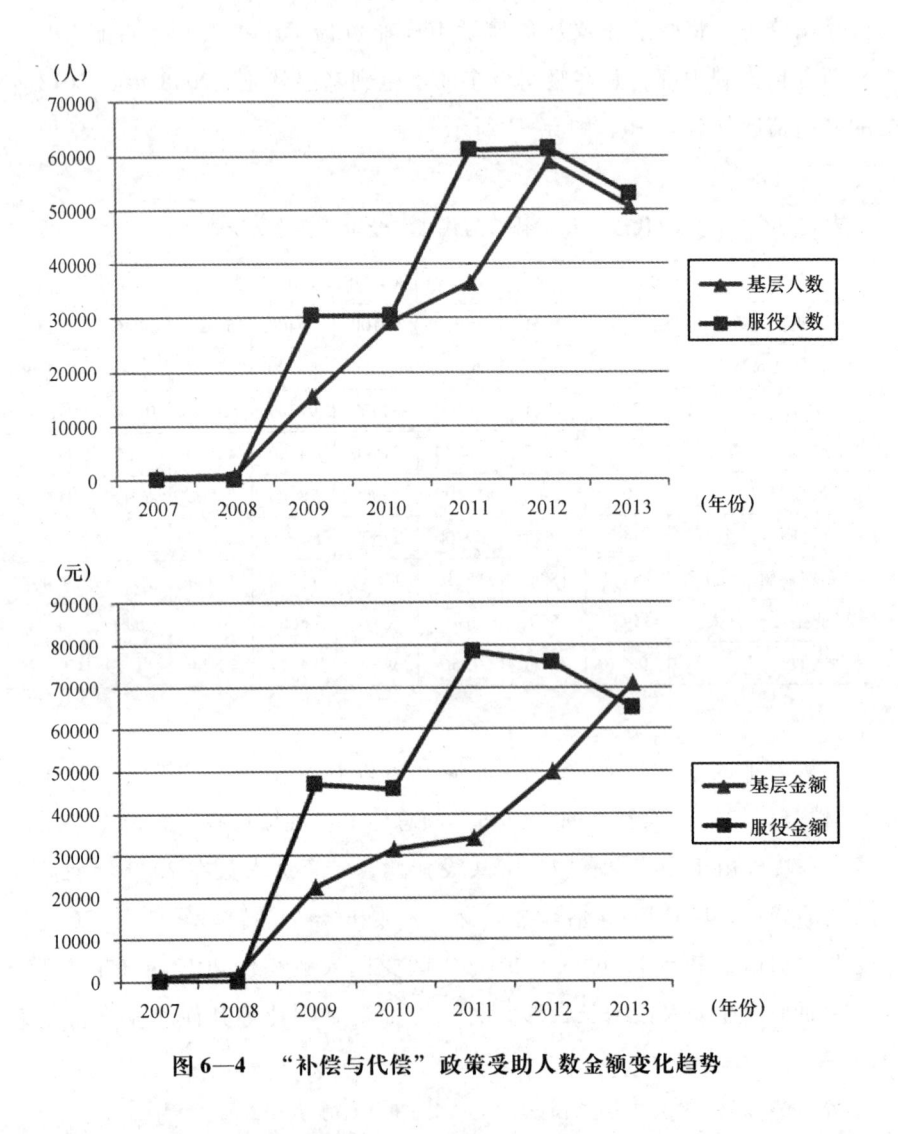

图 6—4　"补偿与代偿"政策受助人数金额变化趋势

从两种类型的实施情况来看，特别是 2009 年以来，"补偿与代偿"政策无论在人数还是金额上都呈整体上升趋势。原因可能有以下几个方面：（1）2008 年金融危机加剧就业难；（2）政策宣传已经三年，学生对此有了更加深刻的了解;(3)2009年"补偿与代偿"政策的出台,扩大资助面,从不到20%的获贷学生有机会获得代偿,扩大到所有全日制普通高校毕业生均可通过参加基层服务或服兵役获得贷款代偿或学费补偿,资助面扩大到原来的5倍,极大调动了学生参与的积极性。而参加义务服兵役的毕业生无论从人数还是代偿金额上都超过了基层就业,是因为服兵役"补偿与代偿"政策由中央财政全额拨付,面向全国所有高校毕业生,其目标群体更加广泛。

该项政策实施以来,中央政府累计投入近53亿元,累计输送了近43万名大学毕业生参与基层服务。但是,和每年毕业生总数相比,参与人数的比例最高不到2%,对于填补基层缺口而言还远远不足,与中国大学生中基层服务潜在群体规模也还有很大差距,说明现行政策还有很大的优化提升空间。

(二)"免费师范生"与"免费医学生"政策

2007年"免费师范生"计划和2010年"免费医学生"计划实施以来(见表6—7),中央财政加大投入力度,支持中西部地区基层教育和卫生事业的发展。特别是"免费医学生"计划,由中央、地方两级财政予以资助,中央财政按照每生每年6000元的标准予以补助,其余由地方财政补足。

表6—7　　　　　"免费师范生"政策的实施情况[①]

	2007年	2008年	2009年	2010年	2011年
录取人数	10933	11383	12112	10972	9226
中西部(%)	90.8	90.7	89.4	—	—
农村生源(%)	60.2	58.8	59.4	—	—
男性(%)	38.7	37.7	35.1	—	—
人数累计	10933	22316	34428	45400	54626

根据教育部2010—2015年公布的数据,按照每生每年补助6000元、补助5年计算,中央财政补助中西部地区农村订单定向本科医学生的受

---

① 数据整理自2007—2011年教育部新闻发布会/通气会散发材料。

助人数和财政投入情况如图 6—5 所示。

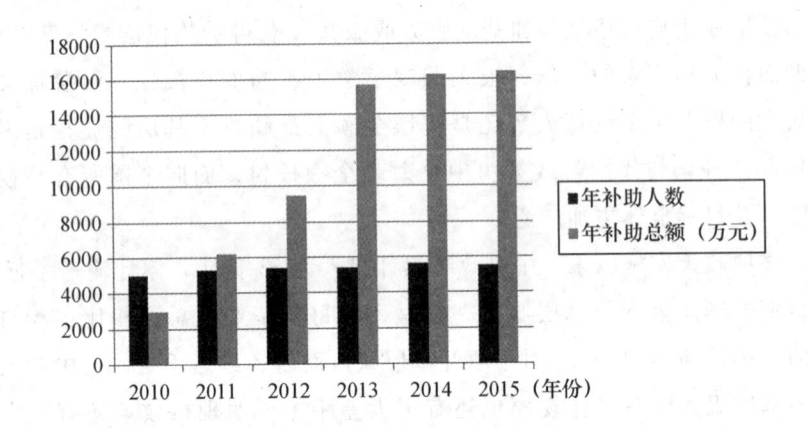

图 6—5　2010—2015 年中央财政补助"免费医学生"的实施情况

两项计划实施以来,都收到了良好效果。录取人数稳中有升,且以农村生源为主。"免费医学生"每年招录的农村生源在 70% 以上[①]。目前"免费师范生"已有五届毕业生走向基层工作岗位,从事教育事业。"免费医学生"今年将有第一批毕业奔赴农村基层医疗卫生机构。

"免费医学生"采用"全定向就业"方式签订协议,在招生时已确定用人单位需求,毕业时直接到单位报告即可,减少了就业环节的变动性,也为用人单位和毕业生省去了很多麻烦。与"免费医学生"不同的是,"免费师范生"属于"半定向就业",协议只规定服务期限和岗位类型,需要学生在毕业时按照约定找寻工作,签订就业协议,转移"免费师范生"协议。加上有些学生的基层服务意愿并不强烈,在就业时容易违约,也为人员管理增加了工作量。对首届免费师范生毕业前夕的调查显示,仅有 31.9% 的学生愿意从教,愿意到基层的更少。多数学生抱着"能免费"的态度签了协议,但四年后的就业意愿与履行协议间存在矛盾。华中师大首届"免费师范生"中有 83.2% 与省、市重点校签订协议,只有

---

① 《教育部、国家卫生计生委有关司局负责人就〈关于进一步做好农村订单定向医学生免费培养工作的意见〉答记者问》,2015 年 5 月,教育部网站 (http://www.moe.gov.cn/publicfiles/business/htmlfiles/moe/s271/201505/188017.html)。

16.8%到中小城镇或乡村从教。①

二 "代偿"及"补偿与代偿"的地方政策实践

由于"代偿"政策和基层服务"补偿与代偿"政策只针对中央部门所属高校，对于地方高校毕业生，中央要求各地结合当地实际，研究制定本地所属高等学校毕业生"代偿"政策及基层服务"补偿与代偿"政策，并认真组织实施。

截至目前，按照新"办法"要求明确出台本地所属高校"学费补偿和助学贷款代偿"实施办法的地方政府有13个，另外还有8个省（含自治区、直辖市，下同）酌情制定了"助学贷款代偿"政策（见表6—8）。

表6—8　　　　　　　出台"代偿"政策的省份

	地区	京	津	沪	辽	鲁	冀	粤	闽	苏	浙	琼
东部 8/11	全体	√	√	√	教	√						
	贷款						√	√	支			
	地区	鄂	湘	晋	豫	吉	徽	赣	黑			
中部 6/8	全体	教	√									
	贷款			√	√	村	选					
	地区	桂	滇	贵	川	疆	藏	蒙	渝	陕	甘	宁	青
西部 7/12	全体	√	√	√	√	√	√						
	贷款							√					

其中，上海、湖南、广西等地跟随中央政策变动，先后两次出台代偿办法，并以新政策为准继续实施，可见对于"基层服务—补偿"这一举措的快速响应和积极支持，也说明这些省份与此项政策相联系的前期准备较为充分，助学贷款发放回收比较顺畅，引导大学生到基层就业的地方项目已实施多年，基层就业的潜在群体已具有一定规模。

天津市更是在2007年同时出台了两项代偿政策，分别针对负债学生

---

① 谢湘：《师范生免费教育政策实行7年 部分学生欲改初衷》，2014年9月16日，中国青年报（http://news.sina.com.cn/c/2014—09—16/053030862176.shtml）。

和非负债学生。两个群体享受的资助不同，分别称为助学贷款代偿金和服务基层奖励金。这里将二者并入"学费和贷款代偿"政策的范畴内。实质上这两类资助差别较大，在表6—9中加以区分。

目前仍有10个省尚未出台实施办法，主要分布在西部地区。青海省表示由于地方财政困难，正在积极磋商期望以中央转移支付的方式支持地方性的代偿政策。另有部分省份国家助学贷款业务开展并不完善，如江西，代偿政策无法制定。

已有代偿政策的20个省份，多数依照中央"代偿"政策的模板来制定相应内容。如对于"基层单位"的界定、服务期限、代偿方式等。由于各地情况不同，地方政策也体现出差异性，主要反映在政策对象、服务地、代偿标准、财政分担等方面（表6—9）。

这里值得一提的是湖北省自2004年开始实施的"资教"计划被媒体称为全国最早的"代偿"探索[1]。"资教"计划对于在湖北省境内规定的艰苦地区从教3年以上的学生，予以每年5000元的奖励，并明确规定"奖金优先用于还贷"。该计划至今已实施11年，累计向湖北省的艰苦地区输送"资教生"近4万人次[2]，充实到全省84个县（市、区）的1900多所乡镇中小学任教[3]。服务期满的2004—2008届"资教生"中，有半数以上选择继续留在乡镇学校任教[4]。

在前期探索实施的基础上，在中央统筹实施基层服务项目的号召下，湖北省于2012年率先推出"农村中小学教师队伍建设"的创新举措，实行"国标、省考、县聘、校用"的新机制，对聘用教师实行艰苦边远地区每年3.5万元、其他地区每年3万元的年薪制，所需经费纳入省级财政支出[5]。新机制除面向大学毕业生公开招聘以外，还将原有的"资教"计

---

[1] 龚达发：《湖北5.6万学子受益"代偿制度"》，2005年3月2日，中国教育报（http://www.jmedu.net.cn/html/2005—3—2/200532194226.htm）。

[2] 周治涛、梁炜：《2014年湖北省农村教师资助行动计划报告会举行》，2014年3月18日，楚天都市报（http://www.jyb.cn/difang/hb/hbxw/201403/t20140318_574394.html）。

[3] 《湖北：4000多名资教生将奔赴农村基层中小学任教》，2011年07月26日，中国政府网（http://www.gov.cn/jrzg/2011—07/26/content_1914305.htm）。

[4] 同上。

[5] 《湖北省人民政府关于创新农村中小学教师队伍建设机制的意见》，2014年5月4日，中公教育网（http://hu.zgjsks.com/html/2014/zcfg_0504/3719.html）。

表6—9　　　　　　　地方政府大学生基层服务政策一览表①

地方政府		对象②	服务地	时间(年)	代偿方式③	财政分担
补偿与代偿	京	市	市边远山区	3	每年代偿本息总额的1/3(第二年开始)	市
	沪	市	中西部地区和艰苦边远地区	3	每年代偿本息总额的1/3	市
	鲁	全国	省内财政困难县	3	"就高"原则④；期满一次性补偿本息	省市县5:3:2
	贵	省	省内县级以下	3	学/本息就高；期满一次性补偿本息	省
	桂	区	区内国家级扶贫开发重点县	3	每年代偿本息总额的1/3	区
	藏	区	区内乡镇	5	每年代偿本息总额的1/5	区
	辽	全国	全省农村乡镇中小学	2;4	期满一次性补偿本息	省市县4:4:2
	湘	省	省内艰苦边远地区县以下	3	每年代偿本息总额的1/3	隶属同级
	川	省	省内国家级艰苦边远地区县以下⑤	3	仅补偿学费；期满一次性补偿本息	省
	滇	省	25个边境县/3个藏区县以下	3	个人垫付，期满一次性补偿本息	省
	疆	全国	区内艰苦边远地区⑥	3	每年代偿本息总额的1/3	区

---

① 信息整理自各省（自治区/直辖市）代偿政策相关规定。

② 以下所指学生除内蒙古自治区外，均为地方所属普通高校全日制本专科生（高职）、研究生、第二学士学位应届毕业生。定向、委培、在校期间已享受（减）免除学费政策的学生除外。表中只列出规定的对象所在高校地处范围。内蒙古自治区尚无"应届"要求。

③ 学费和助学贷款代偿的规定中，如无特殊说明，每学年学费或助学贷款总额不超过6000元。

④ "就高"原则，即实缴学费和所获国家助学贷款金额二者取较高者，再与6000元上限比较，作为代偿金。

⑤ 四川省对于"基层单位"的规定为：上述地区县以下机关和国有企事业单位。

⑥ 新疆维吾尔自治区对"基层单位"的规定增加：农村中小学校及学前双语班和幼儿园、乡财政所水利水电站。水文站煤矿、矿山、采油基地、草业科学站、林业站等基层艰苦行业生产第一线。另外，塔什库尔干塔吉克自治县各级各类单位均视同基层单位。

续表

地方政府		对象	服务地	时间(年)	代偿方式	财政分担
代偿	津Ⅰ	市	有农业的区/县+…①	5	第三年起3∶3∶4	市
	闽	全国	财政困难县(市/区)所辖乡镇②	5	2000元/年,总额10000元封顶	县(市/区)
	冀	全国	省内国家级/省级扶贫开发重点县	5	第三年起3∶3∶4（5年以下30%）	省/市③
	晋	全国	省内国家级扶贫开发重点县	10	个人垫付；5,8,10年3∶4∶3	省市县5∶2∶3
	徽	全国	省内；依"选聘生"规定	2	60%；3年40%	省
	吉	省市	省内；依"村官"规定	2	本(服务地)息(高校隶属同级)	同级/服务地
	豫	全国	省内国家级/省级贫困县	3	6000元/年；个人垫付,期满一次补偿	省市县4∶4∶2；省—直管县6∶4
	粤	省内	省内；依"三支一扶"规定	+1	（无明确说明）	省
	蒙	区盟市	省内；依"村干部"规定	2	个人垫付,期满一次性补偿本息	隶属同级
补偿	鄂	全国	省内贫困县(市)农村乡镇	3	5000元/年；年末考核发放	省
	津Ⅱ	市	有农业的区/县政府驻地以下	5	5000元"服务基层奖励金"；1/5	市

划、"三支一扶"的"支教"计划和"特岗教师"计划的期满服务人员全部纳入其中并实行笔试加分优先录用,扩大和规范了向农村义务教育学校输送人才的渠道,也有力地补充和巩固了基层教师队伍,真正实现

---

① "…"省略部分为老"代偿办法"所规定的"西部地区和艰苦边远地区基层单位"。
② 即享受省财政转移支付和财力相当于一般转移支付水平的财政贫困县。
③ 省属高校、外省(市、自治区)高校和部、委属高校毕业生的贷款本息由省级财政代为偿还,其他高校毕业生由接收市财政代为偿还。

从"基层服务"向"基层就业"的转变。

从该项政策的实施来看,每人每年 5000 元奖励金并没有特别用于偿还贷款的途径,而是作为年度考核合格的奖金,直接发放到学生手中。如果是负债学生,则由学生自行还款。特别是到了 2012 年,政策对资教生的待遇进行了调整,实施年薪制[①]。原来的奖金不再单列,而是合并为年薪进行发放。这种鼓励大学生基层就业的举措收到了良好的效果。

三 国内政策实践的比较

(一)补偿内容

按照代偿的内容不同,可将地方政策分为"补偿与代偿"政策、"代偿"政策以及"补偿"政策[②]。

1. "补偿与代偿"政策

按照新"办法"的要求,北京、上海、山东等 11 省(自治区/直辖市)的政策将学费和国家助学贷款纳入同一代偿体系,并且使用一定原则对二者进行运算,得出某一学生应得的代偿金额。相应地,所有学生(获贷生和非获贷生)都可参与。

此类政策的关键是确定学费和助学贷款的运算原则,以及代偿金计算公式。由于学费和国家助学贷款的不同质性,所获贷款金额的差异性,以及支付流程的不同,导致这类政策的制定相对比较复杂。与新"代偿办法"类似,服务期限一般为 3 年,代偿金限额取作 6000 元/年,分年度代偿,由省(区/市)财政负担代偿资金。只有西藏自治区要求服务年限为 5 年。此外,贵州省要求个人先行垫付还款给银行,服务期满再由省财政一次性补偿给个人。

对于代偿金计算原则,山东省和贵州省采用"就高"原则,即实缴学费和所获国家助学贷款金额二者取较高者,再与 6000 元上限比较,作

[①] 《湖北省教育厅关于深入实施"农村教师资助行动计划"做好 2012 年新录用教师选派工作的通知》,2012 年 4 月 17 日,华中科技大学就业网(http://job.hust.edu.cn/show/article.htm?id=16184)。

[②] 天津市情况比较特殊,于 2007 年同时出台两项政策,分别针对获贷生和非获贷生给予"代偿资助"(津Ⅰ)和"天津市人民政府服务基层奖励金"(津Ⅱ),因其代偿方式不同,故将其拆开分列后两类模式专门讨论。

为代偿金。其他省份与新"代偿办法"一致，采用"非此即彼"原则，即支付学费和所获国家助学贷款金额二者取一，再与6000元上限比较，作为代偿金。

2. "代偿"政策

仅代偿国家助学贷款的政策是在老"办法"出台后相继制定的。按照老"办法"的要求，福建、河北、山西等9省（自治区/直辖市）根据当地基层服务实际，出台了地方政策。多数规定服务期限为5年。代偿标准与老"代偿办法"保持一致，代偿国家助学贷款本金和全部偿还之前产生的利息。代偿资金均由当地财政（或分级财政按比例）负担。

其特点是只有获贷生可以参与基层服务代偿资助，代偿方式相对比较单一。

3. "补偿"政策

湖北省的"资教计划"和天津市的"人民政府服务基层奖励金政策"（天津Ⅱ）属于发放补偿金性质的基层服务计划。尽管有媒体报道，"湖北省在全国首创代偿政策"[①]，但实际上它定期颁发给资教生的5000元奖励"优先用于偿还国家助学贷款"并没有具体代为偿还贷款的措施，只是在年末考核合适时将奖金发放给学生，由学生自行偿还贷款。因而这只能是一种补偿金，并不构成代偿。

类似地，"天津市人民政府服务基层奖励金政策"是其"代偿"政策的姊妹篇，对于志愿服务基层的大学生，每人奖励5000元，并且政策明确规定用于非获贷学生。这与代偿政策有着本质的区别。

（二）基层服务主客体

基层服务项目由政府出资设立。"基层服务主体"指的是政策面向的大学毕业生，即政策对象。服务主体可以是辖区内高校毕业生，包括省（区、市）属以及省（区、市）内高校。也可以是来自辖区外，即全国的高校毕业生。"基层服务客体"即服务地区，则代表了地方政府愿意投入资金、扶持其发展的地区。

---

① 项俊平：《代偿制度：助学贷款的湖北样本》，2006年9月3日，经济观察报（http://finance.sina.com.cn/review/essay/20060903/11522880160.shtml）。

各地所接收的基层服务主体和面向的服务地区，均可分为辖区内和辖区内外两种。从基层服务主客体的维度可将地方基层服务政策划分为"一对一"（A）、"一对多"（B）、"多对一"（C）以及"多对多"（D）四种模式。标示如下（见表6—10）。

表6—10　　　　　　　　基层服务主客体分类

服务主体 \ 服务地区	艰苦边远地区（基层单位）	
	辖区内	辖区内外
辖区内	A：京、贵、桂、藏、鲁、湘、蒙、津Ⅱ	B：沪、津Ⅰ
辖区内外（全国）	C：疆、闽、冀、晋、徽、鄂	D：教育部

政策愿意接收的基层服务主体显示了地方政府的开放度、财政实力以及对当地就业进行分流的意图。而政策需求的基层服务地域大小则主要彰显了地方政府的财力。服务客体一般为艰苦边远地区基层单位，作为受益地区，服务客体一般位于辖区内（图6—6）。

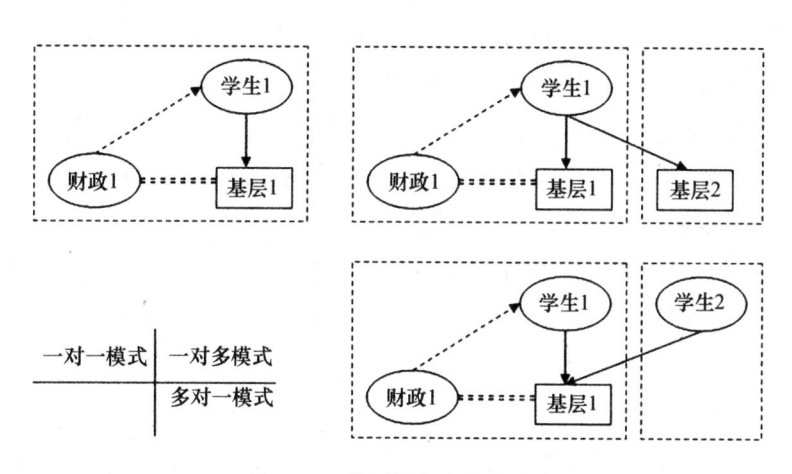

图6—6　基层服务主客体模式

北京等地的模式属于"一对一"，即要求是本地高校培养的学生毕业后服务本地，并给予资助。"一对一"模式表示基层服务主体和基层服务地区均位于地方政府辖区内。特别地，北京还规定服务主体必须为北京市生源。这是最简单的模式，当地学生服务当地基层，当地财政代偿。

相比之下该模式比较"谨慎"。一方面，本地基层服务需求不旺或者并没有得到完全挖掘；另一方面，地方政府可能更偏好本地生源，或在一定程度上本地生源为优质生源。如北京集中了大量"985""211"高校，是全国大学毕业生就业质量最高的地区，加上北京市辖区整体经济发展，基层服务水平较高，基层服务需求相对较低。其他政府如贵州、广西、西藏、内蒙古，位于中西部地区，地方财政不发达，支持较小规模的基层服务需求是比较可行的。

上海和天津（Ⅰ型）的模式属于"一对多"，即号召本辖区内高校毕业生可以面向辖区内外（上海规定中西部地区，天津规定西部地区）基层就业，不仅限于本地基层，且同样由市财政负担代偿资金。这是一种比较"慷慨"的模式，因为本地财政不仅为本地基层受益代偿学生的助学贷款，还要为辖区外的受益来支付"成本"（代偿金）。说明对这些地方政府而言，引导一部分大学毕业生到辖区外就业对当地经济发展是有好处的，起到了劳动力分流的作用，因而财政愿意拿出资金予以支持。

新疆等地的模式属于"多对一"，即对于全国各地的高校毕业生，只要是来本地服务，就给予资助。笔者认为，这种模式比较符合代偿的"成本—收益"原则，即本地受益、本地负担成本，如果有辖区外高校毕业生进驻本地基层，那会是种额外的"收获"，多多益善。"多对一"模式说明本地生源不足，同时基层岗位劳动力匮乏情况比较严重，要求当地政府充分挖掘基层服务资源。同时，这种模式也要求专项资金相对比较充足。新疆维吾尔自治区高等教育不发达、本地生源不足，必须面向全国招收大学毕业生。除新疆外，其他省份均位于东部和中部地区，财政上可以保证。

其实如果放宽到"大基层"和"大财政"，那么针对中央部属高校学生的"补偿与代偿"政策则属于"多对多"模式或"一对一"模式，即政策面向全国高校毕业生，服务地区遍布全国，由政策制定方出资补偿。毕业生到国家规定的中西部和艰苦边远地区基层单位就业，由中央财政支付代偿金。

各地方政策所采用的"服务主客体模式"反映了当地生源和基层人才缺口之间的关系。从图6—4可以看出，无论哪一模式，最后都由当地财政支付代偿金。一定的财力条件下，如果当地生源充足可以满足辖区内基层服务需求，则采用"一对一"模式；如果当地生源不足，难以满足基层需求，则采用"多对一"模式；而如果当地生源超出基层服务需求，且可能对当地劳动力市场造成压力，则采用"一对多"模式。

（三）补偿金支付方式

由于补偿内容不同，相应地，补偿金支付方式也不一样。

"补偿"政策操作起来最简单，只用将补偿金以现金形式直接支付给参与基层服务的毕业生即可。"代偿"政策需要代为偿还贷款，修改负债学生的还款协议，从学生自行偿还改为地方政府偿还，涉及现金流、信息管理以及调整还款方式，相对比较复杂。

对于"代偿"政策，代偿金支付方式主要有两种：年度等额支付和按比例支付。具体地，服务年限在5年以下的政策倾向于按年度等额偿还代偿金，对于获贷学生，还包括年度偿还本金所产生的利息。规定服务年限较长的政策，如天津（津Ⅰ）规定服务年限5年，从第三年起依次偿还30%、30%和40%的本金及其利息；河北的年度按比例偿还规定与天津类似，只是多了一项：若未完成5年的服务期，一律只偿还30%的本金及利息；山西规定服务年限最长10年才能全部代偿，先由个人垫付，第5年、第8年、第10年分别补偿30%、40%和30%。

"补偿与代偿"政策则要对负债学生和非负债学生分别对待，更加复杂。在实际操作中，多数省份为了操作方便，都采用了由毕业生先行垫付、期末一次性补偿的做法。实际将"代偿金"转换为"补偿金"。但这样的办法并没有减轻服务期间学生的经济负担，特别是负债学生，因而吸引力大大降低。

（四）财政分担方式

财政分担方式有按隶属关系支付、服务当地支付和三级共担三种。多数地方政策主要面向省（区/市/盟市）属高校毕业生，下一级学校则按照隶属关系由下一级财政支付。

福建的"三支一扶"代偿政策要求服务当地县（市/区）财政安排代偿金。

此外，山东和山西的代偿金由省、市、服务县财政按比例分担，见表6—9。

(五) 基层服务岗位

除按照中央"代偿"政策和"补偿与代偿"政策要求结合本地实际划定服务地区和基层单位外,有些地方政策结合选聘生、村干部、农村教师等特定岗位实施补偿。如福建的政策面向本省"三支一扶"计划,安徽对选聘生实施代偿政策,内蒙古对参与嘎查村的村干部给予代偿资助。湖北省的"资教"计划,专门针对毕业后担任农村教师的大学生给予奖励,2012 年政策改革后,将"资教生""特岗教师""三支一扶"中的"支教"全部纳入其中,统筹实施。

四 合约分析及其激励偏差

接下来从合约视角进一步分析中国大学生参与基层服务政策的激励偏差,以便进行优化。中国大学生参与基层服务政策所使用的合约主要有四种:基层服务"补偿与代偿"合约、服兵役"补偿与代偿"合约、"免费师范生"合约和"免费医学生"合约。

(一) 合约要件

合约要件主要包括支付价格和努力水平。大学生参与基层服务政策的优惠条件很多,在这里不再重复列出。努力水平包括政策对象、服务岗位要求和服务年限。支付价格简化为代偿金标准和支付方式。

1. 基层服务"补偿与代偿"合约(见表 6—11)

表 6—11　　基层服务"补偿与代偿"合约要件

2006 年"代偿"合约				
努力水平			支付价格	
对象	中央部属高校,毕业生[①],贷款	内容	国家助学贷款	

---

① 中央部门所属普通高等学校中的全日制本专科生(含高职)、研究生、第二学士学位应届毕业生。

续表

2006 年"代偿"合约				
岗位	地域	西部地区①/艰苦边远地区②	标准	本金 + 14 个月利息
	单位	县以下基层单位	额度	全额
服务年限	3 年		支付方式	分期代偿;14 个月分 3 次偿还本金 30%、30%、40% 及相应利息

2009 年"补偿与代偿"合约				
	努力水平			支付价格
对象	中央部属高校,毕业生		内容	实缴学费/获批助学贷款③
岗位	地域	中西部地区④/艰苦边远地区	标准	二选一,二者就高
	单位	县以下基层单位	额度	不超过 6000 元/年⑤
服务年限	3 年		支付方式	分期代偿;3 年内每年偿还 1/3 给个人/银行

"补偿与代偿"政策中代偿金标准在实际操作中是由学生自己选择决定的。非负债学生只能选择学费补偿。因而这里的"标准"主要是针对负债学生的。而每学年代偿额度的规定是对学费补偿的限制,因为国家助学贷款的每年申请额度已经满足了这一要求。代偿金计算公式:

---

① 西藏、内蒙古、广西、重庆、四川、贵州、云南、陕西、甘肃、青海、宁夏、新疆 12 个省(自治区、直辖市),湖南湘西、湖北恩施、吉林延边自治州,海南省原黎族苗族自治州所辖市县中的 6 个民族自治县(陵水县、保亭县、琼中县、乐东县、白沙县、昌江县)以及东方市、五指山市的县级人民政府驻地以下地区。

② 国务院规定的艰苦边远地区的县级人民政府驻地以下地区。参考艰苦边远地区津贴实施办法。

③ 2009 年政策规定助学贷款含国家助学贷款和生源地信用助学贷款。代偿金指的是本金部分,利息由学生先行偿还,代偿结束后再由教育部结算返还。《2011 年第一批学费和助学贷款代偿申请通知》,2015 年 5 月 18 日,四川大学党委学生工作部(处)网站,http://xsbc.scu.edu.cn/article.php?news_id=2730.

④ 西部地区:西藏、内蒙古、广西、重庆、四川、贵州、云南、陕西、甘肃、青海、宁夏、新疆 12 个省(自治区、直辖市)。中部地区:河北、山西、吉林、黑龙江、安徽、江西、河南、湖北、湖南、海南 10 个省。

⑤ 以下统一按照 2014 年上调之前的补偿金标准计算,即贷款限额和代偿限额均为每年 6000 元。

(1) 代偿金额度：$f_i \leqslant 6000$，$F \leqslant 24000$

其中 f_i 为年度代偿金额，F 为代偿总金额。

(2) 学生实缴学费金额：$T = \sum_{i=1}^{n} t_i$

其中 n 为学制年限，t_i 为第 i 年实缴学费金额。实际操作中，一般实缴学费金额等同于应缴学费金额。欠费生和获得学费减免的学生除外。另外，本科生学制内学费标准一般保持稳定，因而实际操作中 $T = nt_i$。

(3) 学生贷款金额（本金）：$0 \leqslant l_i \leqslant 6000$，$L = \sum_{i=1}^{n} l_i$

其中 l_i 为年贷款金额①，L 为总贷款金额。对于非负债学生，$l_i = 0$。

(4) 学费—代偿金：$F_t = \sum_{i=1}^{n} f_{ti}, f_{ti} = \begin{cases} t_i, t_i < 6000 \\ 6000, t_i \geqslant 6000 \end{cases}$

(5) 贷款—代偿金：$F_l = L = \sum_{i=1}^{n} l_i$

(6) 代偿金：$F = \max(F_t, F_l)$

为了便于分析，下面假设学制为四年，其间学费水平不变，学生四年间每年实缴学费金额和申请贷款金额也不变，且无欠款和学费减免情况。分析同一学费水平下代偿金总额在负债学生和非负债学生之间的公平性。这里对负债学生，$0 < L \leqslant 24000$；非负债学生，$L = 0$。

表 6—12　　　　　　同一学费水平下代偿金比较　　　　　（单位：元）

学费水平	类型	L	选择	F	比较
$T \geqslant 24000$	负债学生	$L \leqslant 24000$	学费补偿	24000	$F_l = F_t$
	非负债学生		学费补偿	24000	
$T < 24000$	负债学生	$T < L \leqslant 24000$	贷款代偿	L	$F_l > F_t$
	非负债学生		学费补偿	T	
	负债学生	$L < T < 24000$	学费补偿	T	$F_l = F_t$
	非负债学生		学费补偿	T	

---

① 国家助学贷款政策规定，每年申请贷款金额不超过 6000 元。这一限额和代偿金是一致的。

从表 6—12 中的各项比较可以看出，政策中代偿金在同一学费水平的负债学生和非负债学生之间的分布是公平的。无论学费水平如何，负债学生所获得的代偿金都不少于非负债学生。非负债学生的代偿方式唯一，即学费补偿。而对负债学生，可以按照如下方式来选择，以获得最大限度的代偿。如果 $T \leq L$，则选择贷款代偿，获得代偿金为 L；如果 $T > L$，则选择学费代偿，按情况不同可获得代偿金的数额为 24000 或 T，具体见表 6—13。

表 6—13　　　　　　负债学生代偿方式选择　　　　　（单位：元）

	选择	L	F	结余情况
$T \leq L$	贷款代偿	$L \leq 24000$	$F = L$	无
$T > L$	学费补偿	$T > 24000,\ L = 24000$	$F = L = 24000$	有
		$T > 24000,\ L < 24000$	$F = 24000 > L$	
		$T = 24000$	$F = T = 24000 > L$	
		$T < 24000$	$L < F = T < 24000$	

从结余情况来看，当 $L < T \leq 24000$，或者 $T > 24000$，$L < 24000$ 的情况下，$F > L$，申请学费补偿是有结余的，即代偿金优先还贷之后还有余额返还给个人。而其他情况下，代偿金全部用于偿还贷款。

中国高校不同专业的学费差异比较大（见表 6—14），那么不同专业间补偿的水平是否有差异呢？

表 6—14　　　　分学校类别的不同专业学费比较[①]　　　（单位：元）

	文史类	理工类	艺术类
研究型大学	4841	5086	9539
教学—研究型大学	4690	4663	9595
教学型大学	4115	4268	8755

由于不同专业学费水平差异，代偿金在不同专业之间的分布会出现

---

① 袁连生：《我国普通学校学费差异实证分析》，《教育发展研究》2010 年第 23 期。

不平衡。对于文史类和理工类专业，全国平均学费标准都没有超过6000元，按四年学制计算，学费总金额低于24000元水平。无论是负债学生和非负债学生，其私人高等教育成本基本可以得到全额补偿。但艺术类学生的平均学费水平远高于6000元，私人高等教育成本只能得到部分补偿。由于学费水平的专业差异带来的补偿程度的不同，以学费或贷款为基础制定补偿标准可能会抑制某些高收费专业学生到基层就业的意愿。另外，不同专业学费差异大，按照学费标准获得的补偿差异也大，对于到同样艰苦偏远地区基层工作、创造社会效益相等的毕业生而言，也是不公平的。因而无论对于学费水平较高还是学费水平较低的大学生，激励都会不足。

2. 服兵役"补偿与代偿"合约（见表6—15）

表6—15　　　　　　服兵役"补偿与代偿"合约要件

	努力水平		支付价格
对象	中央/地方高校①，毕业生②	内容	实缴学费/获批国家助学贷款③
岗位	应征入伍服义务兵役	标准	二选一，二者就高
服务年限	2年	额度	不超过6000元/年
		支付方式	入伍时一次性补偿或代偿

与基层服务相比，服兵役代偿确实具有更大吸引力。第一，适用对象扩大到地方高校、民办高校和独立院校，并且涵盖成人高校招收的本专科（高职）毕业生，大大增加了覆盖面。第二，按照国家兵役法的规定，一般服务期限只有2年，比基层服务的年限缩短。第三，补偿金的支付采取一次性补偿或代偿，这样大大降低了国家助学贷款违约的概率，减少操作成本，毕业生在服役期间不再担心错过还款日期，被催款或列

---

① 根据国家有关规定批准设立、实施高等学历教育的中央部门和地方所属全日制公办普通高等学校、民办普通高等学校和独立学院。

② 上述高校中全日制普通本专科（含高职）、研究生、第二学士学位应届毕业生，以及成人高校招收的普通本专科（高职）毕业生（以下简称高校毕业生）。

③ 2009年基层服务代偿办法中代偿金只是学费或者助学贷款的本金部分，利息由学生先行偿还，代偿结束后再由教育部结算返还。《2011年第一批学费和助学贷款代偿申请通知》，2015年5月18日，四川大学党委学生工作部（处）网站，（http://xsbc.scu.edu.cn/article.php?news_id=2730）。

入黑名单等，财政上也省去了很多操作性环节。

代偿内容、标准、额度方面和 2009 年基层服务代偿中的规定是一样的。这里不再赘述。

（1）代偿金额度：$f_i \leqslant 6000$，$F \leqslant 24000$

（2）学生实缴学费金额：$T = \sum_{i=1}^{n} t_i$

（3）学生贷款金额（本金）：$0 \leqslant l_i \leqslant 6000$，$L = \sum_{i=1}^{n} l_i$

（4）学费—代偿金：$F_t = \sum_{i=1}^{n} f_{ti}, f_{ti} = \begin{cases} t_i, t_i < 6000 \\ 6000, t_i \geqslant 6000 \end{cases}$

（5）贷款—代偿金：$F_l = L = \sum_{i=1}^{n} l_i$

（6）代偿金：$F = \max(F_t, F_l)$

3. 定向奖学金合约（见表 6—16）

表 6—16　　　　　　　　定向奖学金合约要件

2007 年免费师范生			
	努力水平		支付价格
对象	6 所部属师范大学①	内容	学费，住宿费，生活费
岗位	地域	生源所在省份	标准	"两免一补"
	单位	生源地中小学（农村义务教育②）	额度（元）	12000（8000 + 400 × 10）
服务年限	10 年（含农村 2 年）	支付方式	学费/住宿费一次性拨付学校，生活费分 10 个月下发学生
2010 年免费医学生（中央）			
	努力水平		支付价格
对象	68 所高校③，本科 5 年，专科 3 年	内容	学费，住宿费，生活费

---

① 分别是：北京师范大学，华东师范大学，东北师范大学，华中师范大学，陕西师范大学，西南大学。

② 毕业后从事中小学教育 10 年以上，其中应先到农村义务教育阶段学校任教 2 年。

③ 涉及 23 个省（自治区、直辖市）的地方高校和 1 所教育部属高校（兰州大学）。

续表

2010 免费医学生（中央）			
岗位	地域	中西部地区	标准	"两免一补"
	单位	乡镇卫生院及以下医疗卫生机构（定岗定单位）	额度（元）	学费：当地收费标准；生活费：不低于国家助学金标准①
服务年限		6 年	支付方式	省财政/中央财政 6000 元/人·年②

与基层服务和服兵役"补偿与代偿"合约相比，定向奖学金合约最大的不同在于它的支付内容增加了，标准和额度都大大提高，同时对努力程度的要求也提高了，服务期限分别为 10 年和 6 年。定向奖学金的招生对象更倾向于中西部地区的农村生源，采用定向培养和定向就业相结合，加大的资助力度对中西部地区农村生源具有较大的吸引力。尤其"免费医学生"定向奖学金合约，采取全定向就业的方式，在入学时已确定单位，就业环节相对简单。而且，该合约的服务期限较"免费师范生"要短，就业有保障，更容易吸引农村生源。此外，定向奖学金采取更加灵活的财政手段，支付额度是由中央财政核拨或中央地方联合资助，避开了贷款代偿的手续，操作起来更简单。但是，定向奖学金合约由于期限过长，且涉及定向培养环节，从合约签订到执行过程的管理工作量大，增加了培养和管理成本，是一种"昂贵的"合约。

免费定向生享受到的补偿金计算如下：

(1) 学费：$T = \sum_{i=1}^{n} t_i$

(2) 住宿费：$D = \sum_{i=1}^{n} d_i$（D 为总住宿费，d_i 为第 i 年就读的住宿费）

(3) 生活费：$A = \sum_{i=1}^{n} a_i$

(4) 代偿金：$F = T + D + A = \sum_{i=1}^{n} (t_i + d_i + a_i)$

---

① 2011 年国家资助政策规定国家助学金标准为人均 3000 元/年，可在 1500—4000 元范围内设 2—3 档。

② 免费医学生所需经费由省级财政在医疗卫生支出中统筹落实。中央财政按照每生每年 6000 元标准予以补助，优先用于生活费补助。

同样地,由于定向奖学金合约的支付也是和学费相联系的,其补偿金在不同专业、不同学费水平的学生之间差异显著。只是由于它的"免费"形式,这种补偿金差异是隐性的。

(二)时序(见图6—7)

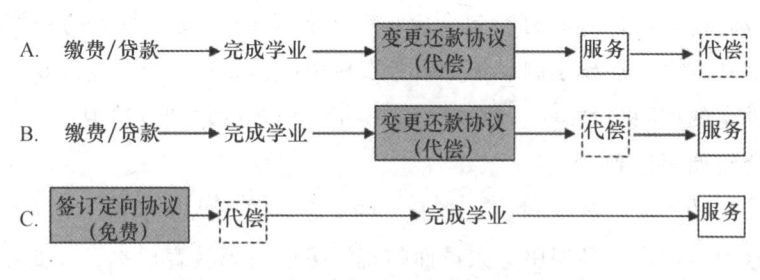

```
A. 缴费/贷款 → 完成学业 → 变更还款协议(代偿) → 服务 → 代偿
B. 缴费/贷款 → 完成学业 → 变更还款协议(代偿) → 代偿 → 服务
C. 签订定向协议(免费) → 代偿 → 完成学业 → 服务
```

图6—7 中国三种基层服务合约的时序

1. 基层服务"补偿与代偿"合约

从获批代偿变更还款协议开始,服务结束终止,为期3年,属于短期合约。由于是分年度代偿,可以看作是"先努力,后支付"的形式,简化为图6—7所示。学生从缴费/贷款入学到完成学业的4年并不包含在合约里。这种短期合约的优点是期限短,期间变动小,可能会遇到岗位调整或者少量退出的情况,多数比较稳定,监督执行成本低。

就合约双方而言,大学生主要在签订合约时考虑是否参与,首先是服务期间的机会成本,其次是沉没成本的补偿(或贷款代偿);管理人员则主要在签订合约之后监督基层服务人员的努力程度以及处理违约情况。

2. 服兵役"补偿与代偿"合约

时序和基层服务代偿大体一致,也是短期合约。不同的是它的支付方式——获批后一次性补偿。一般获批到下达资金的时间为半年,而服义务兵役的期限为2年,即在服务开始半年的时候就已经代偿完毕,可以认为代偿在服务之前,或者先代偿后服务。

这种"先支付,后努力"的方式从财政拨付的角度来看,环节缩短,执行起来简便。但同时也承担了一定风险,需要对基层服务人员实行严格的监控才能保证合约的顺利执行,否则违约发生的概率会增加。相比基层岗位,部队有着比较严密的管理制度,因而这方面可以保证。

3. 定向奖学金合约

"免费师范生"和"免费医学生"的合约时序和上述两种的区别较大。该合约本质上也是将基层服务和高等教育成本补偿结合起来，因而这里放在一起进行比较。

首先，它属于长期合约，从签订合约到规定服务结束，期限为6—11年。该合约在入校时签订，包含完成学业的时间和基层服务的时间。对于免费师范生，在校学制4年，服务农村中小学2年，合约期限6年。免费医学生的期限更长一些，在校学制5年，毕业后须到乡镇卫生院工作6年，合约期限达到11年。

其次，属于"先支付，后努力"的类型，管理人员承担了较大风险。

这项合约中，基层服务人员面临直接考虑高等教育成本，并要预计4年后服务期间的机会成本。管理人员承担较大风险，其间需要考虑的内容也增加。（1）已经享受"补贴"并且确定了就业去向的大学生，没有激励去努力完成学业。这直接影响到4年后的服务质量。（2）大学生在"预计"的情况下签下合约，4年后毕业意向和就业选择都有可能发生改变，其间如果不加以积极引导和监督，违约情况会比较严重。（3）与前两种合约相同，实际服务过程中的努力程度也需要加以监管。

因而，"免费定向服务合约"从招生单列，到特殊培养，再到服务监管的一系列工作量相比增加很多，相应的人员配备要求也高，管理成本上升。

（三）合约的激励偏差

从以上合约分析过程中发现，中国现行的大学生基层服务合约存在激励偏差，具体表现如下。

1. 合约目标

现行大学生基层服务合约的目标有三个：债务减免、学费补偿和服务补偿（奖金或补偿金性质）。这三个目标并不统一。其中，债务减免体现了对家庭经济困难学生的资助，学费补偿体现了对高等教育成本的补偿，而服务补偿才是对收益的补偿。

由于中国的学费水平和学生贷款债务水平均偏低，债务减免和学费补偿所起作用的差异较小，都是通过基层服务来补偿高等教育成本，因而合约目标表达为以基层服务为手段换取成本补偿，其实际的目标并非基层服务。在学费和债务水平偏低的条件下，这样的合约毫无激励。只有出于社会性动机且家庭经济负担较小的大学生才会到基层服务。多数潜在群体出于理性选择会放弃这一服务行为。

对于基层服务而言，服务补偿是更为适当的合约目标。在补偿金的设计过程中更多考虑就业影响因素，而非学费和贷款，从理性的角度，以补偿金引导基层服务行为才能发挥激励作用。

2. 目标群体与潜在群体

合约应该激励谁？谁可能受到激励？根据合约目标确定目标群体是合约设计的关键，而对潜在群体的识别则有利于进一步完善合约，实现合约目标。

2006年的"代偿"合约只针对负债学生。这部分人群受家庭经济的影响较大，而受到债务影响较小（因为债务水平偏低），因而选择基层服务较少。"代偿"合约的激励目标是债务减免，只有极少数负债学生愿意承认自己没有能力偿还贷款，而需要牺牲就业意愿。此外，只针对负债学生的合约隐含了一种"歧视"，只有家庭经济困难学生需要被引导到基层就业，而家庭经济条件好的学生无须下基层，这对于负债学生是一个压力。本书调查显示，负债学生对按期偿还贷款信心十足，"非常有信心"和"比较有信心"的占比83.5%，自然不需要通过"基层服务"的方式来偿还债务。而"按期偿还贷款的信心"与"期望工资水平"呈显著正相关，说明期望工资水平越高，越有信心偿还贷款，就越不愿意以其他方式偿还贷款，特别是基层服务。因而，作为中国正式出台的第一份大学生基层服务合约，把负债学生作为目标群体是不合适的，"代偿"合约的激励无效。

2009年的"补偿与代偿"合约将全体学生纳入目标群体。无论从调查数据分析还是实际执行情况来看，多数学校申请"补偿"的人数要远远多于申请"代偿"的人数，表明负债学生并非政策所能调动的那部分人群，通过"代偿"的方式，难以激励他们到基层服务。反而是非负债学生家庭负担较小，更有可能通过基层服务的方式来满足个人社会性的需要。因而"补偿与代偿"合约扩大了目标人群是符合实际的，也起到了一定的激励效果。

定向奖学金合约结合农村地区招生倾斜政策，将农村生源作为目标群体的做法考虑到农村生源对基层更加了解、更容易适应基层工作和生活，但是忽视了他们的就业期望和基层就业动机。从家庭所在地而言，来自农村的大学生更不愿意基层服务。因而"两免一补"在入学时具有较大的吸引力。但学生面临就业时又会表现出比较实际的态度，内心矛盾重重。履约可能会在很大程度上违背他们真实的就业意愿，即便到岗，执行效果也令人担心。该项合约的目标群体定位也是不合理的。

潜在群体是具有基层服务意愿的大学生，但他们表现出不同的动机类型。从对潜在群体的调查和对目标群体的分析来看，现有大学生基层服务合约的目标群体定位存在偏差，全体大学生均应纳入，还应该根据动机进行分类，设计不同的支付方案予以激励。

3. 服务年限

现行合约有 5 种，每种都实行单一服务年限。如基层服务"补偿与代偿"合约是 3 年，服兵役"补偿与代偿"合约是 2 年，"免费师范生"是 10 年（含 2 年农村任教），"免费医学生"则是 6 年。对任一种合约来说，潜在群体都是分类的，单一期限的支付方案会造成"类型混同"，合约偏好的低成本类型没有得到相应回报，而混同其中的高成本类型却获得了额外的收益。其结果是，只有高成本类型受到激励，低成本类型的激励为负。

设计合约时，无论针对哪一领域的基层服务，支付方案至少应按照服务期限分为两个，对不同的潜在群体进行甄别，区别对待。

4. 补偿金定价

根据上面对合约目标、目标群体的分析以及补偿金定价模型的研究，中国现有的与学费和债务相关的补偿金定价标准制定得不合理，导致激励低效。

此外，梳理现有国内"补偿与代偿"合约，补偿金计算原则有三种："非此即彼"原则，"二者就高"原则，"合计"原则。三种计算原则导致补偿金对不同专业区别对待，也会对专业报考有影响。

假设某高校学生学制为 N，第 i 年实缴学费 T_i，第 i 年贷款 D_i，则 $T = \sum_{i=1}^{n} T_i, D = \sum_{i=1}^{n} D_i$。按规定每人所借国家助学贷款不超过 6000 元/年。贷款部分暂不计算利息。

假设 PC 为支付成本，PC_i 为每年支付成本，若采用"非此即彼"原则，令支付成本 $PC_i = \begin{cases} T_i, & D_i = 0 \\ D_i, & D_i \neq 0 \end{cases}$；

若采用"二者就高"原则，令 $PC_i = \max(T_i, D_i)$；

若采用"合计"原则，令 $PC_i = T_i + D_i$。

假设每年补偿金为 F_i，每年补偿金上限 $B = 6000$（元），则 F_i 用 PC_i 表示为：$F_i = \begin{cases} PC_i, & PC_i < 6000 \\ 6000, & PC_i \geq 6000 \end{cases}$

最后，补偿金 $F = \sum_{i=1}^{n} F_i$。

上述三种原则下，贷款与非贷款以及不同学费标准间代偿金存在差异性，可在表6—17中反映：

表6—17　三种补偿原则下补偿金差异

原则	"非此即彼"	"二者就高"原则	"合计"原则
数学表达式	$PC_i = \begin{cases} T_i, D_i = 0 \\ D_i, D_i \neq 0 \end{cases}$	$PC_i = \max(T_i, D_i)$	$PC_i = T_i + D_i$
1. 负债 $D_i \neq 0$	$PC_i = D_i = S_i - T_i \leq S_i$	$PC_i \leq S_i$	$PC_i = S_i$
2. 非负债 $D_i = 0$	$PC_i = S_i$	$PC_i = S_i$	$PC_i = S_i$
3. 不同专业（学费）$S_2 > S_1$	$PC_2 > PC_1$	$PC_2 > PC_1$	$PC_2 > PC_1$
补偿金（$S_i < 6000$）	$F_{nd} \geq F_d$，$F_2 > F_1$	$F_{nd} \geq F_d$，$F_2 > F_1$	$F_{nd} = F_d$，$F_2 > F_1$
补偿金（$S_i \geq 6000$）	$F_{nd} \geq F_d$，$F_2 = F_1$	$F_{nd} \geq F_d$，$F_2 = F_1$	$F_{nd} = F_d = 6000$，$F_2 = F_1 = 6000$

假设第 i 年某专业应缴纳学费（含住宿费）标准为 S_i，假设学生通过缴纳学费和申请助学贷款入学，即 $S_i = T_i + D_i$。

从表6—17可以看出，无论当 $S_i < 6000$，还是 $S_i \geq 6000$ 时，"非此即彼"原则和"就高"原则下负债学生和非负债学生所获代偿金都有差异，非负债学生获益更多，无论他们在何处"服务"、个人素质如何以及服务效益如何。只有在"合计"原则下，两种学生是没有差异的。另外，对

于不同专业,即学费标准不同的学生,当 $S_i < 6000$ 时,在三种原则下所获补偿金都不同,代偿金多少取决于学费标准的差异。而当 $S_i \geqslant 6000$ 时,不同专业学生所获补偿金没有差异。

综上,非负债学生从中获益要优于负债学生,而且学费标准越高的专业获益越多。特别对于国家急需行业所对应的那些专业,如中文、数学、勘探等,学费标准普遍偏低,其毕业生参加基层服务的比例很大,却难以从补偿金中获得比较优势和补偿,反过来会挫伤高中毕业生报考这些专业的积极性。

目前合约中对于补偿金的计算,无论采用"非此即彼"原则、"就高"原则,还是"合计"原则,都是基于学费或债的补偿,与大学生基层服务合约本末倒置。基层服务合约应是一种基于服务的补偿,补偿的差异应首先体现在服务种类的不同,而非学生缴费或负债的高低,其次辅之以高等教育私人成本分担的水平。如果补偿无法体现服务的结果,那么想通过"补偿"来吸引"服务"就无法构成激励,因而不能达到预期效果。

现行合约问题归纳(表6—18):

表6—18　　　　　　　　现行合约的激励问题与对策

问题	具体表现	基本对策(机制设计)	机制目标
目标错位	成本收益不对等	调整基本定价机制,实现服务补偿目标	公平,效率
	地区工资差异未得到补偿		
	强调专业差异,忽视服务差异		
逆向选择	基层服务市场萎缩,低质低价	岗前培训考核,排除低质劳动力	激励相容
	期限单一,类型混同	信息甄别机制,多元支付方案	激励相容
道德风险	努力程度无法控制	补偿金与考核结果挂钩	激励相容
	贷款违约,补偿金挪用	调整支付机制①	公平,效率
	服务中止,违约	优化退出机制,增加违约成本	激励相容

---

① 代偿金发放可采取"教育券"(voucher)的形式,直接打入学生账户,只能查询,不能支取,银行在还款日自动扣款。服务期满支取账户余额。银行管理台账,由当地政府支付手续费。

第三节 制定以激励为核心的合约方案

从高等教育财政的角度，大学生基层服务合约可以作为一种整体性方案，对于那些就读于特殊专业并且对口就业于基层艰苦地区行业的学生，大学生基层服务合约可以帮助他们打消对专业选择和就业选择的顾虑。而对于其他有意到基层服务的学生，也可以通过这种方式得到激励和补偿。

针对中国现行大学生参与基层服务政策的激励偏差，从合约的视角进行分析，参考国际经验、实证研究结果和激励机制设计，综合提出以下方案框架。

（1）政策理念：基于国家需要的就业补偿。

（2）合约模式：依据岗位特征选择。

（3）激励机制：以补偿金为基础的多元支付方案。

一 政策理念：基于国家需要的就业补偿

二战后世界各国的学生资助政策都涉及"教育机会均等"和"人力资本投资"两大理念的影响[1]，强调对弱势群体入学的帮助，以及基于人力资本投资社会效益的政府投入。资助的实质是财政补贴，具体形式有明补和暗补。随着收费国家学生资助力度加大，产生对于财政补贴效率的诉求，不同学生资助手段的选择和运用在条件允许的情况下更加讲求资金使用效率，以及在公平和效率的前提下谋求更多功能。

随着中国学生资助体系的日臻完善，学生资助理念也在朝着多元化方向发展。大学生基层服务合约的出现，体现出学生资助理念的转变，从"不让一个学生因为家庭经济困难失学"转向国家需要、公共需要和社会需要。让那些准备到国家需要的基层岗位就业的大学生获得资助，完成学业，实现职业理想。同时，该理念也体现了对人力资本投资现实回报的关注，而不仅仅是期望中的回报率。

---

[1] 张民选：《理想与抉择——大学生资助政策的国际比较》，人民教育出版社1997年版，第59页。

2006年中国"代偿"政策第一次出台，建立在学生贷款政策的基础上，其"债务减免"的功能并没有得到多数学生的认可。尽管债务减免从理论上具有一定吸引力，但是家庭经济本来就困难的负债学生会因为就业选择受限而强烈抵制这一做法，更何况是在中国学费、学生贷款债务水平以及负担比均偏低的情况下。

因而结合中国国情，将大学生参与基层服务政策的理念调整为基于国家需要的就业补偿，并基于此设计和调整政策方案，会对大学生产生更大的吸引力。

相应地，政策目标从高等教育的入学向就业转变，从人力资本投资成本补偿向收益补偿转变。学费和学生贷款债务不再是补偿的唯一标准。政策对象为全体学生，家庭经济困难情况以及生源种类不再作为受助标准。

二 合约模式：依据岗位特征选择

（一）备择模式

中国目前的助学贷款均采用银行出资的方式，校园地国家助学贷款和生源地信用助学贷款均由国家开发银行提供本金，因而没有"在岗模式"中"服务—减免"的类型，其余四种类型备选："服务—代偿""服务—补偿"、定向奖学金、定向贷款。

在岗模式中，由于中国目前学费和债务水平均较低，偿还贷款对负债学生的就业选择影响较小，"服务—代偿"将不能发挥激励作用，因而不宜采用。"服务—补偿"的适用范围比较广泛，建议采用。

在校模式中，定向奖学金由政府出资设立，毕业履约时学生的变动性较大，收回资金困难。相比之下，定向贷款的资金使用效率更高。且易于应对毕业违约的处理，可以在"代偿"与"毕业生自行偿还"之间进行转换。

因此，中国的国情下可以优先选择以下两种合约模式：

（1）特殊专业—免费（定向贷款）—定向就业（其他就业改为自行偿还）。

（2）一般专业—缴费/贷款—定向就业—补偿金。

（二）特殊专业：基层服务定向贷款

特殊专业指的是教育、医疗、法律等专业技术性较强的专业。这些专业实行与定向培养相结合的在校定向贷款模式。具体适用专业可结合基层岗位需要提前确定和发布，加大宣传，并随录取通知书寄送考生。

中国的国家助学贷款和生源地信用助学贷款均由国家开发银行发放，可在此基础上开办"基层服务定向贷款"业务。入学时不做家庭经济困难情况认定，只签订服务协议，承诺毕业后到国家规定地区的基层岗位服务或就业一定年限。如果毕业履约，则由中央和服务地所属地方政府两级财政共同代偿（银行）。如果毕业违约，则转为个人偿还，且需要一次性缴纳一定数额的违约金。

由于不做家庭经济困难情况认定，转为个人偿还时，可按照一般商业银行贷款利率执行，财政不贴息。家庭经济困难学生如果不能履约，可在毕业前申请家庭经济困难情况认定，转为按照国家助学贷款政策自行偿还贷款，享受贴息。

定向培养包括基层专业知识和基层实践实习，引导学生尽早熟悉和适应基层工作环境。毕业前安排定岗实习环节。就业时可由毕业生自主择业，与基层单位签订服务或就业协议，也可由政府主导定向就业，提前签订基层就业协议。

定向贷款模式可以涵盖从专业选择到就业的整个过程，属于多目标型，可以应用于专业技术职业技能要求较高的特殊职业，如师范、医学、法律等专业对口基层岗位，主要采用定向贷款的方式吸引学生就读和从事相关专业基层工作。由于专业特殊性，其他专业毕业生难以进入，采用从培养到就业一体化输送渠道，可以确保人才质量和服务的相对稳定性。

（三）一般专业：基层服务—补偿

其他专业学生正常入学和培养，就业时如果到国家规定地区的基层岗位就业或服务一定年限，可以签订"服务—补偿"协议，由政府予以补偿，补偿金可由中央和地方两级财政按照一定比例共同拨付。基层服务包括服义务兵役。签协议时统一办理补偿金银行账户，用于拨付补偿金，负债学生修改还款协议，将还款账户更换为补偿金账户，仍然按照原还款计划进行偿还。

在岗模式：就业时签订合同，补偿只针对服务过程进行，目标相对单一。一般针对专业技术要求不高的岗位设立，如管理、社保、社区服务等。资助方式采用补偿金。具体下拨过程中，补偿金通过新建银行卡账户下发，有贷款记录者，补偿金由银行直接划扣。

其他相关操作可参照现行的基层服务"补偿与代偿"政策执行。

综上，适合中国国情的大学生基层服务合约模式如图6—8所示。

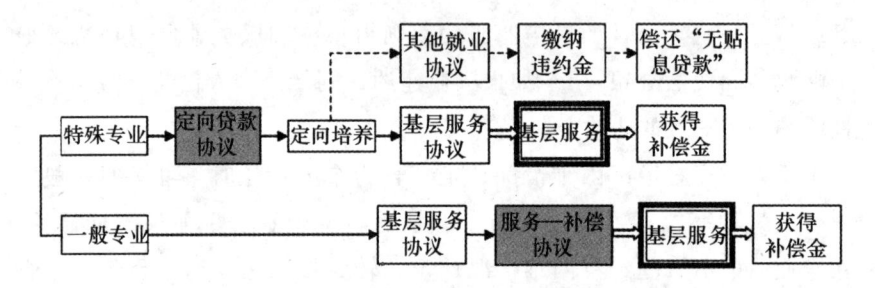

图6—8 中国大学生基层服务合约的模式选择

三 激励机制：以补偿金为基础的多元支付方案

（一）因素法补偿金测算

首先对基层服务的基准补偿金进行估计。做出假设：

（1）基层就业与非基层就业大学生在高等教育阶段投入的成本相等。

（2）基层服务为短期3年，其间工资水平按平均工资指数缓慢增长。

（3）基层服务结束后重新找寻工作，工资水平与其他大学生相同。

基层工资取此本调查中"可接受的最低工资"中位数1500元/月（该数值一般高于实际基层工资）。根据《2010中国劳动统计年鉴》，2009年就业人员平均工资指数为111.6，估算2010年和2011年的工资水平。非基层工资采用2009—2011届本科毕业生毕业半年后的平均工资[①]，采用非"211高校"数据。

上述估算的补偿金水平是偏低的（见表6—19）。一方面，服务期间

---

① 王伯庆：《2010年中国大学生就业报告蓝皮书》，社会科学文献出版社2010年版，第39—45页。

工资差异不是和三年的平均值分别比较，而是和同届本科毕业生毕业半年后工资的均值比较，显然实际差异要更大一些。以2008届大学生为例，2008年毕业半年后平均工资为2133元，三年后已上涨到5066元，涨幅高达2933元，上涨比例为138%。按照这样的上涨比例，三年间基层就业的工资差异将会更大。另一方面，考虑到地方高校毕业生占应届毕业生的多数，本科毕业生毕业半年后的平均工资采用的是"非211高校数据"，去掉了收入组中较高部分的影响，也缩小了工资差异。

表6—19　2009—2011届本科毕业生基层就业的基准补偿金测算（单位：元）

	2009年	2010年	2011年
非基层（当年）	2369	2815	3051
基层	1500	1674	1868
工资差异	869	1141	1183
补偿金（三年）	31284	41076	42581

即便如此，低估的代偿金也远高于目前政策规定的最高代偿金额24000元。中国2009年出台的代偿新政策规定的24000元限额，至今未变，因此对大学生的吸引力难免不足。

其次，考虑补偿金影响因素的情况下，对有关系数进行操作化（见表6—20、表6—21）：

表6—20　　　　　　　　补偿金影响因素的操作化

	要素	变量	操作化
补偿性工资差异 α	服务地域	α_1	东（0.91），中（1.00），西（1.10）
	服务行政区划	α_2	县（1.00），县以下（1.10）
	服务期限	α_3	体现在支付方案中
	服务期限完成情况	α_4	体现在支付方案中
高等教育投资成本 β	学校隶属层级	β_1	地方（1.00），部属（1.10）
	学历层次	β_2	专科（0.90），本科（1.00），研究生（1.10）
	专业类别	β_3	$[1+(T-4000)/16000]$
	紧缺专业	β_4	紧缺专业（1），非紧缺专业（0.7）

续表

要素		变量	操作化
其他 γ	居民消费价格指数	CPI	以统计局公布数据为准
	性别差异	g	女性增加人身安全保险
	生源地—服务地距离	l	视实际距离增加交通补贴

表 6—21　　　　　　　　　　补偿金系数表

				东部地区		中部地区		西部地区	
				县	县以下	县	县以下	县	县以下
地方	专科	4000元	紧缺	0.82	0.90	0.90	0.99	0.99	1.09
			非紧缺	0.57	0.63	0.63	0.69	0.69	0.76
		6000元	紧缺	0.92	1.01	1.01	1.11	1.11	1.23
			非紧缺	0.64	0.71	0.71	0.78	0.78	0.86
		8000元	紧缺	1.02	1.13	1.13	1.24	1.24	1.36
			非紧缺	0.72	0.79	0.79	0.87	0.87	0.95
		12000元	紧缺	1.23	1.35	1.35	1.49	1.49	1.63
			非紧缺	0.86	0.95	0.95	1.04	1.04	1.14
	本科	4000元	紧缺	0.91	1.00	1.00	1.10	1.10	1.21
			非紧缺	0.64	0.70	0.70	0.77	0.77	0.85
		6000元	紧缺	1.02	1.13	1.13	1.24	1.24	1.36
			非紧缺	0.72	0.79	0.79	0.87	0.87	0.95
		8000元	紧缺	1.14	1.25	1.25	1.38	1.38	1.51
			非紧缺	0.80	0.88	0.88	0.96	0.96	1.06
		12000元	紧缺	1.37	1.50	1.50	1.65	1.65	1.82
			非紧缺	0.96	1.05	1.05	1.16	1.16	1.27
	研究生	4000元	紧缺	1.00	1.10	1.10	1.21	1.21	1.33
			非紧缺	0.70	0.77	0.77	0.85	0.85	0.93
		6000元	紧缺	1.13	1.24	1.24	1.36	1.36	1.50
			非紧缺	0.79	0.87	0.87	0.95	0.95	1.05
		8000元	紧缺	1.25	1.38	1.38	1.51	1.51	1.66
			非紧缺	0.88	0.96	0.96	1.06	1.06	1.16
		12000元	紧缺	1.50	1.65	1.65	1.82	1.82	2.00
			非紧缺	1.05	1.16	1.16	1.27	1.27	1.40

第六章 中国大学生基层服务合约激励机制的运行 / 191

续表

				东部地区		中部地区		西部地区	
				县	县以下	县	县以下	县	县以下
部属	专科	4000元	紧缺	0.90	0.99	0.99	1.09	1.09	1.20
			非紧缺	0.63	0.69	0.69	0.76	0.76	0.84
		6000元	紧缺	1.01	1.11	1.11	1.23	1.23	1.35
			非紧缺	0.71	0.78	0.78	0.86	0.86	0.94
		8000元	紧缺	1.13	1.24	1.24	1.36	1.36	1.50
			非紧缺	0.79	0.87	0.87	0.95	0.95	1.05
		12000元	紧缺	1.35	1.49	1.49	1.63	1.63	1.80
			非紧缺	0.95	1.04	1.04	1.14	1.14	1.26
	本科	4000元	紧缺	1.00	1.10	1.10	1.21	1.21	1.33
			非紧缺	0.70	0.77	0.77	0.85	0.85	0.93
		6000元	紧缺	1.13	1.24	1.24	1.36	1.36	1.50
			非紧缺	0.79	0.87	0.87	0.95	0.95	1.05
		8000元	紧缺	1.25	1.38	1.38	1.51	1.51	1.66
			非紧缺	0.88	0.96	0.96	1.06	1.06	1.16
		12000元	紧缺	1.50	1.65	1.65	1.82	1.82	2.00
			非紧缺	1.05	1.16	1.16	1.27	1.27	1.40
	研究生	4000元	紧缺	1.10	1.21	1.21	1.33	1.33	1.46
			非紧缺	0.77	0.85	0.85	0.93	0.93	1.02
		6000元	紧缺	1.24	1.36	1.36	1.50	1.50	1.65
			非紧缺	0.87	0.95	0.95	1.05	1.05	1.15
		8000元	紧缺	1.38	1.51	1.51	1.66	1.66	1.83
			非紧缺	0.96	1.06	1.06	1.16	1.16	1.28
		12000元	紧缺	1.65	1.82	1.82	2.00	2.00	2.20
			非紧缺	1.16	1.27	1.27	1.40	1.40	1.54

可以看出，根据不同的人力资本因素和服务因素，补偿金系数从 0.57 到 2.20 不等。

在不考虑人身安全保险和交通补贴的前提下，综合基层服务基准补偿金和影响因素系数，可以对基层服务补偿金做出测算。

如：本科生小王就读于某部属院校紧缺专业，学费 8000 元/年，2011

年毕业到西部地区县以下基层单位服务3年,且表现良好通过考核。查表得:补偿金系数为1.66。所获补偿金为42581×1.66≈70684(元)。

(二) 支付方案

以上是对单一目标群体的设计。长期扎根基层和短期服务的动机不同,服务质量也有很大差异,应设计不同的支付方案,提供合约激励,以便不同动机类型的群体依偏好进行选择。

1. 基层服务定向贷款合约(A)

补偿金分为两部分:一是在校定向贷款;二是服务期间补偿。取消在校期间的生活费补贴,合并为服务期间补偿金。按照现行国家助学贷款额度要求,本科生每年8000元,研究生12000元。仍以小王为例,应获补偿金70684元,在校期间获得贷款共32000元,则服务期间本可获得补偿金38684元。按照激励机制设计的思路,考虑到对长期扎根基层的鼓励,不得不将高成本群体应得的补偿金转移一部分给低成本群体,也就是出让"租金"。

考虑长短期服务合约,根据本书调查结果,除去暂时失业型,高成本类型的比例为74%,低成本类型的比例为12%。折合两种类型的比例分别为86%和14%。即潜在群体中86%会选择短期合约,14%选择长期合约。应将86%高成本类型的补偿金转移一部分给14%的低成本类型,这样,低成本类型会选择长期扎根并获得应有的高回报,而高成本类型也会因为机会成本太高则选择短期服务,以达到激励相容的目标。调整两类群体的服务补偿金差异(见表6—22)。

表6—22　　　　　　A 合约的长短期支付方案　　　　　　(单位:元)

	应得补偿金	比例	年贷款额	就读年限	年实际补偿金	服务年限	出让租金	实际补偿金
短期	70684	86%	8000	4	7000	2	24684	46000
长期	70684	14%	8000	4	19938	6		151630

(1) A1:短期合约

服务期限2年,定向贷款额度:8000×4。

服务期间补偿金:7000×2。

支付方式：入学签订定向贷款合同，贷款打入学校财务账户。服务期满，贷款转为财政代偿。补偿金年末考核合格发放。

中途退出或违约：贷款直接转为个人偿还。支付一次性违约金：不满1年缴纳5000元，不满2年缴纳10000元（含退还1年补偿金7000元和违约金3000元）。

（2）A2：长期合约

服务期限6年，定向贷款（8000×4）+补偿金（20000×6）。

支付方式：入学签订定向贷款合同，贷款打入学校财务账户。服务满2年，贷款转为财政代偿。补偿金从第三年开始，每年末考核合格发放1/4。

中途退出或违约：贷款直接转为个人偿还。支付一次性违约金：不满1年缴纳5000元，不满2年缴纳10000元（含退还1年补偿金7000元和违约金3000元），以此类推。

2. 基层服务—补偿合约（B）

对于非紧缺专业，增加非紧缺专业系数0.7。将长短期支付方案制订如下（表6—23）。

表6—23　　　　　　B合约的长短期支付方案　　　　　　单位：元

	应得补偿金	比例	年贷款额	就读年限	年实际补偿金	服务年限	出让租金	实际补偿金
短期	49479	86%	0	4	7000	2	35479	14000
长期	49479	14%	0	4	30605	6		183630

（1）B1：短期合约

服务期限2年。

服务期间补偿金：7000×2。

支付方式：服务期间，补偿金年末考核合格发放。

中途退出或违约：支付一次性违约金，不满1年缴纳5000元，不满2年缴纳10000元（含退还1年补偿金7000元和违约金3000元）。

（2）B2：长期合约

服务期限6年，补偿金额度：30000×6。

支付方式：服务期间，从第三年开始，每年末考核合格发放 1/4 的补偿金。

中途退出或违约：支付一次性违约金：不满 1 年缴纳 5000 元，不满 2 年缴纳 10000 元（含退还 1 年补偿金 7000 元和违约金 3000 元），以此类推。

第四节　践行大学生基层服务合约的相关配套

一　可行性

可行性是来自项目投资分析的概念。对此，《投资大辞典》的界定是："投资项目满足约束条件。由于经济及体制方面的多种复杂因素，没有可能比较各种可供选择的方案以求最佳性，而只能围绕方案在可行性界线的内外以判断该项目在经济上的合理性和技术上的可行性，凡可行性界线以内的各备选方案均是可行的，即项目的投资建设具有可行性。"[1]《现代汉语新词词典》则将其界定为"具备条件，可以实行"。[2]《现代汉语大辞典》给出了类似的解释："具有可以实施的条件和性质。"[3] 具体地说，可行性分析主要围绕方案在政治、财政、技术和社会等方面展开。[4]

（一）政治可行性

作为一项公共政策方案，政治可行性是首要的。大学生基层服务合约的政策优化符合中国当前深化改革的政策导向，一项合约可以实现调整就业结构、促进就业、均衡区域发展等多种功能。另外，从大学生基层服务合约的政策沿革也可以看出，深厚的政策背景为该项政策的进一步优化提供了基础。

公平与效率都是政策追求的目标。在基层服务劳动力市场失灵的前提下，政策的介入可以促进劳动力流动，弥补基层劳动力匮乏的现状，

---

[1] 黄汉江：《投资大辞典》，上海社会科学院出版社 1990 年版，第 154 页。
[2] 于根元：《现代汉语新词词典》，中国青年出版社 1994 年版，第 515 页。
[3] 阮智富、郭忠新：《现代汉语大词典（上册）》，上海辞书出版社 2009 年版，第 1111 页。
[4] 邵晶晶：《政策方案可行性论证程式的研究》，博士学位论文，复旦大学，2005 年，第 88 页。

为西部大开发、建设新农村以及农村医疗体制改革等政策的实施从根本上予以保证。同时，为基层注入人才，就是扶持基层的发展，改善中国区域发展不平衡的状况。从这两方面来看，是兼有效率和公平的，符合中国今后很长一段时间内的多方面政策导向。因而在政治上可以得到广泛的支持。

（二）财政可行性

中国目前向基层输入的人才与缺口相比仍有很大差距，必须下大力气投入资金，让更多的大学毕业生参与基层服务。

大学生基层服务合约涉及就业、教育、医疗等多个公共领域，需要多方投资才能发挥其激励效应。2015年公布的中央预算主要支出项目显示，社保和就业、农林水、教育、医疗卫生等方面的投入显著增加。其中，学生资助补助经费404.92亿元，增长18.7%[1]。

从财政投入的角度来看，国家近年来不断加大对于公共领域的投资力度，公共教育支出占GDP的比例在2012年就已达到4%，并且强调"调结构""稳增长"，因而财政上是具备可行性的。

（三）技术可行性

新的政策方案改变了以往依赖高校、费时费力的境况，转而利用县级学生资助管理中来担当管理主体，发挥其地理优势。县级学生资助管理中心常年操作生源地学生贷款，从机构、人员和信息方面都更适合担当这一角色。因而从管理技术上是具有可行性的。

另外，信息透明化是项目长期可持续发展的保障。大学生基层服务政策项目的信息归结、处理、发布等环节，可与全国高等学校学生信息咨询与就业指导中心对接，借助其"全国大学生就业公共服务立体化平台"，做好信息管理和宣传工作。该平台投入运行以来，收效良好，具备强大的信息处理能力。从信息技术上也是可以实现的。

此外，贷款技术有赖于银行的参与合作。中国国家助学贷款和生源地助学贷款实施16年来，得到国家开发银行及其他国有商业银行乃至农

---

[1] 《关于2014年中央和地方预算执行情况与2015年中央和地方预算草案的报告》，2015年3月，财政部网站（http://www.mof.gov.cn/zhengwuxinxi/caizhengxinwen/201503/t20150317_1203481.html）。

信社的大力支持，对于贷款合同的拟定、申请审批流程、贷后管理等方面具有资金优势和技术优势。与银行合作发开定向贷款，将大大提高财政效率，降低违约风险。

（四）社会可行性

中国大学生基层服务具有广泛的社会基础。早在 2003 年开始的西部志愿者，后来的"村干部"计划、"三支一扶"计划，以及在代偿政策推动下基层就业的进一步推进，直至现在的免费师范生、免费医学生……大学生服务基层已经成为一种"新风尚"。大批学生赶赴基层，足迹遍布中西部地区、农村、贫困县等，打下了良好的群众基础。在民生诉求高涨的今天，吸引更多大学生服务基层，是民心所向，具有较强的社会可行性。

二 配套措施

随着中国新型城镇化时代来临，越来越多的毕业生会选择在二、三线城市工作，甚至一些城市家庭背景的学生来到乡镇创业。农村学生经过高等教育改变命运选择在城市安家奋斗，而城市学生则愿意到农村到基层开辟新天地，二者共同作用下会形成更高的城镇化水平，并带来新农村新面貌。在农村和基层，更多的就业岗位，更加匹配和适合的工作，更好的职业生涯发展前景，以及政策对于基层就业、基层创业的大力支持是吸引学生的根本。

通过合约激励设计，吸引和留住大学生服务基层，重点是长期合约的激励，加大财政补贴力度。让大学生服务基层"下得去，干得好"，让长期扎根的人才"留得住"，让短期服务的志愿者"流得动"。

建立与就业相关的学生资助政策，以贷款为主体，以基层就业为导向，各级政府共同参与分担财政补贴。

（一）开发基层岗位

尽管我们调查的具有基层服务意愿的学生数量较多，潜在群体规模较大，但是意愿只是一种愿望和可能性，与职业发展相关的因素才是他们选择一项职业的动力。因而，积极开发基层岗位，让大学生在基层学有所用，真正发挥他们的能力，是吸引大学生到基层就业的根本途径。

2010 年，中国青年报社会调查中心对 2307 名在校大学生的专项调查结果①显示，影响大学生择业的主要因素是收入、职业发展前景和行业前景。其次是个人兴趣、稳定、编制、社会地位、自由、户口、企业文化、轻松、国家和社会需要等。

每年应对基层用人需求重新进行评估，及时更新下年度拟招聘岗位、专业要求，调整合约相关条款。对于已经满足需求的岗位不再列入下年度资助计划。而新增加的紧缺职位应及时发布，列入新一轮资助范围。编制年度基层服务岗位手册，调整和公开信息，对合约条款进行详细解释。做到"应助尽助"，减少信息不对称。

（二）创造基层服务和实践机会

将校内基层服务培训和校外基层实践相结合，让在校学生尽早接触基层、认识基层、了解基层、热爱基层。

创造一切可能机会，如政府牵头，促进高校和基层单位间建立良性互动合作关系，从引智、实践、创新、产学研合作等多方面建立密切联系，可以为大学生基层就业铺就道路。借鉴教育部 2015 年提出的关于创新创业的新要求②，建立弹性学制，改革学生学业考核评价办法，以更加多元的方式评价学生。允许休学参加基层服务，采取奖励学生实践学分、升学优惠等措施。

进一步落实和完善服务期满在升学和就业服务等方面的优惠政策。

（三）创新管理运作，加强信息披露

良好的管理运作是合约执行、政策方案顺利实施的重要条件，不仅能促进信息对称，而且有可能节约信息成本。

1. 高校发挥在校期间信息优势

高校在以往学生资助管理中发挥着重要作用。高校对学生在校期间信息比较了解，但学生毕业之后，信息分散化，高校获取信息非常困难。这样的情况无论在学生贷款的贷后管理，还是"代偿"政策的管理中都是比较突出的，也是高校反映较多的问题。

---

① 《大学生就业选择影响因素》，《中国高教研究》2010 年第 4 期。
② 《教育部关于做好 2015 年全国普通高等学校毕业生就业创业工作的通知》，2014 年 12 月，教育部网站（http：//www.moe.edu.cn/publicfiles/business/htmlfiles/moe/s3265/201412/xxgk_180810.html）。

首先，高校设立的机构没有义务管理毕业生。其次，虽然高校成立了较完备的学生资助管理中心，有机构和人员，可以和毕业生保持一定的联系，但是由于距离遥远，与毕业生的沟通如果不及时，比如毕业生更换联系方式，或者更改就业地点，高校是很难及时捕捉的。最后，对于和学生贷款相关的项目，如追缴贷款、催账等，高校并不具备技术优势。

在大学生参与基层服务政策中，对于在校项目，高校可以充分发挥在校期间的信息优势、人员优势和管理优势，担负起学生培养的责任。与基层单位联合组织基层实习实践活动，增加学生的基层体验，扩大受众面，把"三下乡"等活动做成"必修"学分，让每一位大学生都尽早认识基层，了解基层，建立基层感情，树立更加务实的就业观。

2. 以县级学生资助管理中心为管理主体

自生源地助学贷款实施以来，中国县级学生资助管理中心在学生资助的管理运作中发挥着重要作用，截至2012年，生源地助学贷款覆盖全国25个省（区、市）、1695个县（区）、2564所高校，服务网络覆盖全国广大城乡县域乃至乡镇，包括新疆和西藏在内的中西部全部18个省份均实现了业务全覆盖[1]。县级学生资助管理中心设在各县（市、区）教育行政部门，为常设机构，配备专职工作人员。该中心具备地理位置优势，对基层单位和基层工作人员具有信息优势，长期和多个行政管理部门之间协调，在生源地贷款的管理工作中积累了较多经验，具备管理优势。

在原有建制基础上，增加县级学生资助管理中心编制，使其承担大学生参与基层服务政策的主要管理职责。（1）岗前培训，组织在校学生基层实习实践活动；（2）服务期间与学生定期联系，年度考核，向上级学生资助管理部门上报；（3）服务中止和退出的处理，严格审核，与基层单位定期联系。（4）集中基层单位用人需求，组织年度评估，将岗位信息、招聘人数和要求上报上一级学生资助管理部门，以便及时发布年度基层服务岗位项目手册。

---

[1] 《资助政策给力教育公平——关注家庭经济困难学生》，2012年2月23日，教育部网站（http://www.moe.edu.cn/publicfiles/business/htmlfiles/moe/s5147/201202/130885.html）。

3. 探索企业或第三方机构项目运作模式

中国一向鼓励企业或第三方机构办教育。美国的大学生基层服务合约项目式运作经验可以为中国所借鉴。一方面，鼓励企业雇主根据自身用人需求设立资助项目，引导和增加大学生就业。另一方面，第三方机构可以联合基金会力量，组织设立行业就业资助项目，对于劳动力紧缺行业予以扶持。

4. 建设基层服务信息平台，动态发布和管理供求信息

尽管从政策上，中国的基层服务项目已经开始统筹实施，一定程度上节省了成本，但信息披露方面的效率仍然不高，招聘的公开透明性不够。用人单位和大学毕业生之间信息不对称。降低信息成本的有效途径之一就是建设信息平台，将基层的需求和大学生的供给情况公开，双方都可以及时发布和查询信息。同时，申请、培训、测试、招聘、在岗管理、考核、账户查询等方面也可以统一在信息平台上进行操作。如果从信息平台上予以统筹，将大大降低管理成本和监督成本。

（四）探索财政分担，保障资金投入

各个模式下的资助主体根据岗位的产品性质来定，采取收益分享和成本分担相结合的方式。隶属中央政府的公共部门，主要由中央政府资助；隶属地方政府的公共部门，则主要由地方政府承担资助责任；中央政府按照地域分布分担不同的资助比例。

中国目前的政策方案中，中央政府主要承担着部属高校大学生的资助和管理成本，地方政府则承担来本地服务或地方高校大学生的资助和管理成本。按照"谁收益，谁分担"的原则，中央政府不必承担过多成本。对于财政能力较强的省份，如上海，可由地方财政全部负担来本地基层服务的补偿资金。而对于财力欠佳的中部和西部地区，则由中央财政和地方财政按比例分担，或采取转移支付手段向财政困难省份倾斜。但是项目的设立和基层管理则交由地方政府和县级学生资助管理中心配合执行。

（五）健全法律法规

美国的学生资助政策改革是以立法的形式确立的，如 1944 年《蒙哥马利退伍军人法案》，1958 年《国防教育法》，1965 年制定并修订至今的《高等教育法》等。而 1993 年确立的《国家和社区服务信托法案》提出

学生可以通过社会服务偿还教育或培训的学生贷款。21世纪以来，美国政府更是通过一系列密集的立法行为来推动学生资助政策的发展，为学生资助的顺利实施提供了重要保障。有代表性的如2007年《大学成本降低与机会法》、2008年《高等教育机会法》、2010年《卫生保健和教育协调法》等。

建议中国在《教育法》《高等教育法》和教育发展五年规划的基础上，加快学生资助立法，将大学生基层服务政策确立为一项长期制度，常抓不懈。使政府承诺的资助落到实处，同时也对学生的服务行为以及各个主体的管理职责进行有效监管，促进政策方案不断优化、可持续发展。

本章小结

从中央政府到地方政府的实践可以看出基层就业的国家需要，以及隐含在政策中的就业激励目标。长效的就业拉动需要在政策方案中注入更大激励，将基层就业从大学生的志愿性行为向选择性行为转变，将补偿金价格从对教育成本的补偿转向对教育收益的补偿。

在对政策进行梳理、对实施情况进行比较、通过合约理论进行分析之后发现，中国的大学生基层服务政策存在激励偏差，政策目标不明确，补偿金不能反映收益差异，以及合约模式使用不当造成成本过高。研究提出考虑工资差异的基础上进一步提高补偿金标准，并通过合理的支付方案优化补偿金的配置。

在激励机制的内核基础上，本章主要参考国际经验，与本国的政策模式相比较，做出选择和优化，并提出配套措施。通过对"在岗模式"和"在校模式"的比较，笔者认为中国目前可以同时使用这两种模式。基于激励机制设计，在校模式选择定向贷款为主，在岗模式选择"服务—补偿"方式，可以更加有效地实现合约目标。基于因素法补偿金定价模型，给出了中国目前补偿金定价的合理范围，并对补偿金系数做了详细测算，在此基础上进一步设计"长期"和"短期"两种合约，满足大学生和基层的双重需要。大学生基层服务合约的顺利执行有赖于配套措施的健全。在方案优化之后分析了可行性和相关配套政策。

第七章

结　　论

第一节　主要结论

第一，大学生参与基层服务，对国家发展具有现实必要性和重要意义，符合中国政策导向，应进一步加大投入，突出激励功能，优化合约方案，细化基层岗位和要求，扩大资助范围。

第二，发达国家主要采用教育成本补偿方式激励大学生到基层服务，而发展中国家则多采用义务服务补助的方法进行激励，"国家需要"是政策出台的动因，政策中合约目标要与补偿方式匹配。国际上使用两种主要的合约模式："在校模式"有定向贷款和定向奖学金，"在岗模式"细分为"服务—减免""服务—代偿"和"服务—补偿"三种，合约模式的采纳需要综合考察一国内大学生就业的结构性失衡情况、学费与债务水平，以及基层岗位特征三方面适用条件。

第三，人力资本成本补偿的定价法脱离外界劳动力市场的变化，具有封闭和静态的特点，不能体现基层服务劳动价值，在很大程度上降低了政策的吸引力。本书提出了人力资本回报定价的观点，认为补偿金定价应该以劳动力市场对人力资本的回报作为指导原则，应该体现出人力资本回报的动态性和开放性的特点。补偿金以补偿性工资差异为基本构成要素，综合考虑人力和服务两方面影响因素制定。

第四，中国大学生具有较强的基层服务意愿，潜在群体规模较大，是政策得以实施和推广的前提条件。（1）现阶段中国"与学费和债务相关"的补偿手段对大学生服务基层不能起到激励效果的根本原因，是中国的学费和债务水平偏低。学费和债务影响到大学生的就业选择，但对基层就业意愿没有影响，或处在较低的学费和债务水平，这种影响不显著。现有的通过贷款代偿或学费补偿作为交换条件难以起到激励效果。（2）大学生的就业选择主要由经济因素驱动，尤其负债学生受家庭经济状况影响，上述关系得以强化。大学生面对基层就业选择的过程也符合上述规律，合理设计激励是影响其选择基层服务的关键。（3）大学生整体基层服务意愿较强。这部分是有待激励的潜在群体。根据动机划分为"志愿服务型""专业匹配型""职业过渡型"和"暂时失业型"。其中"志愿服务型"的服务动机较强，"专业匹配型"和"职业过渡型"的动机一般，"暂时失业型"动机较弱。

第五，针对政策目标错位、补偿金价格偏低的问题，本书重建补偿金定价机制。

现有政策以高等教育阶段人力资本个人投资成本来度量服务期限，是一种高等教育成本补偿方式，但对实际就业的结构调整作用较小。特别在高等教育收费水平和学生贷款债务水平较低的情况下，人力资本个人投资成本不足以影响大学生的就业选择。因而，以贷款减免为主要资助手段的大学生基层服务合约不能起到明显的激励效果，这一国际实践中普遍得出的结论在中国得到证实。

中国的学费一直采用公共定价方式，而劳动力价格则是市场定价。《国家教育事业发展"十一五"规划纲要》提出中国高校学费水平五年持平[1]，实际价格是降低的。即便《国家中长期教育改革和发展规划纲要（2010—2020年）》[2] 提出调整学费标准，在平均劳动力价格飞速上涨的情况下，仍然远低于基层服务劳动力的补偿性工资差异。

如想取得更大的劳动力拉动效应，须将政策目标调整为"基于国家需要的就业资助"，而资助理念是人力资本个人投资的回报补偿。整体上提高补偿金价格，重建补偿金定价机制。在基层劳动力工资偏低的情况下，由政府介入，基于补偿性工资差异，考虑其他影响因素，重建补偿

---

[1] 《国务院批转教育部国家教育事业发展"十一五"规划纲要的通知》，2007年5月23日，中国政府网（http://www.gov.cn/zwgk/2007—05/23/content_ 623645. htm）。

[2] 《国家中长期教育改革和发展规划纲要（2010—2020年）》，2010年7月29日，教育部网站（http://www.moe.edu.cn/publicfiles/business/htmlfiles/moe/moe_ 838/201008/93704. html）。

金定价机制，才能在更大程度上影响大学生的就业选择，有效增加政策吸引力。

第六，针对逆向选择和道德风险问题，本书设计合约激励机制。

信息不对称前提下，现有合约支付方案将面临逆向选择和道德风险问题，"平均支付"使得基层服务劳动力市场萎缩，从而大大降低有效性、公平和效率。

潜在群体特征是合约激励设计的基础。在补偿金定价观点的基础上，按照激励机制设计思想，本书进一步对基层服务的潜在群体进行分类，按照机会成本分为"高成本"和"低成本"两类，明确了潜在群体的内部差异，提出多元化激励的关键分类依据。针对潜在群体可能出现的逆向选择和道德风险问题，设计信息甄别机制，制定道德风险控制机制，与定价机制联动保证大学生基层服务合约的目标实现。

第七，中国大学生基层服务合约的激励偏差存在于三方面：一是目标错位，基于学费或债务的补偿方式不能体现服务的价值，强调专业差异，忽视服务差异，补偿金价格偏低；二是存在逆向选择导致基层服务市场萎缩，低质低价，单一支付方案造成潜在群体类型混同；三是存在道德风险，大学生在基层服务期间的努力程度无法控制，服务中止及违约的情况多见。考虑中国国情和适用条件，政策方案优化过程中，选择定向贷款和服务—补偿两种模式。按照补偿金定价机制，利用因素法估计补偿金系数，测算补偿金标准，并根据潜在群体类型设计大学生基层服务合约的激励机制，提出调整政策目标为基于国家需要的就业补偿，设计基于岗位特征和服务期限的多元支付方案及相关配套措施。

第二节　新时期大学生资助政策的顶层设计框架

一　进一步提高学费标准，扩大学生贷款覆盖面

学费标准的制定取决于以下几个原则：（1）谁受益，谁分担；（2）家庭支付能力；（3）国际惯例。

国际上一般使用"生均成本的25%"作为学费标准。中国政策上也

使用这一规定:"在现阶段,高等学校学费占年生均教育培养成本的比例最高不得超过25%。"① 用中国现行平均学费6000元倒推,目前生均成本为30000元。如果说中国大学学费偏低,是否说明现在的教育成本太低了呢?进一步,如果提高了学费,能不能反过来带动生均成本的提高而提高教育质量呢。更多的资金投入可以保证高等教育质量提升。美国的私立大学普遍采用高收费、高资助、高质量的模式,引入市场的力量发展高等教育。依成本制定学费是学费制定的参考,但并不能限制学费水平,更不能为了维持学费水平而压低成本,那将损伤教育质量。

从成本分担的观点来看,大学生从接受高等教育中受益,应该承担教育成本。那么应该承担多少呢?"负担比"给出了一个粗略的估计思路。"负担比"原指"债务—收入"比,用来反映整体的债务负担状况。同时,债务又是学费或教育成本的一个反映。因此"学费—收入"比可以从一定程度上看出,相对于年收入而言,总的教育投资成本给个人带来的负担。

家庭支付能力可作为学生资助的依据,但并非学费制定的依据。家长是成本分担的主体之一。中国的学生贷款受传统文化的影响,家长分担和学生分担几乎是混用的,学生分担的部分很少,只有20%的学生可以获贷。学费来自家长,生活费多数也来自家长,连毕业后还贷也常由父母包办。学生贷款在中国已运行16年,在贷款运作顺畅的前提下适当提高贷款限额和负债面,实行更加灵活的还款方式以及有条件的贴息(如就业困难减免等),增加个人分担成本的比例,是符合"受益分担"原则的。

在研究学生基层服务选择的过程中发现,中国目前的"负担比"偏低,导致与债务相关的激励失效。同时也说明与发达国家相比,中国目前的学费标准、债务水平和负债面都较低。在目前的收入状况下,学费、债务和负债面有进一步提升的空间,同时需要就业资助方面的政策配套使用。

---

① 《高等学校收费管理暂行办法》,2010年1月,教育部网站(http://www.moe.edu.cn/publicfiles/business/htmlfiles/moe/moe_ 621/201001/81884.html)。

二 转变学生资助方式，在就业环节与社会保障等更加广泛的资助方式相结合

入学时的需要与就业时的需要同等重要，甚至更重要。教育阶段需要引入更加多元的资助理念，基于国家需要的补偿和基于个人需要的资助并行。

通过大学生基层服务合约方式引导一部分具有基层服务意愿的大学生到基层建功立业，通过免费定向培养的方式定点输送高水平专业人才，都可以起到对劳动力市场的调控。此外，积极探索"基于个人需求"的贷款减免机制，对于具有还款困难的大学生，根据实际情况予以减免债务。该机制可以和城镇居民社会保障、住房保障体系相接轨，建立更加广泛和多元化的社会救助体系。

三 学生资助管理采用第三方运作模式，减轻高校负担，提高运作效率

目前的学生资助管理形式上是"全国学生资助管理中心—省级学生资助管理中心—县级学生资助管理中心+高校"——"三级加一方"的管理模式，实际上高校承担着最基层和具体的学生资助审批、发放、管理等工作，从工作量、机构设置、人员配备、专业化等方面都和高校本身的设置是有差异的，如果可以成立第三方机构，专门管理学生资助相关事宜，成为原有"三级"的数据处理节点，代替高校处理和咨询学生资助事务，则可以大大提高办事效率，专业化程度也会更高。

四 关注教育投入产出，提高财政资助效率，增进教育公平

财政资助效率一直是学生资助领域关注的热点，并不亚于教育公平。自2007年国家加大学生资助力度以来，中国在原有高等教育学生资助的基础上，向上向下延伸，相继建立起研究生、高中生、中职以及学前教育资助体系，目前已和义务教育"两免一补"全面接轨，形成完整的教育资助系统。投入力度之大是空前的。如何让财政投入更有效率，惠及更多大学生，是今后学生资助关注的重点。

成本分担—收费—学生资助是一体化高等教育财政策略，适当提高个人分担比例，提高大学收费标准，可以减轻财政负担，扩大学生资助覆盖面，提高资助效率，逐步建立起政府与市场互动的高等教育财政体系。

无论入学资助还是就业支持，抑或是大学生基层服务补偿，教育质量都是整个高等教育过程最重要的目标。高等教育质量降低将直接带来财政效率损失，以及高等教育需求的减少。根据未来人口变化趋势，随着适龄人口减少，维持高等教育可持续发展的根本是教育质量，就业是其主要效应。从这个意义上讲，提高教育质量，积极创造就业机会，会比创造入学机会产生更加深远的影响。

综上，提出中国学生资助的顶层设计框架（见图7—1），提高学费，减少"赠予型"资助（效率较低），扩大学生贷款负债面并提高贷款限额。在原有贴息贷款的基础上试行基层服务定向贷款，不做家庭经济困难情况认定，违约时可转为无贴息贷款，并根据家庭经济困难情况决定是否享受贴息；完善基层服务补偿政策和就业资助。在上述举措下，财政拨款方式将逐渐从直接拨款转为间接拨款，资助体系也从入学资助扩大到就业资助，资助体系更加完善，资金使用效率更高。

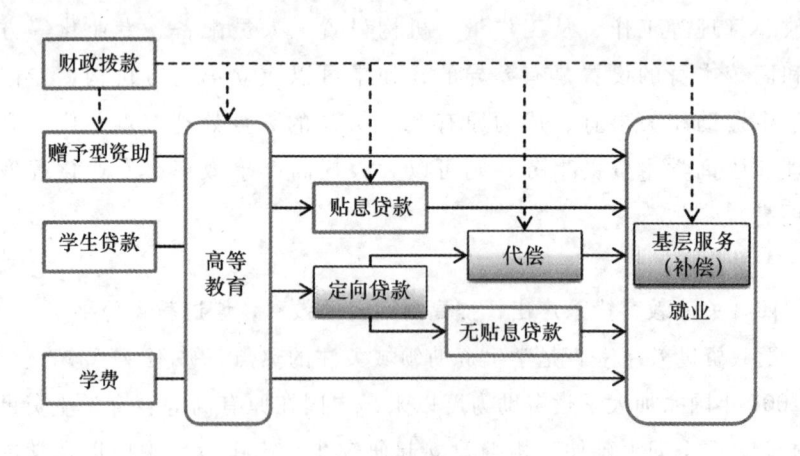

图7—1 中国学生资助的顶层设计框架

第三节 创新与不足

一 创新

大学生参与基层服务政策在全球得到广泛实施，特别国外有关政策研究比较丰富。国内政策实践起步较晚，但在短短12年间，相关中央部门政策出台及调整有103次之多，尚没有研究进行系统梳理和深入研究。围绕"大学生基层服务合约"，在国内外均没有专论。"大学生基层服务合约"的概念为本书第一次提出。

本书开展的创新性工作：（1）在对"大学生基层服务合约"相关理论的研究基础上，开展国内大样本调查，对大学生的基层服务意愿及选择行为进行分析，重点考察意愿的影响因素和动机类型，形成大学生基层服务的个体决策模型；（2）综合比较发达国家和发展中国家政策实践经验，归纳两种主要的合约模式和适用条件；（3）从信息经济学合约理论的视角，重新对国内政策进行了考察、分析、评价和设计，提出基于补偿性工资差异的补偿金定价机制；（4）针对潜在群体可能出现的逆向选择和道德风险问题，设计信息甄别机制和道德风险控制机制，三机制联动保证大学生基层服务合约的目标实现；（5）在此基础上优化现行合约方案，提出调整政策目标为基于国家需要的就业补偿，用因素法估计补偿金系数，测算补偿金标准，设计基于岗位特征和服务期限的多元支付方案，并提出相关配套措施。

本书的创新点主要有：

（1）提出了补偿金定价的新观点。以往的大学生参与基层服务政策主张学生的学费或债务作为补偿定价的观点，该观点主要考虑大学生的人力资本投资，人力资本投资的定价法则脱离于外界劳动力市场的变化，具有封闭和静态的特点。这些特点在很大程度上阻碍了该政策的运行效率和效果。本书提出了人力资本回报定价的观点，认为补偿定价应该以劳动力市场对人力资本的回报作为指导原则，应该体现出人力资本回报的动态性和开放性的特点。只有考量人力资本的劳动市场的回报，才能客观公平地体现出人力资本的真正价值，才能真正吸引所需要的高层次人才。

（2）建立了基于激励的分类支付模型。以往政策和研究主要从对称信息条件下进行设计，没有考虑不对称信息下的逆向选择问题，也没有考虑长短期服务的本质区别。这两方面问题在学生进行基层服务决策的过程中起到重要作用。在补偿金定价观点的基础上，按照激励机制设计思想，本书对基层服务的潜在群体进行分类，并以其基层服务动机为依据，将该群体分为"志愿服务型""专业匹配型""职业过渡型"和"暂时失业型"四类，并进一步按照机会成本分为"高成本"和"低成本"两类，明确了潜在群体的内部差异，提出多元化激励的关键分类依据，并基于此设计分类支付模型，制订具体支付方案。

（3）发现了对政策决策有启示作用的关键数据依据，并构建了大学生基层服务的个体决策模型。①大学生的就业期望和基层服务意愿共同决定基层服务选择。②大学生就业期望主要受到经济因素的影响，进而影响其基层服务选择。③基层服务意愿是由服务动机驱动的。基层服务的动机可分为"志愿服务型""专业匹配型""职业过渡型"和"暂时失业型"四种动机类型。④具有这四种服务动机的大学生均有基层服务意愿，只有就业期望得到满足的大学生才会最终选择基层服务。因此，该模型的结论认为大学生基层服务的合约激励必须把经济因素作为设计的重点。以上数据对中国大学生基层服务政策的优化有重要参考价值。

二 局限性

国内学界对于大学生基层服务合约的直接相关研究较少，主要依靠国外资料，比较分散，缺乏系统研究。而中国现有的大学生参与基层服务政策不论在设计上还是运行中变动均较大。因此，对中国现有的大学生参与基层服务政策特点和评价等方面可能缺乏系统全面的把握。

国内正式的大学生基层服务合约实施时间较短，全国各地实践形形色色，做法较多但并不细致，给系统梳理带来了困难。有关实施效益的详细数据不可得。因此，大学生参与基层服务政策的机构设置、运行过程以及实施细则等操作性内容尚未纳入设计。

合约理论为经济学前沿，在教育政策研究中的应用前景很好，但缺乏成功研究样板。以合约理论作为政策优化的设计思想固然是一种新的尝试，但设计过程是否可行和有效，还有待进一步挖掘。

参考文献

[1] Adrian Ziderman & Douglas Albrecht, *Financing Universities in Developing Countries*, London: The Falmer Press, 1995, p. 75.

[2] Adrian Ziderman & Douglas Albrecht, "National Service: A Form of Societal Cost Recovery for Higher Education?", *Higher Education*, Vol. 29, No. 2, March 1995.

[3] Alex Usher, "Global Debt Patterns: An International Comparison of Student Loan Burdens and Repayment Conditions", Educational Policy Institute, 2005 (http://www.educationalpolicy.org/pdf/Global_Debt_Patterns.pdf).

[4] American Bar Association, "Lifting the Burden: Law Student Debt as a Barrier to Public Service-The Final Report of the ABA Commission on Loan Repayment and Forgiveness", 2003 (http://www.abanet.org/legalservices/downloads/lrap/lrapfinalreport.pdf).

[5] American Council on Education, "Debt Burden: Repaying Student Debt", ACE Issues Brief, 2004 (http://www.acenet.edu/programs/policy).

[6] American Council on Education, "Federal Student Loan Debt: 1993 to 2004", ACE Issues Brief, 2005 (http://www.acenet.edu/programs/policy).

[7] Bruce Chapman, "Income Contingent Loans for Higher Education: International Reform", Centre of Economic Policy Research & Australian National University, 2005 (http://econrsss.anu.edu.au/pdf/DP491.pdf).

[8] Cain et al., "Pharmacy Student Debt and Return on Investment of a Pharmacy Education", *American Journal of Pharmaceutical Education*, Vol. 78, No. 1, 2014.

[9] Canada Council on Learning, "At What Points Do Debt Loads Become a Deterrent to the Pursuit of Post-Secondary Education?", Question Scans 06, 2006 (http://www.ccl-cca.ca/NR/rdonlyres/1C6F3DBD-2034-4B01-B348-39 8084D6AEB0/0/19DebtLoadDeterrent.pdf).

[10] "Canada Student Loan Forgiveness for Family Doctors and Nurses", 2013—07—26 (http://www.canlearn.ca/eng/loans _ grants/repayment/help/forgiveness.shtml).

[11] Christa McGill, "Educational Debt and Law Student Failure to Enter Public Service Careers: Bringing Empirical Data to Bear", *Law and Social Inquiry*, Vol. 31, No. 3, 2006.

[12] David M. Arfin, "The Use of Financial Aid to Attract Talented Students to Teaching: Lessons from Other Fields", *The Elementary School Journal*, Vol. 86, No. 4, 1986.

[13] David A. Lieb, "Mo. Science Loan Repay Program Ended", 2007 (http://www.boston.com/news/education/higher/articles/2007/10/30/mo_ science_ loan_ repay_ program_ ended/? page =1).

[14] Doglas Albrecht, Adrien Ziderman, *Deferred Cost Recovery for Higher Education*, World Bank Discussion Papers, Washington D. C.: The World Bank, 1991, pp. 44 –46.

[15] Doglas Albrecht, Adrien Ziderman, *Financing Universities in Developing Countries*, The Falmer Press, 1995, pp. 141 –155.

[16] Department for Education and Skills, "Student Loans and the Question of Debt", 2005 (http://www.dfes.gov.uk/hegateway/uploads/Debt%20-%20FINAL.pdf).

[17] Department of Education, Federal Student Aid, Borrower Services-Collections Group, "Options for Financially-Challenged Borrowers in Default", 2004 (http://www.ed.gov/offices/OSFAP/DCS/forms/2004.Borrower.Options.pdf).

[18] Federal Student Aid Information Centre, "Funding Education beyond High School: The Guide to Federal Student Aid 2008—09", Washington D. C.: 20044—0084, 2007, pp. 34 – 35 (http://www. studentaid. ed. gov/students/attachments/siteresources/StudentGuide. pdf).

[19] Fred Hemingway, Kathryn McMullen, "A Family Affair: The Impact of Paying for College or University", Canada Millennium Scholarship Foundation, 2004 (http://www. millenniumscholarships. ca/images/news/june25_ family_ e_ . pdf).

[20] Gail McCallion, "Student Loan Forgiveness Programs-CRS Report for Congress", Congressional Research Service & the Library of Congress, 2005 (http://kuhl. house. gov/UploadedFiles/studentloansforgiveness. pdf).

[21] George Psacharopoulos et al., *Financing Education in Developing Countries: An Exploration of Policy Options*, Washington D. C.: The World Bank, 1986, p. 15.

[22] "Government of Canada Announces Student Loan Forgiveness for Family Doctors and Nurses in Rural Communities", 2012—8—3 (http://news. gc. ca/web/article-en. do? nid = 689099).

[23] Heather Boushey, "Student Debt: Bigger and Bigger", Centre for Economic and Policy Research, 2005 (http://www. cepr. net/documents/publications/student_ debt_ 2005_ 09. pdf).

[24] Hong Shen and Wenli Li, *A Review of the Student Loans Scheme in China*, UNESCO-Bangkok, 2003, p. 48.

[25] James Monks, "Loan Burdens and Educational Outcomes", *Economics of Education Review*, Vol. 20, No. 6, 2001.

[26] Jerry Situ, "Canada Student Loans Repayment Assistance: Who Does and Does Not Use Interest Relief?", 2006 (http://dsp-psd. pwgsc. gc. ca/Collection/Statcan/81-595-MIE/81-595-MIE2006047. pdf).

[27] Kenneth E. Redd, *What Pennsylvania Health Care Students Would Want for Participating in Loan Forgiveness Programs*, Pennsylvania Higher Education Assistance Agency, 1991.

[28] Kreuger, A. B. and Bowen, W. G., "Income Contingent College

Loans", *Journal of Economic Perspectives*, Vol. 7, Summer, 1993.

[29] Luke Swarthout, "Paying Back, Not Giving Back-Student Debt's Negative Impact on Public Service Career Opportunities", The State PIRGs' Higher Education Project, 2006 (http://www.pirg.org/highered/payingback.pdf).

[30] Maureen Woodhall, *Lending for Learning: Designing a Student Loan Program for Developing Countries*, London: Commonwealth Secretariat, 1987, pp. 55 –57.

[31] Patricia M. Scherschel, "Student Indebtedness: Are Borrowers Pushing the Limits?", *New Agenda Series*, Vol. 1, No. 2, India: USA Group Foundation, 1998.

[32] Rita J. Kirshstain et al., "Workforce Contingent Financial Aid: How States Link Financial Aid to Employment", LUMINA Foundation, 2004 (http://www.luminafoundation.org/research/Workforce.pdf).

[33] Richard M. Ingersoll, Thomas M. Smith, *The Wrong Solution to the Teacher Shortage*, Educational Leadership, 2003.

[34] Ross Finnie, "Student Loans: Is It Getting Harder? Borrowing, Burdens, and Repayment", 2000 (http://www.cesc.ca/pceradocs/2000/00Finnie_e.pdf).

[35] Ross Finnie, "Measuring the Load, Easing the Burden", C.D. Howe Institute Commentary, No. 155, 2001 (http://www.cdhowe.org/pdf/Student_Loans.pdf).

[36] Ross Finnie, "Student Loans, Student Financial Aid and Post-secondary Education in Canada", *Journal of Higher Education Policy and Management*, Vol. 24, No. 2, 2002.

[37] Sandy Baum and Saul Schwartz, "The Impact of Student Loans on Borrowers: Consumption Patterns and Attitudes towards Repayment-Evidence from the New England Student Loan Survey", 1988 (http://www.eric.ed.gov/ERICDocs/data/ericdocs2sql/content_storage_01/0000019b/80/1c/96/ba.pdf).

[38] Sandy Baum and Diane Saunders, "Life after Debt: Summary Results of

the National Student Loan Survey", *Student Loan Debt: Problems and Prospects*, Washington D. C. : Proceedings from a National Symposium, 1997.

[39] Sandy Baum and Saul Schwartz, "How Much Debt is Too Much? Defining Benchmarks for Manageable Student Debt", Project on Student Debt and the College Board, 2005 (http://projectonstudentdebt. org/files/pub/Debt_ is_ Too_ Much_ November_ 10. pdf) .

[40] Saul Schwartz, "The Dark Side of Student Loans: Debt Burden, Default, and Bankruptcy", *Osgoode Hall Law Journal*, Vol. 37, No. 1&2, 1999.

[41] Senack, "Student Loan Forgiveness: Available for Many, Used by Few", 2013 (http://www. huffingtonpost. com/ethan-senack/student-loan-forgiveness_ b_ 4136550. html) .

[42] U. S. Government Accountability Office, *Congressional Objectives of Federal Loans and Scholarships to Health Professions Students Not Being Met*, GAO, Report No. B—164031—2, 1974.

[43] United States Department of Labor Bureau of Labor Statistics, Occupational Outlook Handbook, 2013 (http://www. bls. gov/ooh/) .

[44] W. Lee Hansendn and Marilyn S. Rhodes, "Student Debt Crisis: Are Students Incurring Excessive Debt? ", *Economics of Education*, Vol. 7, No. 1, 1988, pp. 101 – 112.

[45] Warren et al. , "Service Pays: Creating Opportunities by Linking College with Public Service", *Harvard Law & Policy Review*, Vol. 2007, No. 1, 2007.

[46] Xiaoming Zhang and Haitao Xu, "Internationalization: A challenge for China's higher education", *Current Issues in Chinese Higher Education*, Paris: OECD, 2000.

[47] 《2009年大学本科毕业生起薪点仅为1825元》，2009年12月23日，新浪教育（http://edu. sina. com. cn/j/2009—12—23/1002183013. shtml)。

[48] 《2013年全国教育事业发展统计公报》，2014年7月，教育部网站

(http://www.moe.edu.cn/publicfiles/business/htmlfiles/moe/moe_633/201407/171144.html)。

[49]《2015大学生就业形势分析》,2015年3月,中国教育在线(http://www.eol.cn/html/c/2015gxbys/index.shtml)。

[50][澳]西蒙·马金森:《全球知识经济中的高等教育》,《北京大学教育评论》2008年第3期。

[51]陈钊:《信息与激励经济学》,上海人民出版社2005年版,第16页。

[52]陈欣:《公立医院激励约束机制研究》,博士学位论文,天津大学,2005年。

[53]陈瑞华:《信息经济学》,南开大学出版社2003年版。

[54]《大学生就业选择影响因素》,《中国高教研究》2010年第4期。

[55]戴相龙、黄达:《中华金融辞库》,中国金融出版社1998年版,第11页。

[56][法]拉丰、马赫蒂摩:《激励理论(第一卷)委托—代理模型》,陈志俊、李艳、单萍萍译,中国人民大学出版社2002年版。

[57][法]贝尔纳·萨拉尼耶:《合同经济学》,费方域等译,上海财经大学出版社2008年版。

[58][法]布鲁索、格拉尚:《契约经济学》,王秋石、李国民译,中国人民大学出版社2010年版。

[59]傅悦:《"大学生志愿服务西部计划"的导向意义》,《财经扫描》2007年第8期。

[60]方增泉、孟大虎:《免费师范生的招生与就业制度设计》,《北京教育·高教》2007年第9期。

[61]《高等学校收费管理暂行办法》,2010年1月,教育部网站(http://www.moe.edu.cn/publicfiles/business/htmlfiles/moe/moe_621/201001/81884.html)。

[62]龚达发:《湖北5.6万学子受益"代偿制度"》,2005年3月2日,中国教育报(http://www.jmedu.net.cn/html/2005—3—2/200532194226.htm)。

[63]《关于2014年中央和地方预算执行情况与2015年中央和地方预算

草案的报告》，2015 年 3 月，财政部网站（http：//www. mof. gov. cn/zhengwuxinxi/caizhengxinwen/201503/t20150317_ 1203481. html）。

[64]《关于进一步完善国家助学贷款工作的若干意见》，2005 年 8 月 15 日，中国政府网（http：//www. gov. cn/zwgk/2005—08/15/content_ 22941. htm）。

[65]《关于开展农村订单定向医学生免费培养工作的实施意见》，2010 年 6 月 8 日，中国政府网（http：//www. gov. cn/zwgk/2010—06/08/content_ 1623025. htm）。

[66]《关于落实 2011 年农村订单定向医学生免费培养项目计划的通知》，2011 年 3 月，国家卫生和计生委网站（http：//www. moh. gov. cn/publicfiles/business/htmlfiles/mohkjjys/s3594/201103/50926. htm）。

[67]《关于实施 2010 高校毕业生就业推进行动大力促进高校毕业生就业的通知》，2010 年 4 月，中国教育报网站（http：//www. jyb. cn/info/jyzck/201004/t20100410_ 352456. html）。

[68]《关于实施大学生志愿服务西部计划的通知》，2003 年 6 月 8 日，中国共青团网站（http：//www. ccyl. org. cn/search/zuzhi/documents/2003/zqlf/tlf26. htm）

[69]《关于实施基层农技推广特设岗位计划的意见》，2011 年 6 月，教育部网站（http：//www. moe. gov. cn/publicfiles/business/htmlfiles/moe/moe_ 1779/201106/120710. html）。

[70]《关于调整完善国家助学贷款相关政策措施的通知》，2014 年 7 月，教育部网站（http：//www. moe. gov. cn/publicfiles/business/htmlfiles/moe/moe_ 1779/201407/172275. html）。

[71]《关于统筹实施引导高校毕业生到农村基层服务项目工作的通知》，2014 年 7 月，人力资源和社会保障部（http：//www. mohrss. gov. cn/gkml/xxgk/201407/t20140717_ 136582. htm）。

[72]《关于进一步完善国家助学贷款工作的若干意见》，2005 年 8 月 15 日，中国政府网（http：//www. gov. cn/zwgk/2005—08/15/content_ 22941. htm）。

[73]《关于印发〈完善艰苦边远地区津贴制度实施方案〉的通知》，

2008 年 5 月 8 日，黑龙江省人民政府网站（http://www.hlj.gov.cn/gkml/system/2008/05/08/010049248.shtml）。

[74]《关于做好国家助学贷款代偿资助还款工作的通知》，2012 年 9 月 2 日，全国学生资助管理中心网站（http://www.xszz.cee.edu.cn/tongzhigonggao/2012—09—02/1020.html）。

[75]《国家助学贷款发展报告》，2014 年 8 月，教育部网站（http://www.moe.edu.cn/publicfiles/business/htmlfiles/moe/s8280/201408/174179.html）。

[76]《国开行：助学贷款本息回收率96.5% 逾期贷款超 1 亿》，2013 年 9 月 1 日，每日经济新闻网站（http://finance.stockstar.com/SN2013090100000768.shtml）。

[77]《国务院办公厅关于做好2003 年普通高等学校毕业生就业工作的通知》，中国政府网（http://www.gov.cn/gongbao/content/2003/content_62175.htm）。

[78]《国务院办公厅转发卫生部等关于农村合作医疗试点工作意见》，2005 年 8 月 14 日，中国政府网（http://www.gov.cn/zwgk/2005—08/14/content_22628.htm）。

[79]《国务院办公厅转发教育部等部门关于教育部直属师范大学师范生免费教育实施办法（试行）的通知》，2007 年 5 月 14 日，中国政府网（http://www.gov.cn/zwgk/2007—05/14/content_614039.htm）。

[80]《国务院批转教育部国家教育事业发展"十一五"规划纲要的通知》，2007 年 5 月 23 日，中国政府网（http://www.gov.cn/zwgk/2007—05/23/content_623645.htm）。

[81]《国家中长期教育改革和发展规划纲要（2010—2020 年）》，2010 年 7 月 29 日，教育部网站（http://www.moe.edu.cn/publicfiles/business/htmlfiles/moe/moe_838/201008/93704.html）。

[82]《贵州："银校合作"新机制破解国家助学贷款困局》，2006 年 9 月 28 日，新华网（http://news.xinhuanet.com/edu/2006—09/28/content_5149525.htm）。

[83] 黄汉江：《投资大辞典》，上海社会科学院出版社1990 年版，第

154 页。

［84］《湖北：4000 多名资教生将奔赴农村基层中小学任教》，2011 年 7 月 26 日，中国政府网（http：//www. gov. cn/jrzg/2011—07/26/content_ 1914305. htm）。

［85］《湖北省人民政府关于创新农村中小学教师队伍建设机制的意见》，2014 年 5 月 4 日，中公教育网（http：//hu. zgjsks. com/html/2014/zcfg_ 0504/3719. html）。

［86］《湖北省教育厅关于深入实施"农村教师资助行动计划"做好 2012 年新录用教师选派工作的通知》，2012 年 4 月 17 日，华中科技大学就业网（http：//job. hust. edu. cn/show/article. htm？id = 16184）。

［87］黄汉江：《投资大辞典》，上海社会科学院出版社 1990 年版，第 154 页。

［88］侯建良：《疏通毕业生到基层就业渠道，到基层、到西部、到祖国最需要的地方建功立业——引导鼓励高校毕业生面向基层就业工作座谈会发言摘编》，中青网，2005 年 7 月 7 日（http：//www. bjyouth. gov. cn/qnxx/49564. shtml）。

［89］《江西省全面启动生源地信用助学贷款》，2009 年 4 月 16 日，中国政府网（http：//www. gov. cn/fwxx/wy/2009—04/16/content_ 1287336. htm）。

［90］《教育部将完善教师资格制度 实行"国标省考县聘"》，2010 年 9 月 4 日，光明日报网站（http：//politics. people. com. cn/GB/1027/12634516. html）。

［91］《教育部关于印发〈中小学教师资格考试暂行办法〉、〈中小学教师资格定期注册暂行办法〉的通知》，2013 年 9 月，教育部网站（http：//www. moe. gov. cn/publicfiles/business/htmlfiles/moe/s7151/201309/156643. html）。

［92］《教育部、国家卫生计生委有关司局负责人就〈关于进一步做好农村订单定向医学生免费培养工作的意见〉答记者问》，2015 年 5 月，教育部网站（http：//www. moe. gov. cn/publicfiles/business/htmlfiles/moe/s271/201505/188017. html）。

［93］《教育部关于做好 2015 年全国普通高等学校毕业生就业创业工作的

通知》，2014 年 12 月，教育部网站（http：//www.moe.edu.cn/publicfiles/business/htmlfiles/moe/s3265/201412/xxgk_180810.html）。

[94] 康远志：《收益—风险约束与大学生基层就业决策》，《经济研究导刊》2009 年第 22 期。

[95] 柯尊韬、田恩舜：《浅析国家助学贷款代偿资助暂行办法》，《文教资料》2007 年第 4 期。

[96] 赖德胜、孟大虎：《中国大学毕业生失业问题研究》，中国劳动社会保障出版社 2008 年版。

[97] [美] D.B.约翰斯通：《高等教育财政：问题与出路》，沈红、李红桃译，人民教育出版社 2004 年版。

[98] [美] 博尔顿、[比] 德瓦特里庞：《合同理论》，费方域、蒋士成、郑育家译，格致出版社、上海人民出版社 2008 年版。

[99] [美] 坎贝尔·R.麦克南、斯坦利·L.布鲁、大卫·A.麦克菲逊：《当代劳动经济学（第七版）》，刘文、赵成美、连海霞译，人民邮电出版社 2006 年版。

[100] [美] 米尔格罗姆、罗伯茨：《经济学、组织与管理》，费方域译，经济科学出版社 2004 年版。

[101] [美] 赫维茨、瑞特：《经济机制设计》，田国强等译，格致出版社、上海人民出版社 2009 年版。

[102] 阮智富、郭忠新：《现代汉语大词典（上册）》，上海辞书出版社 2009 年版。

[103]《省教育厅关于印发〈湖北省"农村教师资助行动计划"实施方案〉的通知》，2008 年 11 月 27 日，湖北省教育厅网站（http：//www.hbe.gov.cn/content.php?id=5316）。

[104] 邵晶晶：《政策方案可行性论证程式的研究》，博士学位论文，复旦大学，2005 年。

[105] 王邦佐等：《政治学词典》，上海辞书出版社 2009 年版。

[106] 王伯庆：《2010 年中国大学生就业报告蓝皮书》，社会科学文献出版社 2010 年版。

[107] 吴添祖、虞晓芬、龚建立：《技术经济学概论》，高等教育出版社

2010 年版。

[108] 吴晶：《我国采取多项措施帮助家庭经济困难学生上大学》，2010 年 8 月 12 日，新华网（http：//news. xinhuanet. com/2010—08/12/c_ 12440201. htm）。

[109] [西班牙] 马可 - 斯达德勒、佩雷斯 - 卡斯特里罗：《信息经济学引论：激励与合约》，管毅平译，上海财经大学出版社 2004 年版。

[110] 项俊平：《代偿制度：助学贷款的湖北样本》，2006 年 9 月 3 日，经济观察报（http：//finance. sina. com. cn/review/essay/20060903/11522880160. shtml）。

[111] 谢湘：《国家助学贷款推出三项新举措》，2005 年 2 月 22 日，中国青年报（http：//zqb. cyol. com/gb/zqb/2005—02/22/content _ 1035371. htm）。

[112] 谢湘：《师范生免费教育政策实行 7 年 部分学生欲改初衷》，中国青年报，2014 年 9 月 16 日（http：//news. sina. com. cn/c/2014—09—16/053030862176. shtml）。

[113] 袁连生：《我国普通学校学费差异实证分析》，《教育发展研究》2010 年第 23 期。

[114] 杨克瑞：《战后美国联邦政府大学生资助政策研究》，北京师范大学出版社 2008 年版。

[115] 张民选：《理想与抉择——大学生资助政策的国际比较》，人民教育出版社 1997 年版。

[116] 中国就业培训技术指导中心、人力资源和社会保障部职业技能鉴定中心：《基层社会管理和公共服务岗位手册》，中国劳动社会保障出版社 2010 年版。

[117]《中共中央国务院关于进一步加强和改进大学生思想政治教育的意见》，教育部网站（http：//www. moe. edu. cn/edoas/website18/level3. jsp？tablename = 1723&infoid = 25463）。

附录　调查问卷

大学生就业意愿与基层就业政策吸引力调查

亲爱的同学：

您好！近年来，国家为促进大学生就业相继出台举措。为了使您和更多的学生受益于政策，在您与政策之间架起沟通的桥梁，我们策划了此项系列调研。本调查是其中之一，针对毕业生设计，旨在了解大学生就业意愿和中国基层就业政策的吸引力。调查采用匿名方式，您所填写的任何信息，我们都将为您保密。回答无对错之分，请您认真、如实填答。问卷共30题，经测可在10分钟内完成。

感谢您的合作与支持！

华中科技大学学生资助研究中心

【填写说明】请在"□"处画"√"，或在"_____"上填写"文字/数字"。如无特别说明，均作单项选择。

一　个人及家庭基本情况

1. 您的性别：1 男□　　　2 女□
2. 您的民族：1 汉族□　　2 少数民族□（请注明_____）
3. 您主修专业所属学科门类为

1 哲学□　　　2 经济学□　　3 管理学□　　4 法学□
5 教育学□　　6 文学□　　　7 理学□　　　8 工学□
9 农学□　　　10 医学□　　 11 历史学□　　12 军事学□

4. a. 您入学时来自_____省（自治区/直辖市）

b. 您家居住在：

1 直辖市/省会城市□　　2 地级市□　　3 县级市或县城□

4 乡镇□　　5 农村□

5. 您家的家庭成员有_____人，其中劳动力人口数为_____人，在读子女数为_____人。

6. 您家的经济状况在当地属于

1 高收入□　　2 中上等收入□　　3 中等收入□

4 中下等收入□　　5 低收入□

7. 您在大学期间获得过下列哪些资助（可多选）

1 奖学金□　　2 助学贷款□　　3 困难补助□

4 勤工助学□　　5 学费减免□

6 其他资助□（请注明_____）　　7 没有获得任何资助□

8. 您最近一学年的学习成绩在班里排在

1 前25%□　　2 中上25%□　　3 中下25%□　　4. 后25%□

9. 您有过下列哪些校外兼职/实习经历（可多选）

1 医院实习□　　2 中小学任教□　　3 军队服役□

4 工厂实习□　　5 企业兼职□　　5 社区服务□

6 其他兼职/实习□（请注明_____）　　7 无任何兼职/实习经历□

二　就业意愿

10. 您的毕业意向为

1 直接就业□　　2 国内读研□　　3 出国深造□

4 其他□（请注明_____）

11. 您所期望的工作地域：

1 东部□　　2 中部□　　3 西部□

12. 您所期望的工作地点位于

1 直辖市/省会城市□　2 地级市□　　3 县级市或县城□

4 乡镇□　　5 农村□

13. 您所期望的工作单位类型为

1 政府机关□　　2 事业单位□　　3 国有企业□

4 私营企业□　　5 外资企业□　　6 家庭或亲戚开办个体企业□

7 自主创业□　　　　8 其他□（请注明_____）

14. 您所期望的工资水平为

1 1000 元以下□　　2 1001—1500 元□　　3 1501—2000 元□

4 2001—2500 元□　　5 2500 元以上□

15. 在您看来，家庭经济状况对您就业期望的影响：

1 影响较大□　　　　2 影响较小□　　　　3 无影响□

16. 对于到西部地区和艰苦地区的基层单位就业，您的意愿是

1 愿意长期扎根基层□　　2 愿意服务一定年限□

3 不愿意□（请跳到 19 题继续）

17. a. 您愿意到上述基层单位就业的主要原因是（可多选）

1 与所学专业对口□　　　2 响应国家号召，到基层就业□

3 "反哺"社会□　　　　4 短期服务磨炼意志□

5 积累基层工作经验□

6 工作找寻压力大，暂时就业□

7 可由国家代偿助学贷款□

8 将来读研、就业等方面可享受优惠□

9 其他个人原因□　　　　10 其他□（请注明_____）

b. 请从以上您选择的原因中挑出最主要 4 项，并按照重要性从大到小排序：_____

18. 如果没有代偿助学贷款、读研、就业等方面优惠政策，您是否仍然选择到基层就业

1 仍坚持这样选择□　　2 可能选择□　　　3 可能放弃□

4 坚决放弃□　　　　　5 不清楚□

19. a. 您不愿意到上述基层单位就业的主要原因是（可多选）

1 与所学专业不对口□　　2 不符合个人职业目标□

3 工资太低□　　　　　　4 认为基层对劳动技能要求低□

5 担心事业发展机会少□　　5 文化社交活动有限□

7 家庭负担重□　　　　　8 助学贷款债务负担重□

9 不了解基层就业政策□　　10 人身安全□

11 其他个人原因□　　　　12 其他□（请注明_____）

b. 请从以上您选择的原因中挑出最主要 4 项，并按照重要性从大到小排序：_____

※未获得助学贷款的同学已完成答题。请获贷同学耐心完成最后部分。

三 国家助学贷款代偿资助政策

20. 您所获得的助学贷款总金额为_____元。

21. 您对自己按期偿还贷款
1 非常有信心☐　　　2 比较有信心☐　　　3 一般☐
4 信心不足☐　　　　5 完全没信心☐

22. 由于需要偿还贷款，您的就业期望：
1 有所提高☐　　　　2 有所降低☐　　　　3 没有变化☐

23. 您对国家助学贷款代偿资助政策的了解程度为
1 非常了解☐　　　　2 比较了解☐　　　　3 一般☐
4 不太了解☐　　　　5 从未听说过☐

24. 您是否愿意毕业后到西部和艰苦地区的基层单位工作一定年限，以此服务来代偿所借的助学贷款
1 是☐　　　　2 否☐（请跳至 29 题）

25. 如果愿意，对于下列某些省份规定的服务年限，您的接受程度为

	1 完全接受	2 勉强接受	3 不能接受
a. 3 年	☐	☐	☐
b. 5 年	☐	☐	☐
c. 10 年	☐	☐	☐

26. 服务期间，您可以接受的最低工资为_____元/月。

27. 服务期间，您最想获得以下哪种激励/补偿方式
1 代偿助学贷款☐　　2 年度奖金☐　　3 月度津贴☐
4 免费职业培训☐　　5 其他☐（请注明_____）

28. 服务期满，您最希望享受下列哪些优惠政策（可多选）
1 优先应聘公务员☐　　2 升本/考研加分☐　　3 自主创业扶持☐
4 其他☐（请注明_____）

29. a. 您不愿意"以服务代偿助学贷款"的主要原因是（可多选）

1 不打算到基层就业□　　2 预期收入高，无须"代偿"□

3 规定服务年限太长□　　4 对服务地区/岗位选择面窄□

5 担心服务期满再就业困难□

6 资助力度小，不足以吸引我去□

7 其他个人原因□

8 其他原因□（请注明_____）

b. 请从以上您选择的原因中挑出最主要 4 项，并按照重要性从大到小排序：_____

调查结束了，再次向您表示衷心的感谢！如果您对中国大学生基层就业政策以及我们此次调查有更多的意见或建议，请告诉我们：_____
_____
如果愿意，请留下您的电话：_____，或 E-mail：_____，或 QQ：_____，以便我们及时向您反馈此次调查的统计结果。